Martin Rötting

Religion in Bewegung

Interreligiöse Begegnungen

Studien und Projekte

herausgegeben von

Dr. Rolf Heinrich

Band 9

LIT

Martin Rötting

Religion in Bewegung

Dialog-Typen und Prozess
im interreligiösen Lernen

LIT

Herausgegeben von OCCURSO – Institut für interreligiöse und interkulturelle Begegnung, München und Zentrum Theologie Interkulturell
und Studium der Religionen, Universität Salzburg

Drittmittelgeber:
Evangelisch-Lutherische Kirche in Bayern
Universität Salzburg
OCCURSO Institut für interreligiöse und interkulturelle Begegnung e. V.
Prof. Dr. Stephan Leimgruber
Erzabtei St. Ottilien

Bibliografische Information der Deutschen Nationalbibliothek
Die Deutsche Nationalbibliothek verzeichnet diese Publikation in der
Deutschen Nationalbibliografie; detaillierte bibliografische Daten sind
im Internet über http://dnb.d-nb.de abrufbar.

ISBN 978-3-643-11465-5

© LIT VERLAG Dr. W. Hopf Berlin 2011
Verlagskontakt:
Fresnostr. 2   D-48159 Münster
Tel. +49 (0) 2 51-620 320   Fax +49 (0) 2 51-23 19 72
e-Mail: lit@lit-verlag.de   http://www.lit-verlag.de

Auslieferung:
Deutschland: LIT Verlag Fresnostr. 2, D-48159 Münster
Tel. +49 (0) 2 51-620 32 22, Fax +49 (0) 2 51-922 60 99, e-Mail: vertrieb@lit-verlag.de
Österreich: Medienlogistik Pichler-ÖBZ, e-Mail: mlo@medien-logistik.at
Schweiz: B + M Buch- und Medienvertrieb, e-Mail: order@buch-medien.ch

Inhaltsverzeichnis

Vorwort

Dieses Buch versucht die Ergebnisse mehrjähriger praktischer und wissenschaftlicher Arbeit im Dialog der Religionen zu bündeln. Das Ergebnis beschreibt, wie Religion an sich in Bewegung ist und in welcher Dynamik die unterschiedlichen Religionen zueinander stehen und wie die Dialoge die Bewegung mitbestimmen.

Die Miniatur auf dem Umschlagbild „Mein Traum – der interkulturelle Marktplatz" von Ilona Klautke vermittelt viele Aspekte interreligiöser Begegnungen: Sie geschehen in großer Dynamik und dennoch benötigen sie Ruhe und einen Ort der Begegnung, an dem man aus gemeinsamen Quellen schöpfen kann.

Die Basis dieser Untersuchungen sind selbst Dialoge, die als Forschungsinterviews oder in konkreten Dialogbegegnungen geführt wurden. Viele der Kontakte sind über langjährige Freundschaften entstanden, andere durch Zufall. Weit über hundert Interviews aus zwei Forschungsprojekten bilden zusammen mit den Dialogbegegnungen bei OCCURSO[1] und den Ergebnissen einer Online-Umfrage die Datengrundlage, auf denen die Thesen dieses Buches aufbauen.

Besonders und an erster Stelle möchte ich mich daher bei denen bedanken, die bereit waren, über ihre Erfahrungen im Dialog zu sprechen. Ich danke dem Vorstand und den Mitgliedern und Förderern von OCCURSO, die das hinter den Ergebnissen stehende Forschungsprojekt mitgetragen haben. Danken möchte ich auch Kathrin Neumann und Evelyn Reuter, die selbst einige der Interviews geführt und transkribiert haben. Besonders wichtig sind die Hinweise, die mir die Kollegen und Kolleginnen im Rahmen der Tagung der *European Society for Intercultural Theology and Interreligious Studies* (ESITIS) 2011 in Istanbul gegeben haben. Dank der konstruktiven Kritik und den wertvollen Hinweisen von Peter Blümel, André Gerth, Theresia Reischl, Gerhard Köberlin und Karl Baier konnten manche Unklarheiten beseitigt und einige Thesen noch deutlicher formuliert werden. Die Korrektur des Textes übernahm in besonders umsichtiger Weise Dieter Kleiss, dem ich auch wertvolle inhaltliche Hinweise verdanke. Besonders danke ich meiner Frau Orinta für die vielen wertvollen Gespräche über die Themen des Buches, aber auch für die

---

[1] OCCURSO Institut für interreligiöse und interkulturelle Begegnung e.V.

Unterstützung, die sie mir für dieses Forschungs- und Buchprojekt in vielfältiger Form gegeben hat. Während sie alle in unschätzbarer Weise zum Inhalt des Buches beigetragen haben, gehen alle Fehler und Verkürzungen selbstverständlich zulasten des Autors. Das Institut OCCURSO, die Erzabtei St. Ottilien, Stephan Leimgruber und die Universität Salzburg ermöglichten die Veröffentlichung durch einen Druckkostenzuschuss.

Martin Rötting,
Freising, im Herbst 2011

Einleitung

Die Religionen sind in Bewegung. Dies ist ein Lebenszeichen! Und bei genauerem Hinsehen sieht man, dass es die religiösen Menschen sind, die diese Bewegung gestalten: Christen, Juden, Muslime, Buddhisten, Hinduisten, Bahai – um nur die großen Religionen zu nennen. Unsere Zukunft hängt davon ab, wie wir diese Begegnung gestalten: als inspirierenden Tanz, in dem die einen durch den Rhythmus und die Virtualität der anderen inspiriert werden, oder als destruktiven Clash, wo sich die Religionen voneinander abgrenzen und einander bekämpfen. Können die Religionen diesen Tanz lernen? Kann es ein Konzert der Religionen mit einer gemeinsamen Melodie oder Harmonie überhaupt geben? Wer führt dann den Reigen an, wer steigt aus? Wie lernen wir voneinander?

Religionen spielen in der gesellschaftlichen Wahrnehmung in Europa wieder eine stärkere Rolle. Im globalen und lokalen Miteinander begegnen sie einander in unterschiedlichen kulturellen Formen und spirituellen wie politischen Ausprägungen. Menschen unterschiedlicher religiöser Prägung lernen voneinander. Dieses Buch erläutert, wie wir voneinander im Dialog der Religionen lernen, welche Motivationen uns antreiben und welche kulturellen und biografischen Bedingungen uns dabei beeinflussen. Um die Einflüsse individuellen Lernens auf Institutionen und gesellschaftliche Prozesse verdeutlichen zu können, werden Dialog-Typen beschrieben. Sie machen die unterschiedlichen Dynamiken im Dialog plastisch und helfen dabei, die Bewegungen auf gesellschaftlicher Ebene zu verstehen. Abschließend wird ein Blick in die Zukunft gewagt: Wohin bewegen sich die Religionen, welche Theologie wird diese Bewegung mit sich bringen? Welche Formen von Spiritualität werden entstehen? Welche Rolle wird Religion in der Gesellschaft der Zukunft spielen?

Die Grundlage für dieses Buch sind neben vielen persönlichen Gesprächen und Begegnungen und der Praxiserfahrung im interreligiösen Dialog vor allem zwei wissenschaftliche Forschungen zum interreligiösen Lernen: eine zum christlich-buddhistischen (Rötting, 2006) und die andere zum muslimisch-christlichen Dialog (Rötting, OCCURSO Forschungsprojekt 2011). Insgesamt wurden über hundert Personen ausführlich zu ihrem interreligiösen Lernprozess befragt, sodass über tausend

Seiten Interviewskript analysiert wurden.[2] Eine Online-Befragung mit 200 Teilnehmern aus unterschiedlichen Dialog-Erfahrungen verdichtet den Befund der intensiven Analysen der Einzelinterviews. Die Ergebnisse sind bisher zum Teil in Einzelstudien[3] eingeflossen, bilden aber auch den Hintergrund der hier vorgestellten Thesen.

Religionen sind zu keinem Zeitpunkt der Geschichte monolithische Blöcke gewesen, sondern sie waren immer in Bewegung und im Austausch miteinander. Dies gilt auch dann, wenn sich Religionen und Gesellschaften zeitweise nach außen abschotten – als Reaktion auf die vermeintliche Gefahr von „außen". Welche Dynamiken und Ereignisse den Dialog der Religionen bisher bewegt haben, wird in „Religion in Bewegung: Geschichte" verdeutlicht.

Dieses Buch möchte die im interreligiösen Dialog verlaufenden Lernprozesse verstehen helfen und die Bewegungsdynamik, die durch sie zwischen und in den Religionen entsteht, entfalten. Die zur Verdeutlichung herangezogenen Interviews von Juden, Christen, Muslimen und Buddhisten im Dialog sind dafür die Grundlage. Andere in Deutschland im Dialog stehende Religionen, wie z. B. Hindus und Bahai, konnten nur zum Teil berücksichtigt werden. Ein wesentliches Ergebnis dieser Studie ist, dass im Dialog eine gestaltende und heilende Kraft der Religionen verwirklicht wird: Interreligiöses Lernen baut Brücken zwischen Kulturen und hilft blinde Flecken der eigenen Tradition zu „heilen". Diese hier empirisch nachgewiesene Wirkung des Dialogs weist ihm eine essenzielle Funktion heutiger Spiritualität zu.

---

[2] Die Forschungsinterviews fanden in 3 Phasen statt: buddhistisch-christlicher Dialog (2003-2006), christlich-muslimischer Dialog (2008-2011) und jüdisch-christlicher Dialog (2001). Alle Angaben zu den Interviews beginnen mit der Bezeichnung des Dialogs (z. B. M-C für Muslime-Christen), gefolgt von der Interviewnummer: z. B. DM5 (Interviewort Deutschland, Religion Muslim, Interview Nummer 5) und der Frage im Leitfaden. Als Grundlage für alle Befragungen diente der Leitfaden in: Martin Rötting, Interreligiöses Lernen im buddhistisch-christlichen Dialog, St. Ottilien, 2007, S. 415-421. Der Leitfaden wurde für die unterschiedlichen Dialoge leicht angepasst, etwa im Blick auf die Bezeichnungen für Religionsgemeinschaften (Kirche, Gemeinde, Umma, Sangha etc.) oder Versammlungsorte (Kloster, Tempel, Zentrum, Kirche, Moschee, Synagoge etc.). Die Nummern beziehen sich auch auf die Phasen des Lernkreises (s. u.).

[3] Martin Rötting: Interreligiöses Lernen im buddhistisch-christlichen Dialog (2006); zur Dynamik zwischen buddhistisch-christlich-muslimischer Begegnung: Martin Rötting: Interreligious Learning: The Shaping of Interreligious Identity in Pluralistic Europe, in: David Cheetham, Ulrich Winkler, Leirvik Oddbjørn and Judith Gruber (Eds.), Interreligious Hermeneutics in Pluralistic Europe. Between Texts and People, Amsterdam/New York, NY, 2011, X, 317-333.

Der erste Teil des Buches „Interreligiöses Lernen" beschäftigt sich mit dem Dialogprozess auf individueller Ebene. Wie lernen wir als Arbeitskollegen, Nachbarn, ehrenamtlich Aktive, Lehrer, religiöse Akteure, als Kinder und Jugendliche, Männer und Frauen, als Bürger und Glaubende im Dialog? Welche Rolle spielt unsere kulturelle und religiöse Verwurzelung? Welche Herausforderungen ergeben sich aus unserem Zusammenleben im Alltag? Wichtige Ereignisse in der Geschichte, wie etwa die Belagerung von Wien durch die Türken im 17. Jahrhundert sowie die Kreuzzüge oder die Anschläge vom 11. September 2001 sind für unser Lernen ebenso Anknüpfungspunkte wie ganz persönliche Erfahrungen und Begegnungen, Gemeinsamkeiten und Unterschiede in der religiösen Lehre und in der Kultur.

Doch nicht alle Menschen teilen die Einsicht in die Notwendigkeit eines Dialogs der Religionen. Manche, wie etwa S. P. Huntington („Clash of Civilizations"), beschreiben die Bewegung der Religionen als Zusammenprall oder Kampf, in dem es lediglich um das Recht des Stärkeren gehe. Der Dialog der Religionen wird von einigen auch als naive Anbiederung von „Gutmenschen"[4] gesehen, die verkennen würden, dass es eigentlich um einen Machtkampf von Ideologien gehe. Die Angst vor Terrorismus und Gewalt beeinflusst die Begegnung von Religionen und Kulturen. Der Amoklauf in Oslo und Utøya am 22. Juli 2011 bezog seinen ideologischen Nährboden aus dieser Angst, die in Internetplattformen einen konkreten Ausdruck findet. Im Kapitel „Dialogverweigerung, Kritik und Angst" wird diesen Haltungen und den gesellschaftlichen Strömungen und Gruppen, die sie vertreten, nachgegangen und untersucht, inwiefern sie das Verhältnis der Religionen in Zukunft beeinflussen könnten. Der Umgang mit Islamophobie und Antisemitismus fordert die Religionen ebenso heraus wie die Säkularisation und fundamentalistische Strömungen.

Interreligiöses Lernen ermöglicht auf der anderen Seite aber auch Hoffnungen und Visionen für das Zusammenleben der Kulturen und Religionen. Wie sehen diese konkret aus? Welche Bedingungen sind für die Entwicklung und Umsetzung notwendig? Wie stehen traditionelle Kräfte dazu? Wer ist Träger dieser Visionen und wo gibt es Modelle der Umsetzung?

---

[4] „Gutmensch" wird als Schmähwort verwendet, um sich distanziert und kritisch gegenüber der Moral und dem ethischen Argument zu verhalten. So z. B. in Michael Bonder, Ein Gespenst geht um die Welt: Political Correctness, 1995, S. 51, Angaben lt. der Gesellschaft für deutsche Sprache, http://www.gfds.de/sprachberatung/ fragen-und-antworten/uebersichtsseite/gutmensch, 9.6.2011.

Die qualitativen Forschungen, die mit Hilfe von Interviews durchgeführt wurden, ergaben sechs unterschiedliche Motivationen, die Menschen im Dialog bewegen: Weg-, Essenz-, Erfahrungs-, Image-, Integrations- und Versöhnungs-Motivation. In leicht veränderter Form kommen sie in unterschiedlichsten kulturellen und religiösen Bezügen vor und prägen den Lernprozess derer, die sie tragen. Buddhisten, Muslimen, Christen und Juden gemeinsam sind bestimmte Motivationen im Dialog in lokalen Kontexten.[5] Andere Motivationen teilen Menschen, die bestimmte biografische Ereignisse mit in die Begegnung mit anderen Religionen bringen.

Unsere religiösen Traditionen prägen uns als Gemeinschaft und als Individuum. Sie prägen unsere intimsten Hoffnungen und Ängste ebenso mit wie unsere Vorstellungen vom Sinn des Lebens, unseren Umgang mit Leiden und unser Selbstverständnis. In unterschiedlicher Weise bilden religiöse Traditionen auch die Kulturen heraus, in denen wir leben. Die Form dieser Prägung mag in Nordeuropa anders sein als in Südeuropa, in Amerika anders als in Afrika oder Asien. Ohne den Faktor Religion lassen sich Gemeinschaften und Gesellschaften aber nicht verstehen. Selbst sehr säkularisierte oder offiziell areligiöse Gesellschaften kennen Formen von Gruppen oder Ideologien, die sich auch mit religiösen Phänomenen beschäftigen. Der individuelle, religiöse oder spirituelle Aspekt und der gesellschaftlich strukturierende, kulturelle und soziale Aspekt bilden zwei wesentliche Pole interreligiöser Begegnung, denen im Kapitel „Kultur, Gesellschaft und Religion" nachgegangen wird.

Da sich Religionen als Heil bringend verstehen, erheben sie natürlich auch den Anspruch, Menschen zu verändern. Buddhisten sehen sich als Praktizierende des Mittleren Weges, Juden verstehen sich als das auserwählte Volk im Bund mit Gott, der die damit verbundene Verheißung einst einlösen wird. Muslime folgen dem Pfad, den Gott im Koran vorgegeben hat, Christen sehen sich in der Nachfolge Christi als Pilger zum Reich Gottes, das schon angebrochen ist. Ihre Ziele, Botschaften und Heilsquellen markieren den Heilsweg der Gläubigen und Praktizierenden und setzen auf diese Weise Referenzpunkte der Traditionen. Die Veden und Upanischaden der hinduistischen Tradition, der edle Achtfache Pfad des Buddhismus, die Gebote des Mose und die Thora, die Evangelien oder der Koran und die Hadithe des Islam sind Beispiele für solche Referenzpunkte. Das Kapitel „Referenz- und Prozessreligiosität" erläutert, wie die Begegnung und das Lernen im Dialog der Religionen durch diese

---

[5]   Hier sind die Religionen genannt, die in der empirisch-qualitativen Datenerhebung vorkamen. Das Ergebnis mag durchaus auch für andere Religionen gelten können.

Pole geprägt wird und wie Religionen Einseitigkeiten, die sich im Laufe der Geschichte in einer Tradition herausgebildet haben, im Dialog erkennen und bearbeiten.

Im Teil II „Dialog-Typen" werden ausgehend von den Ergebnissen der empirischen Forschung sechs Dialog-Typen vorgestellt. Sie bringen bestimmte Lernprozesse und Dynamiken im Dialog überspitzt auf den Punkt. Sie kommen wahrscheinlich so gut wie nie in ihrer Reinform vor, bezeichnen aber „Typisches" für Lernprozesse unter konkreten, beschreibbaren Bedingungen. Die Dialog-Typen bezeichnen also keine festgeschriebenen Kategorien, in die man dann Menschen, die einem begegnen, einordnen könnte, sondern eher Tendenzen, die, mehr oder weniger ausgeprägt, den Dialog und auch die angestrebten Lernfelder bestimmen. *Spirituelle Pilger* sind aus spirituellem Interesse und mit großer Bereitschaft, sich und ihre Vorstellungen von Religion zu verändern, im Dialog mit anderen. *Soziale Beweger* streben ebenfalls nach Veränderung, ihnen geht es allerdings nicht um einen inneren Prozess, sondern um einen Wandel in der Gesellschaft. *Religiös Kulturelle* sind Menschen, deren Fundament im Dialog eher durch das Grundgesetz und gesellschaftliche Normen geprägt ist, die aber Religion durchaus ernst nehmen. *Kultur-Harmonisierer* sind Menschen, die besonders an Brüchen, Spannungen und Vorurteilen interessiert sind und diese im Dialog bearbeitet sehen möchten. *Orthodoxe Adapter* sind Menschen, denen ihre Tradition am Herzen liegt, die aber auch auf Veränderungen in einer globalisierten Welt reagieren möchten. *Humanitär Religiöse* sehen das Verbindende zwischen den Religionen und Kulturen im Menschsein, in der Schöpfung oder der Allmacht Gottes. Das Verbindende ist wesentlicher als das Trennende, der religiöse Aspekt aber entscheidet. Die sechs Dialog-Typen stehen in einem bestimmten Verhältnis zueinander und sind über ihre Stellung zu den Motivationen sowie zu den Dimensionen „Religion" und „Kultur" und in Bezug zu Prozess- und Referenzreligiosität definiert. Jeder Dialog-Typ wird in seinen gesellschaftlichen, theologischen und spirituellen sowie persönlichen Merkmalen vorgestellt. Beispiele aus den Interviews, aber auch aus der Literatur und der Dialogpraxis verdeutlichen und konkretisieren die Dialog-Typen und zeigen ihre Bedeutung in der Begegnung der Religionen auf.

Im Teil III „Prozesse" werden nun die Lernprozesse beschrieben, an denen Einzelne und über sie auch Gruppen und Institutionen im interreligiösen Lernen teilhaben. Westeuropa und Deutschland und die Bewegung der Religionen in dieser Region bilden den Schwerpunkt dieses Teils. Aber auch Prozesse aus anderen Teilen der Welt werden mit einbezogen und verdeutlicht. Diese Zusammenschau ermöglicht ein Bild der „Religion in Bewegung", das es zu erfassen und zu beschreiben gilt. Christentum, Islam, Judentum und Buddhismus werden exemplarisch beleuchtet. Das Kapitel „Nur große Fische?" lenkt den Blick auf kleinere Religionen wie den Bahaismus oder kleinere christliche Kirchen und Gemeinschaften und ihre Rolle in interreligiösen Lernprozessen.

Abschließend wagt der letzte Teil „Wohin?" einen Ausblick auf die Zukunft der religiösen Traditionen und ihrer Funktion in der Gesellschaft sowie auf ihre Bedeutung für den Einzelnen. Die bisher mit religionswissenschaftlichen Mitteln beschriebene Bewegungsdynamik im Dialog der Religionen wird nun auf theologische Konsequenzen untersucht. Welche Formen von interreligiöser Spiritualität sind für die Zukunft denkbar? Wie gehen die Religionen mit neuen Formen um? Was müssen Theologien der Zukunft leisten, um diesen Prozess mit zu unterstützen und zu begleiten? Wird es Formen interreligiöser Theologie geben? Wohin bewegen sich die Religionen?

Ausgehend von der Analyse der Lernprozesse werden sieben Herausforderungen beschrieben. Jede Religion hat, aufgrund des Kontextes, in dem sie momentan steht, ihre konkrete Herausforderung zu meistern, und die Ergebnisse des interreligiösen Lernens zeigen hier klare Wege auf. Einige Herausforderungen gehen alle Religionen und gesellschaftlichen Gruppen an. Dabei wird auch deutlich, dass jedes Sprechen von *dem* Christentum, *dem* Islam etc. immer heuristisch ist, denn die „Bruchlinien" der Dialog-Typen gehen durch die Religionen und Konfessionen hindurch. Bestimmte Lernerfahrungen verbinden Menschen auch über traditionelle Religionszugehörigkeiten hinweg. Religiöse Identitäten sind, wie die Religionen selbst, dynamische Größen und entstehen durch vielfältige Vernetzungsprozesse. Religionen sind nicht als starre Größen zu verstehen, sondern als lebendige Organismen, die im Dialog interagieren.

So gewagt der Blick in die Zukunft auch zu sein scheint, die Erforschung der gegenwärtigen Lernprozesse erlaubt es dennoch, einige mögliche Wege zu beschreiben, auf die sich die Religionen als „Religion in Bewegung" begeben sollten und könnten. Die Religionen gemeinsam bilden durch ihre Vernetzung das Phänomen „Religion". Die einzelnen Religionen im Dialog sind also gemeinsam „Religion in Bewegung".

Religion in Bewegung: Geschichte

Die Religionen waren nie feste und starre Gebilde, sondern immer in Bewegung. Diese Vernetzungen und gegenseitigen Impulse sollen hier umrissen werden, damit deutlich wird, dass die Beschäftigung mit Religionen nicht Tiefenbohrungen in starren Blöcken gleicht, sondern einen gleichsam in einen Strom steigen lässt. Geschichtlich lassen sich alle existierenden großen Religionen auf drei Ströme zurückführen, die alle im vorderen Asien entspringen!

Die abrahamitischen Religionen bilden den Traditionsstrom, der sich in Auseinandersetzung mit den Nachbarreligionen mit der Entstehung des Volkes Israels etwa seit 2000 v. Chr. entwickelt. Juden, Christen, Muslime und Bahai beziehen sich direkt auf diesen Strom.

Den zweiten Strom bilden die brahmanischen Traditionen Indiens, die heute als Hinduismus bezeichnet werden und sich auf die Veden und Upanischaden beziehen. Das Karma-Gesetz, der Kreislauf der Wiedergeburten und die Lehre (Dharma) als Weg aus den Verstrickungen im Leiden bilden Elemente, aus denen sich im 6. Jahrhundert auch der Buddhismus und der Jainismus entwickelten.

Der dritte Strom entzieht sich genauer geschichtlicher Datierung, es ist die chinesische Weisheitradition, die sich später als Taoismus formiert und philosophische, ethische und religiöse Strukturen annimmt. Diese Tradition verband sich mit dem aus Indien kommenden Buddhismus zur Zen-Tradition.

Ob die drei Quellen geschichtlich einen gemeinsamen Ursprung haben oder ob sie an unterschiedlichen Orten und Zeiten entsprungen sind, muss offenbleiben. D. Harding zeichnet daher ein Entstehungsdiagramm[6] der Religionen (vgl. Abb. 1), in dem die drei Religionsströme aus einer Quelle kommen, wenn man die Linien in Richtung Ursprung weiterführt. Der Schnittpunkt, also eine gemeinsame geschichtliche Quelle, lässt sich nicht nachweisen. Vielleicht drückt die Skizze auf diese Weise auch eine Ursehnsucht des Menschen aus. Wie jede bildhafte Darstellung vereinfacht auch Hardings Diagramm die Wirklichkeit, denn wichtige Formen

---

6 Douglas E. Harding, Die Weltreligionen. Ein kleines Handbuch für Aufgeschlossene, Freiburg, 1997, S. 20.

von Religion, wie die Naturreligionen oder schamanistische Religionen, die, wie Eliade zeigte, in vielen Regionen der Erde vorkommen, werden darin nicht berücksichtigt.

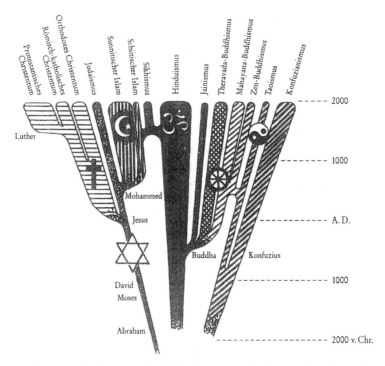

Abbildung 1: Douglas E. Harding, Die Weltreligionen. Ein kleines Handbuch für Aufgeschlossene, Freiburg, 1997, S. 20.

Religionen entstehen in Reaktion auf die sie umgebende Umwelt und nehmen auf diese Bezug. Buddha bezog sich auf die bestehenden brahmanischen und yoga-orientierten religiösen Traditionen seines indischen Umfeldes. Der monotheistische Glaube Israels entstand in Auseinandersetzung mit der eigenen Geschichte und den Weltbildern der umliegenden Völker. Auch Einflüsse aus Ägypten wirkten mit an seiner Entstehung.

Jesus predigte seine Botschaft vom kommenden Gottesreich auch mit Blick auf die Besetzung Palästinas durch die Römer, die junge Kirche definierte sich in Bezug zu bestehenden Strömungen des Judentums und zu griechischen Weltbildern. Der Koran bezieht sich ausdrücklich auf die existierenden Religionen. Offenbarungscharakter gesteht er allerdings nur den „Buchreligionen" (Judentum und Christentum) zu, versteht sich letztlich aber auch als deren Erfüllung. Jede Religion und jede Gruppierung innerhalb einer Religion kennt während ihrer Entstehung unterschiedliche Phasen der Abgrenzung von den sie umgebenden Traditionen und Phasen relativer Öffnung und Toleranz, je nach der eigenen Stellung zu bestehenden politischen und religiösen sowie sozialen Strukturen des gesellschaftlichen Umfeldes. Religionen verändern sich mit den Menschen und durch die Menschen, die sie letztlich tragen: die Gläubigen oder die ihnen zugehörigen Personen.[7] Und diese sind Teil der Gesellschaft und werden von ihr beeinflusst. Auch in Phasen, in denen Religionen die Unveränderbarkeit ihrer Lehren und die Ehrwürdigkeit und Zeitlosigkeit ihrer Traditionen und Riten besonders betonen, unterliegen diese einem Wandel. Manchmal scheint es fast, als ob eine besondere Betonung von zeitlosen Referenzpunkten eine sich anbahnende Veränderung zu entschleunigen oder gar abzuwenden sucht.

Religionen werden letztlich durch diejenigen zu einer Tradition, die an sie glauben. Doch nicht nur persönliche Überzeugung und spirituelle Suche tragen zu den Gebilden und Gedankengebäuden bei, die wir als Religionen bezeichnen, sondern auch die Strukturen, die sich herausbilden, wenn die Angehörigen bestimmter Lehren sich organisieren. Eine kleine Gruppe mag sich im privaten Rahmen treffen, größere benötigen Räume oder Gebäude und strukturieren sich den Alltag so, dass sie sich zu bestimmten Zeiten auch gemeinsam der Religion widmen können. Dies geschieht immer auch im Dialog mit den Teilen der Gesellschaft, die nicht der Religion angehören. Und so entsteht in gesellschaftlichen Aushandlungsprozessen nicht nur der Kalender, der die Feiertage festlegt und das Jahr in verschiedene feste Zeiten einteilt, es entstehen in ihnen auch Rituale und Orte, an denen sie durchgeführt werden können.

Religiöse Traditionen verändern sich natürlich nicht beliebig, sondern beziehen sich immer wieder auf die Ereignisse oder Schriften, denen sie ihre Entstehung verdanken. Sie orientieren sich bei der Suche nach ihrem

---

[7]   Glaubensüberzeugung und Religionszugehörigkeit müssen nicht unbedingt eine Einheit bilden. Viele Juden verstehen sich in erster Linie über die Ethnie dem Judentum und der Tradition verbunden. Aber auch Angehörige anderer Religionen wählen diese nicht einfach frei, sondern aufgrund von traditionellen Prägungen, Geburt oder auch bewusster Abgrenzung. Dennoch können auch Menschen, die aus unterschiedlichsten Gründen ihre Religion nicht frei wählen können, unterschiedliche Glaubensvorstellungen entwickeln.

Weg durch die Geschichte an *Referenzpunkten*. Für Juden ist dies die Ver-
gewisserung, dass Gott mit ihnen als auserwähltem Volk einen Bund ge-
schlossen hat. In Krisenzeiten, etwa während der Babylonischen Gefan-
genschaft, wird dieser Bund geprüft und dient auch als Hoffnungszeichen
mit dem Verweis darauf, dass Gott das dem Stammvater Abraham gegebene Versprechen nicht aufkündigen wird, auch wenn das Volk jetzt gerade seine Verpflichtungen aus dem Bund gebrochen hat und, so die Lesart
der Propheten, deswegen in das Exil nach Babylon geschickt wurde.

Nach längerer Zeit in Unterdrückung konnte sich die christliche Religion
mit der konstantinischen Wende, mit der das Christentum von der verfolgten Sekte zur Staatsreligion mutierte, zum ersten Mal frei entfalten.
In seinen vielen Spielarten der Kooperation mit der Macht entwickelte
sich im Christentum oft die Auffassung, es gäbe zwei Machtsphären, die
des Staates und die der Religion. Die erste wurde vom Kaiser ausgefüllt,
die zweite vom Papst, so die Auffassung der westlichen Kirche, in der
andere Religionen bisweilen geduldet, aber oft auch blutig verfolgt wurden. In der Lehre der katholischen Kirche, nach der sie allein die Fülle
der Offenbarung kenne und durch die Sakramente das Heil vermitteln
könne, begründet sich auch jener theologische Exklusivismus und Absolutheitsanspruch, der auch Gewalt duldete. Eine Verabsolutierung von
Referenzpunkten führt dazu, sie auch verteidigen zu wollen, und damit
zu Gewalt.

Der Gründer des Islam, Mohammed, war von Beginn an nicht nur religiöser, sondern auch politischer Führer, da er bereits mit dem Wechsel von
Mekka nach Medina dort erst zum Streitschlichter und dann auch zum
politischen Herrscher wurde. Bereits im 8. Jh. hatte sich der Islam weit
über sein Ursprungsgebiet hinaus ausgebreitet. Im Kontakt mit neuen
kulturellen Räumen überprüften Muslime die möglichen ethischen Handlungen und entschieden, wie sie sich in der neuen, anderen Umgebung
verhalten können. Dabei dienten ihnen der Koran und die Hadithe, also
die Erzählungen über das Leben des Propheten Mohammed, als Richt-
schnur. Die muslimischen Herrscher führten hier oft ein Klassensystem
ein, das zwischen Muslimen, den Bürgern mit Buchreligion, also Juden
und Christen, sowie anderen unterschied. Konvertierung zum Islam spielte hier meist eine untergeordnete Rolle.

Der Hinduismus nahm neue religiöse Lehren wie den Buddhismus meist
in das eigene Weltbild auf. Mit der Machtübernahme durch islamische
Herrscher entwickelte sich zum Teil ein symbiotisches Nebeneinander,
zum Teil aber auch Konkurrenz. Im Buddhismus, der sich nach der ersten

Blüte in Indien vor allem in Südostasien und in Tibet, China, Korea und Japan ausbreitete, wurden meist die dort bestehenden Religionen mit ihren Göttern und Himmelsmächten, die oft eigene Altäre in großen Tempelanlagen erhielten, mit eingebunden. Als Religion am Königshof gab es im Buddhismus neben manchen Formen der Duldung aber auch Konkurrenz.

Nach der Zerstörung des Tempels 70 n. Chr. und der Zerschlagung des Bar-Kochba-Aufstandes in Massada, wo sich die gegen Rom aufständischen Juden zuletzt verschanzt hatten, zerstreute sich das jüdische Volk in alle Welt. Es kam zu jüdischen Siedlungen in vielen großen Städten. Juden wurden einerseits als Handelspartner geschätzt, sahen sich oft aber auch der Verfolgung ausgesetzt. Vereinzelt wurden in Europa Bedrohungen durch Krankheit und Seuchen immer wieder den Juden zugeschrieben. Todesfälle von Kindern wurden Juden angelastet und es entstand der Mythos, diese würden Kinderblut zum Backen der Mazze verwenden. Es entstanden auch Pogrome an Juden, und um diese im Nachhinein zu rechtfertigen, instrumentalisierte man Vorurteile und Mythen. Es entwickelten sich Wallfahrten, die den Status der Städte auf Kosten der beschuldigten Juden hoben, an Krankheit verstorbene Kinder wurden zu Märtyrern erklärt oder den Juden wurde „Hostienschändung" vorgeworfen.[8] Judenhass, Pogrome und Antisemitismus waren die Folge und fanden im Holocaust ihren tragischen Höhepunkt: Sechs Millionen Juden wurden ermordet.

Mit dem Ende des Zweiten Weltkrieges mehrten sich Stimmen in allen Religionen, dass sich eine solche Form der Gewalt gegen Religionen und unter den Völkern nicht wiederholen dürfe. Das 2. Vatikanische Konzil der katholischen Kirche fand in diesem Geist statt. Aus einem geplanten Dekret über die Juden, das den theologischen Grundlagen und der pastoralen Praxis, die den Holocaust mit ermöglicht hatten, entgegenwirken sollte, wurde letztendlich ein für die katholische Kirche wegweisendes

---

[8] Einer der bekanntesten Fälle ist Trient: vgl. Hsia, Ronnie Po-chia, Trient 1475, Geschichte eines Ritualmordprozesses, Fischer, Frankfurt, 1997. Es gibt auch Fälle in Deutschland, bei denen bis in die jüngste Vergangenheit Gedenktage und Prozessionen abgehalten wurden, die auf ähnliche Fälle gründeten. Im September des Jahres 1337 oder 1338 hatte man die Juden Deggendorfs getötet, im 15. Jahrhundert rechtfertigte man die Tat mit der Begründung, sie sei die Rache für einen Hostienfrevel gewesen. Die angeblich erfolglos gemarterten Hostien wurden dann in einem Kultgefäß aufbewahrt, es entstand die Wallfahrt zur „Deggendorfer Gnad". Vgl. Manfred Eder, Die „Deggendorfer Gnad", Entstehung und Entwicklung einer Hostienwallfahrt im Kontext von Theologie und Geschichte, Regensburg, 1991. Die Wallfahrt wurde den Deggendorfern erst 1992 durch ein Hirtenwort des Bischofs untersagt.

Dokument, das den Dialog mit anderen Religionen zur Aufgabe der Christen machte. Nostra Aetate erklärte, dass die Gläubigen das, was in anderen Religionen wahr sei, „wahren, achten und fördern" (NA 2) sollten. Die Geschichte dieses Dokumentes zeigt paradigmatisch den Wendepunkt der Begegnungsbewegung zwischen den Religionen auf. War bisher meist nach einer Phase der eigenen Identitätsentwicklung in den Religionen davon ausgegangen worden, dass es vor allem darum gehe, die eigene Wahrheit so weit wie möglich auszubreiten, so trat jetzt das Bemühen um eine gemeinsame friedliche Zukunft in den Vordergrund.

Die protestantischen und orthodoxen Kirchen legten mit den „Leitlinien zum Dialog"[9] 1979 ein Dokument vor, das in ähnlicher Weise wie Nostra Aetate den Dialog fördern sollte, allerdings mit der Betonung des nachbarschaftlichen Dialogs.

Die Religionen, vor allem auch die Kirchen, standen zunächst der Erklärung der Menschenrechte kritisch gegenüber, da man sie als Produkt der Aufklärung empfand.[10] Die Erklärung wurde 1948 verabschiedet und wird inzwischen von allen großen Kirchen akzeptiert. Für den Dialog der Religionen ist Artikel 18 maßgebend, da er die Religionsfreiheit garantiert:

> *Jeder hat das Recht auf Gedanken-, Gewissens- und Religionsfreiheit; dieses Recht schließt die Freiheit ein, seine Religion oder seine Weltanschauung zu wechseln, sowie die Freiheit, seine Religion oder seine Weltanschauung allein oder in Gemeinschaft mit anderen, öffentlich oder privat durch Lehre, Ausübung, Gottesdienst und Kulthandlungen zu bekennen.*[11]

Dieser Artikel begünstigt die Pluralität der Religionen, weil er religiöse Einschränkungen in Fragen des Einwanderungsrechts aufhebt und die Entscheidung über die eigene Religiosität dem Subjekt anvertraut. Diese Ermöglichung religiöser Entscheidung ist eine Grundbedingung des Dialogs und wird später wieder aufgegriffen werden.

---

[9]   World Council of Churches, Guidelines with People of Living Faiths and Ideologies, Genf, 1997. Deutsch: Leitlinien zum Dialog mit Menschen verschiedener Religionen und Ideologien, EZW-Arbeitstext Nr. 19, VI/79, Stuttgart 1979.

[10] Vgl. hierzu: Antonius Liedhegener, Ines-Jacqueline Werkner (Hrsg.), Religion, Menschenrechte und Menschenrechtspolitik, VS Verlag, Wiesbaden, 2010.

[11] Resolution 217 A (III) der Generalversammlung vom 10. Dezember 1948, Allgemeine Erklärung der Menschenrechte, Artikel 18, http://www.un.org/Depts/german/grunddok/ar217a3.html, 16.06.2011.

Nach dem Zweiten Weltkrieg waren große Migrationsbewegungen in Europa erfolgt. Viele Menschen mit muslimischem Hintergrund kamen als Arbeitsmigranten nach Deutschland. Es entstanden die ersten Islam-Vereine und Moscheen. In der gesellschaftlichen Wahrnehmung kamen die türkischen Muslime zunächst als Arbeitsmigranten und Gastarbeiter in den Blick. Dies begann sich schon mit der einsetzenden Flüchtlingsproblematik der 1990er Jahre zu ändern, aber eine deutliche Kehrtwende kam erst mit den Anschlägen auf das World Trade Center und dem deutlichen Bekenntnis der Täter zum Islam.

Die Anschläge des 11. September 2001 und die Reaktion der Gesellschaft in Europa bewirkten, dass aus Gastarbeitern und Bürgern mit türkischem Migrationshintergrund gleichsam „über Nacht" in erster Linie „Muslime" geworden waren. Natürlich war die Religionszugehörigkeit vorher teilweise thematisiert worden, aber jetzt wurde sie in der öffentlichen Debatte zum entscheidenden Faktor. Diese Fremdzuschreibung, mit der die Religion plötzlich zum Stigma wurde, bewirkte unter den Muslimen tatsächlich auch eine neue Auseinandersetzung mit der eigenen Identität.

Die Bewegung der Religionen in Europa ist heute weitgehend vom Dialog sechs weltanschaulicher Größen geprägt. Diese Größen sind der Säkularismus, das Christentum und das Judentum, der Buddhismus und die Yoga-Bewegung[12] sowie der Islam. Bis Mitte der 1990er Jahre war man vielfach davon ausgegangen, dass der Säkularismus die entscheidende Größe sei, die letztlich das Schicksal aller Religionen bestimmten sollte. Religiosität war, so dachte man, völlig zur Privatsache geworden. Inzwischen spricht man manchmal recht überrascht von der Wiederkehr der Religion. Als Zentrum der religiösen Autorität gelten in Europa nicht mehr wesentlich die Kirchen und religiösen Institutionen, sondern das In-

---

[12] Meines Erachtens ist es irreführend, von einem Hinduismus in Europa zu sprechen, da sich dieser auf Kultur und Weltbild in Indien bezieht. Die vom Hinduismus geprägten Meditationsbewegungen können auch als Yoga-Bewegung bezeichnet werden, um den Unterschied zum Buddhismus zu markieren. Viele der aus hinduistischer Geistestradition kommenden Bewegungen teilen den oben beschriebenen Inklusivismus. Der Begriff Hinduismus ist zudem auch auf die indischen Religionen bezogen zunächst eine Fremdbezeichnung, die erst durch die neohinduistischen Strömungen zur Selbstbezeichnung wurde.

dividuum. Diese Bewegung wird als *Subjective Turn*[13] bezeichnet. Natürlich spielen die Institutionen und deren Wahrnehmung noch eine wesentliche Rolle, aber eben nicht mehr die einzig entscheidende.

Dieses Buch beschäftigt sich daher zunächst mit den Erfahrungen der Menschen im Dialog. Es untersucht, was Menschen in den Dialog führt, welche Motivationen und Hoffnungen, aber auch welche Ängste sie mit der Begegnung mit Menschen anderer Religionen verbinden. Ausgehend von diesen persönlichen Dialogerfahrungen lassen sich Motivationen und Typen des Dialogs beschreiben, die helfen, aus den vielen Einzelstimmen im Dialog so etwas wie ein großes Ganzes, gleichsam eine Harmonie und mögliche Dissonanzen des Dialogs in der Gesellschaft herauszuhören.

Eine Grundprämisse ist dabei, dass es grundsätzlich möglich ist, dass religiöse Menschen, und somit letztlich auch Religionen, voneinander lernen. Die Religionen bewegen sich also in Lernprozessen.

In Deutschland war der erste ins Bewusstsein gehobene Lernprozess der des christlich-jüdischen Dialogs. Die Aufarbeitung des Holocausts und des Versagens der christlichen Kirchen während der Zeit des Nationalsozialismus führte auch dazu, das Judentum und das Jude-Sein Jesu neu zu entdecken. Die Erzählungen der Chassidim, vor allem in den Übersetzungen Martin Bubers, fanden ihren Weg zunächst in theologische Seminare und dann in die Predigten.

Mit der 68er Generation, der Faszination für Asien und der Suche nach einer erfahrungsbezogenen Spiritualität begann eine intensive Welle des christlich-buddhistischen Dialogs. Die Yoga-Bewegung ermöglichte die Einbeziehung von Körpererfahrung in die Spiritualität. Vor allem die Zen-Meditation erlebte mit den Kursen von Pater Hugo Makibi Enomiya-Lassalle und anderen einen regelrechten Boom. Charismatische Träger dieses Dialogs wie der Dalai Lama oder der vietnamesische, im französischen Exil lebende Zen-Mönch Thich Nhat Hanh, aber auch christliche Mönche und Theologen wie der Benediktiner David Steindl-Rast, Willigis Jäger oder Michael von Brück[14] vertieften den Dialog. Die Meditati-

---

[13] *Subjective turn* bezeichnet den Fokuswechsel von einem allgemeinen Wahrheitskonzept (Dogmen) hin zur eigenen Erfahrung. Vgl. z. B. Heelas, P.; Woodhead, L.; Seel, B.; Szerszynski, B. & Tusting, K. The Spiritual Revolution: Why religion is giving way to spirituality. Blackwell Publishing: Oxford, 2005.

[14] Michael von Brück verfasste zusammen mit Wahlen Lai ein Standardwerk zur buddhistisch-christlichen Begegnung, auf das hier verwiesen werden soll, da es Geschichte und Theologie dieses Dialogs darstellt: Brück, Michael von; Lai, Wahlen, Buddhismus und Christentum. Geschichte, Konfrontation, Dialog, Verlag C.H. Beck, München, 1997.

onsbewegung führte auch zu theologischen Reflexionen und einem verinnerlichten Gottesbild: „Innen statt droben".[15] Eine intensive Rezeption christlicher Mystik setzt ein, vor allem die Schriften Meister Eckharts wurden intensiv mit dem Buddhismus in Beziehung gebracht und auch von buddhistischer Seite studiert. Die japanische Kyoto-Schule und mit ihr der Dialog des japanischen Zen-Philosophen Masao Abe und des christlichen Theologen John Cobb vertieften die theologischen und philosophischen Reflexionen zwischen Christentum und Zen-Buddhismus.

Schon vor 9/11 war es zur theologischen Beschäftigung mit dem Islam gekommen. Eine umstrittene Wegbereiterin der heutigen Islamwissenschaft und des Dialogs mit dem Islam war Annemarie Schimmel. Die Kritik ihr gegenüber bezieht sich auf Aussagen, die einer Reformation oder Kritik des Islams negativ gegenüberstehen. Mit ihrer intensiven Forschung hat sie allerdings vielen den Zugang zum Islam erst ermöglicht.[16]

Zunächst gab es in Deutschland von der sozialpädagogischen und karitativen Arbeit her Bestrebungen, den Migranten und Asylanten die Integration zu erleichtern. Mit der Entstehung erster Moschee-Gemeinden und Hinterhofmoscheen kam es auch zu zaghaften ersten nachbarschaftlichen Begegnungen von Kirchengemeinden und Muslimen, meist türkischen Hintergrunds. Mit der dritten Generation deutsch-türkischer Muslime setzte nicht nur eine verstärkte Institutionalisierung der Muslime in Vereine und Verbände ein, sondern – auch als Reaktion auf die wachsende Islamophobie in der Gesellschaft – eine nun sogar politisch geförderte Bestrebung nach islamischem Religionsunterricht in deutscher Sprache und einer Imamausbildung an deutschen Universitäten, wie z. B. derzeit in Osnabrück, Münster, Erlangen und Frankfurt am Main.[17] Die künftigen Imame, so die Hoffnung vieler, könnten zu Brückenbauern zwischen Muslimen und der Gesellschaft werden und durch ihr Engagement den Dialog vor Ort fördern. „Imame üben seit jeher großen Einfluss auf das individuelle und gesellschaftliche Leben der MuslimInnen aus. Eine wirkliche Integration der deutschen MuslimInnen in die Gesellschaft wird auch über die religiöse Integration in die entsprechenden Strukturen

---

[15] Vgl. Jürgen Kuhlmann, Innen statt droben. Für ein geistlicheres Gottesverständnis, Patmos, Düsseldorf, 1986.

[16] Vgl. u. a. Annemarie Schimmel, Morgenland und Abendland, Mein west-östliches Leben, Autobiografie, München 2002.

[17] Einen exemplarischen Einblick bietet Ucar Bülent, „Die Gelehrten sind die Erben der Propheten": Auf dem Weg zu einer Imamausbildung an der Universität Osnabrück, in: Muslimische Gemeinschaften zwischen Recht und Politik, Heinrich-Böll-Stiftung, Berlin, Dezember 2010, S. 62-68, www.migration-boell.de, 13.7.2011.

möglich sein"[18], so der Professor für Islamische Religionspädagogik Bülent Ucar an der Universität Osnabrück. So verstärken sich auch, immer noch geprägt durch die Sicherheits- und Integrationsdebatte, die Bemühungen im christlich-muslimischen Dialog, der heute den Dialog der Religionen am stärksten prägt.

Mit den Begegnungen der Menschen entstehen Dialoge der unterschiedlichsten Art, die zu Lernprozessen führen können, welche wiederum eine Auswirkung auf religiöse Institutionen mit sich bringen. Wie sich diese Lernprozesse genau gestalten und welche Themen prägend sind, bestimmt die Veränderung religiöser Ansichten und die Gestalt der Gruppen, die sie mittragen.

Religion in Bewegung heißt also, dass sich die Religionen begegnen, aber nicht als monolithische, einheitliche Blöcke, sondern als höchst dynamische Größen. Die Bewegung vollzieht sich im einzelnen religiösen Menschen, in jeder Gruppe oder Gemeinde sowie in Religionsgemeinschaften und somit in den Religionen selbst. Der beste Zugang zur Religion in Bewegung ist daher nach meiner Ansicht der Lernprozess des Einzelnen. Eine Untersuchung dieser Lernprozesse nimmt einerseits den zuvor schon beschriebenen „Subjective Turn" ernst, andererseits kann sie aber auch die Bewegungsprozesse von größeren Einheiten beschreiben helfen. Es ist daher sinnvoll, mit persönlichen Lernprozessen im Dialog der Religionen zu beginnen.

Jede Übertragung von bestimmten Merkmalen eines persönlichen Lernprozesses auf die Religion, der die Person angehört, ist verkürzend. Wenn bestimmte Kriterien gehäuft auftreten und sie in Verbindung mit den soziologischen und historischen Rahmenbedingungen Sinn ergeben, kann eine solche Übertragung zur Verdeutlichung sinnvoll sein. Auch wenn diese Studie von individuellen Lernprozessen ausgeht, spricht sie von der Bewegung und Dynamik des Christentums, des Judentums etc. Dies schließt selbstverständlich nicht aus, dass es abweichende Fälle gibt. Es geht darum, größere Beziehungsbewegungen nachzuzeichnen und darzustellen, um so den Dialog als Lernprozess beschreiben zu können.

---

[18]   Ucar, Bülent, „Die Gelehrten sind Erben der Propheten", 2010, 67.

Religion in Bewegung: Geschichte

- Religionen sind keine abgeschlossenen Einheiten, sondern dynamische Vernetzungen von Sinnzuschreibungen, Ritualen, Lehren und Menschen, die sich laufend verändern.

- Zur Gewinnung der eigenen Identität einer Religion gehören Abgrenzungsprozesse in der Entstehungsphase.

- Die eigene Erfahrung als höchste Autorität (Subjective Turn) verändert das Verhältnis des Einzelnen zur religiösen Institution.

- Der Buddhismus beeinflusst die Religiosität in Deutschland über die Meditationsbewegung.

- Der Islam wurde nach 9/11 zum Identitätsmerkmal der türkischen Migranten; aus Gastarbeitern wurden Muslime.

- Die Säkularisation verändert das Verhältnis des Einzelnen und der Gesellschaft zur Religion: Überzeugung und Erfahrung werden wichtiger, Tradition nimmt ab.

- Die Übertragung der Erfahrung des Einzelnen auf die Bewegungsprozesse der Religionen ist daher heuristisch möglich, mit dem Vorbehalt möglicher Ausnahmen.

Teil I: Interreligiöses Lernen

Wie lernen wir im Dialog?

Der Dialogbegriff wird von den meisten im Dialog Aktiven sehr weit gefasst und reicht von der argumentativen Debatte über Begegnungen in der Nachbarschaft bis hin zu spiritueller Praxis. Noch vor der Frage, wie wir im Dialog lernen, stellt sich die Frage: Wie lernen wir überhaupt? Lernen bezeichnet die Entstehung oder Aneignung von etwas Neuem in unserem Wissen und dessen Verbindung mit eigenen Werten und Emotionen. Entweder erhalten wir neues Wissen oder wir strukturieren vorhandenes Wissen um. Die meisten Lernprozesse sind sicher eine Kombination von beidem. David A. Kolb beschreibt den Lernprozess als Erfahrungsverarbeitung.[19] Der von ihm beschriebene Lernprozess erfasst auch die Grundstruktur des Lernens im Dialog, wobei der Dialogbegriff hier so weit gefasst wird, wie oben angedeutet.

Dabei vollzieht sich in unterschiedlicher Weise, aber doch konstant, ein Viererschritt: wir erfahren etwas (1), reflektieren das Erfahrene (2), vergleichen es mit vorhandenen Kategorien und Konzepten (3) und gehen mit diesem Wissen aktiv in neue Erfahrungen (4). Die Begegnungen im Dialog von Kulturen und Religionen sind solche Erfahrungen, die wir je nach Lerntyp unterschiedlich reflektieren, bewerten und verarbeiten. Dabei begegnen sich natürlich nicht Religionen an sich, sondern Menschen mit ihrer je eigenen Lebenswelt, ihrer Geschichte, ihren eigenen Erfahrungen und Hoffnungen und ihrem Glauben. In der Begegnung sind es immer einzelne Aspekte der anderen Religion, die als Anfrage oder Herausforderung besonders auffallen und einen Anknüpfungspunkt für den interreligiösen Lernprozess darstellen.[20]

---

[19] Vgl. Kolb, David A., Experiential Learning. Experience as the Source of Learning and Development, Case Western Reserve University, Prentice-Hall, Englewood Cliffs, New Jersey, 1984.

[20] Den Prozess des interreligiösen Lernens, seine Phasen und der Bezug zu bestehenden Lerntheorien sowie zu interkulturellen und interreligiösen Wechselprozessen habe ich ausführlich dargestellt in: Rötting, Martin, Interreligiöses Lernen im buddhistisch-christlichen Dialog. Lerntheoretischer Zugang und qualitativ-empirische Untersuchung in Deutschland und Südkorea, St. Ottilien, 2007.

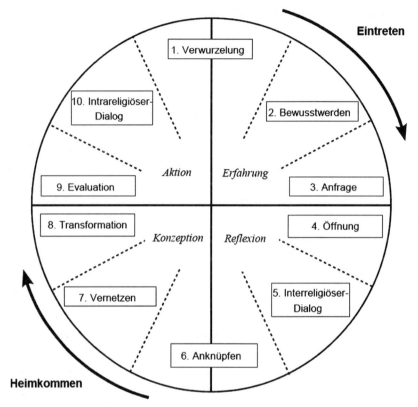

Abbildung 2: Prozess des interreligiösen Lernens

Interreligiöses Lernen ist eine Bewegung vom Eigenen hin zum Anderen und wieder zurück. Das Eintreten in die Welt der anderen Religion und das Heimkommen ins Eigene sind die Grundbewegungen des interreligiösen Lernprozesses, der sich in zehn bzw. elf Phasen beschreiben lässt. Die Phase der *Verwurzelung* (1) beschreibt das Hineinwachsen in die eigene Tradition und religiöse Umwelt. Dies kann, muss aber nicht unbedingt eine besondere religiöse Prägung sein. Multikulturelle Prägungen sind ebenso eine Verwurzelung wie säkulare Bezüge. Die Analyse interreligiöser Lernprozesse zeigt, dass die Art der Verwurzelung besonders für die Transformation und den intrareligiösen Dialog (also den Dialog innerhalb einer Person, Gruppe oder religiösen Tradition) eine wichtige Rolle spielt. Ein autobiografisches Beispiel aus meiner eigenen Erfahrung im interreligiösen Dialog verdeutlicht dies: Ich hatte einige Zeit als Gast in einem Zen-Kloster in Südkorea mitgelebt.[21] Der Zen-Meister

---

[21] Die Erfahrungen aus dieser Zeit sind veröffentlicht und reflektiert in Rötting, Mar-

Seung Sahn verstarb und bei einem Besuch einer Gedenkveranstaltung lud eine am Tempel ehrenamtlich tätige ältere Dame zum Essen ein. In dem Moment, in dem sie die Einladung aussprach, erinnerte ich mich plötzlich an „Frau Hedwig" aus dem Dorf, in dem ich aufgewachsen bin. Sie hatte in der Pfarrgemeinde die Aufgabe übernommen, bei Beerdigungen das Gedenkkreuz für den oder die Verstorbene zu tragen und im Anschluss an die Begräbnisfeier im Namen der Verwandtschaft zum Essen in der nahe gelegenen Gaststätte einzuladen. Die Tatsache, dass ich in einem katholisch geprägten süddeutschen Dorf aufgewachsen bin und als junger Bub oft als Ministrant bei Beerdigungen dabei gewesen war, eröffnete mir meinen Zugang zu dieser im Zen-Kloster ehrenamtlich tätigen Dame und bildete einen Anknüpfungspunkt für meinen Dialog. Den emotionalen Bezug hatte ich mehr meiner Beheimatung im katholisch-oberbayerischen Brauchtum als meinem Wissen über Trauerbewältigungsrituale zu verdanken.

Die Phase der eigenen *Verwurzelung* prägt auch die Grundstimmung, in der später Begegnungen stattfinden. Eine Erzieherin, die in einer Tagesstätte mit vielen Muslimen tätig ist und deshalb beginnt, sich intensiv mit dem Islam auseinanderzusetzen, formuliert es so:

> *„Also generell ist dazu zu sagen, also ich bin da relativ offen. Für mich ist da viel in Ordnung, vielleicht hängt das auch damit zusammen, dass auch ich immer Akzeptanz gekriegt habe. Also eben, was ich glauben will – und wenn man dann sagt, das möchte ich nicht oder das kann ich nicht, dass man dann gesagt hat: das ist o.k. So, wie du das machst, ist das in Ordnung. Das habe ich von meiner Familie so mitbekommen und von meinen Freunden. Und deshalb sage ich dann auch bei andern, das ist für mich in Ordnung. Ich hoff halt noch auf mehr Aufklärung [über den Islam], die ich ja da sicher noch krieg, um mir noch ein genaueres Bild zu verschaffen."* (Interview M-C, Chr12, 6.1)

In der Phase des *Bewusstwerdens* (2) ändert sich das Verhältnis zur anderen Religion. Es kann sein, dass jemand schon immer in einer multireligiösen Umgebung aufgewachsen ist und doch mit einem bestimmten Erlebnis sich dieser Tatsache bewusst wird. Eine Muslima berichtet in den Interviews davon, dass sie als Kind türkischsprachige Videokassetten mit ihrer Familie angesehen hatte. Es ging dabei um eine Serie, in der die

---

tin: Berge sind Berge, Flüsse sind Flüsse, Begegnung mit dem koreanischen Zen-Buddhismus, St. Ottilien, 2001.

Guten immer gegen die Bösen kämpften. In der Grundschule fiel ihr
dann auf, dass das Zeichen der Bösen das gleiche Symbol war wie das
der Christen. Die Serie hatte also offensichtlich von Kreuzrittern in der
Schlacht mit Muslimen gehandelt. Dass die Symbole auch mit Religion
zu tun hatten, ist ihr erst später bewusst geworden. Jedenfalls bemerkte
sie, dass sie wohl zu „den anderen" gehörte, eine Wahrnehmung, die der
Lebenswirklichkeit in der Schulklasse aber widersprach. Dieses Erlebnis
warf für die Muslima auch die Frage nach dem Umgang mit Geschichte
auf:

> *„Wir haben angefangen, Türkisch mit türkischen Filmen zu ler-*
> *nen. Das waren Videos. In den 80er Jahren. Da hat man Filme*
> *aus der Türkei importiert und angeschaut. Und in den türki-*
> *schen Filmen, da fielen mir Kriegsszenen auf. Ich hab die mir*
> *ansehen müssen. Es gibt da so bestimmte türkische Schauspieler*
> *im Film, da haben Leute mit Kreuz ein Schwert in der Hand ge-*
> *habt und Muslime. Es ging um die Eroberung von Istanbul oder*
> *so. Und diesen Film haben wir dann als Familie angeschaut.*
> *Das fand ich nicht so schön und das war für mich ganz schlimm.*
> *Und ich hab mir immer gedacht: Warum streiten die Menschen*
> *sich? Warum kämpfen Muslime und Christen? Da hab ich mir*
> *damals Gedanken gemacht und das geht mir heute noch nach.*
> *Das ist einfach schwierig, was in der Vergangenheit in der Ge-*
> *schichte passiert ist. Als Pädagogin sage ich natürlich, dass es*
> *nicht geht, dass man den Kindern die Vergangenheit ganz an-*
> *ders erzählt. Aber Muslime und Christen im Kampf da zu sehen,*
> *das war für mich ein ganz schlimmes Erlebnis."*
> (Interview M-C, DM11, 3.1)

Religiös plurale Gesellschaften in Europa führen dazu, dass die Phase der
Verwurzelung und des *Bewusstwerdens* der anderen Religion zusammen-
fallen können. Das geschieht dann, wenn die eigene Religion erst durch
die Begegnung mit der anderen relevant wird. Eine Muslima, die in Bos-
nien-Herzegowina aufgewachsen ist und nun in Deutschland lebt, berichtet von einer Begegnung, in der sie Muslima wurde und gleichzeitig den
Dialog begann:

> *„Also, meine Freundin fragte mich, warum ich bei der Firmung*
> *nicht mitmache. Und sie hat mich gefragt, ob ich christlich bin.*
> *Und dann, bis dahin war das, das Thema Religion oder Glaube*
> *in meiner Familie kein Thema. Und von daher wusste ich auch*

nicht eben – Ja, ich hab nicht darüber nachgedacht und dann hab ich ihr gesagt: ‚Nee, also ich glaub nicht, dass ich christlich bin, aber ich weiß nicht, was ich bin.‘ Und dann hat sie gesagt: ‚Na ja, wenn du keine Religion hast, dann bist du Zigeunerin.‘ Und ich war ganz schwer beleidigt, bin nach Hause weinend zu meiner Mutter gegangen und hab sie gefragt, was ich denn bin. Also: ‚Bin ich denn wirklich eine Zigeunerin?‘ Und dann hat sie schweigend – also, was heißt schweigend? – also sie hat dann mir gesagt so mit flüsternder Stimme auch, obwohl bei uns zuhause war, hat sie gesagt: ‚Ja, wir sind Muslime, aber jetzt schrei doch nicht so das weit hinaus. Also das ist hier, irgendwie so ungewollt.‘ So hat sie das, ja aufgefasst. Und ich fand das damals dann schon sehr feige, dass meine Eltern nicht dazu gestanden sind und – Ich hab mich dann gleich dafür interessiert und hab dann durch meinen Vater, der hat mich dann auch unterstützt, hab gesagt: ‚Ich will über meine Religion etwas lernen. Was das ist.‘ Und der hat mich dann zum Religionsunterricht in die Moschee gebracht. Da hat es dann angefangen – also das war gerade zu der Zeit, als der Kommunismuszusammenbruch war in Ex-Jugoslawien und wo die Religionen wieder aufgewacht sind, sozusagen. Und dann bin ich mit der Monika zusammen in die Kirche gegangen, also das war unser Religionsunterricht auch am Wochenende und ähm... also von – vom muslimisch und wir sind dann den Weg zusammen gegangen und dann ist sie in die Kirche gegangen und ich bin in die Moschee gegangen. Und dann hab ich das gut gefunden.“ (Interview C-M, DM18, 2.2)

In diesem Beispiel fallen die Phase der *Verwurzelung* in die eigene und das *Bewusstwerden* der anderen Religion zusammen. Für die Untersuchung interreligiöser Lernprozesse besonders interessant ist die emotionale Ambivalenz: Einerseits wird Ablehnung und Vorsicht erlebt, andererseits der in der Kinderfreundschaft gelebte „Dialog des Lebens“, der sich auf den gelebten Alltag bezieht.

Ein interessantes Beispiel für ein *Bewusstwerden* erzählt Betül G., wie sie als türkischstämmige Muslima zum ersten Mal als Kind eine Kirche besuchte:

„Und das andere war, als ich plötzlich unangekündigt, oder ich hab's verschlafen, in die Kirche musste, und dabei überhaupt

keine emotionale und innerliche Vorbereitung hatte. Da hab ich dann gesehen, wie viele nackte Bilder in der Kirche hängen, als Kind. Die Engelsbilder und so. Ich hab nicht gewusst, warum das so ist, ich hab mir nur gedacht, warum ist im Gotteshaus das? Eigentlich auch eine sehr schöne Kirche. Also ich war da noch mal, um dieses positiver zu erleben. Ganz viele Engel und viele Frauenfiguren. Und so viele Nackte. Das war schwierig für mich." (Interviews M-C, DM11, 2.2)

Hier spielt offensichtlich auch die ästhetische Tradition des Islam eine Rolle, die keine bildlichen Darstellungen von Menschen kennt.

Ein Buddhist (Interview B-C, DB13, 1.2) erzählt, dass er sich mit der Einschulung seiner Kinder plötzlich vor die Frage gestellt sah, ob er diese in den Religionsunterricht schicken sollte. Dies führte dazu, dass er sich wieder intensiv mit seiner Kindheit beschäftigte und mit seinen Erfahrungen im Religionsunterricht. Eine Begegnung mit den pastoralen Mitarbeitern der Pfarrei führte schließlich zu einer intensiven Wiederbeschäftigung mit dem Christentum, dem er vor Jahrzehnten den Rücken gekehrt hatte. Ein neuer Dialog konnte so beginnen. Ein Christ berichtet davon, wie in einem gemeinsamen Projekt Muslime die Pause dazu nutzen, um zu beten, und wurde sich so bewusst, dass er nicht nur mit Kooperationspartnern, sondern auch mit gläubigen Menschen zu tun hatte.

In Deutschland lebende Juden stammen vielfach aus Familien, die den Holocaust überlebt haben, weil sie ihr Jüdisch-Sein verborgen haben. Im folgenden Beispiel erfuhr ein Mann in der Vorbereitung eines geplanten Studienaufenthaltes im Ausland, für den er die Namen der Großeltern angeben musste, dass es einen Namenswechsel gegeben hatte. Weitere Nachforschungen ergaben dann, dass er jüdische Wurzeln hatte. Dass etwas mit der religiösen Identität der Familie „nicht stimmte", ahnte er aber schon als Kind, wo er als getaufter Christ den Unterricht besuchte:

„Im Religionsunterricht. Da kamen dann plötzlich Dinge, ich erinnere mich an solche Sachen wie, ich war damals in N. und da waren die Armen Schulschwestern, die damals den gesamten Schulunterricht gemacht hatten. (...) Meine Grundschulzeit war auch in dieser Schule, da sind dann im Religionsunterricht so Sachen gekommen wie über den Jesus, wo der aufgenagelt wird. Das wurde sehr sehr grausam ausgemalt, ich erinnere mich, wie mein Banknachbar in Tränen ausgebrochen ist. Als ich dann damit nach Hause gekommen bin und mir mein Vater gesagt hat, dass ich das nicht so ernst zu nehmen brauche, dass das religiös

überhaupt nicht wichtig wäre und er das eher abstoßend fände. Dass das, was in der Schule als Religionsunterricht verkauft wurde, irgendwie nicht kompatibel war. Mein Vater hatte sehr großen Wert gelegt darauf, dass ich an der Kommunion und Firmung teilnehme, weil er es meiner Mutter bei seiner Flucht aus Ungarn 1945 versprochen hatte. Also immer auf einen starken formalen Rahmen auf die Zugehörigkeit zur katholischen Religion gelegt, und gleichzeitig sich aber von den Inhalten sich völlig distanziert." (Interview J-C, DJ1, 2.1)

Zur *Anfrage* (3) wird eine Begegnung dann, wenn ein Thema oder eine Fragestellung jemanden tiefer gehend beschäftigt. Das Beten der Muslime, so erzählen viele Christen im Dialog, führe sie dazu, sich an die Tisch- und Abendgebete der Kindheit zu erinnern. Die eigene Gebetspraxis wird vor diesem Hintergrund neu hinterfragt. Muslime erleben die Skepsis oder Angst der Gesamtbevölkerung vor dem Islam als starke Anfrage an das Image und Selbstbild der eigenen Religion. Manche führt diese Anfrage von außen erst dazu, sich intensiv mit der eigenen Religion und ihrem Verhältnis zur christlichen Mehrheitsgesellschaft zu befassen.

Joachim S. ist ein bereits seit vielen Jahren praktizierender Buddhist. Ursprünglich protestantisch, hatte er aufgrund eines Kontaktes zum kirchlichen Kindergarten, in den seine Kinder gingen, angefangen, sich für das Christentum zu interessieren. Auf die Frage, was ihn herausfordert, antwortet er:

„Klar, schon dieser Christus-Gott. Wobei aus unserer Sichtweise, Buddhismus quasi als non-theistische Religion, da ist kein Platz für eine Person, die etwas bestimmt, die über den Dingen steht. Und das ist wohl sicher eine der Hauptherausforderungen im Christentum für mich. Ich muss dazu sagen, dass ich (früher) wirklich nie so ein wirklich praktizierender Christ war. Ich habe mehr oder weniger mitbekommen, was das Christentum ausmacht, aber ich war nie so richtig praktizierend. Von so her ist bei mir eher aus der buddhistischen Warte heraus: schau her, was im Christentum jetzt ähnlich ist. In gewisser Weise, ja, hat es schon eine Vorbildfunktion, ist so in gewisser Weise bedeutsam. Auch jeder Buddhist würde ihn wegen seines Lebens verehren, das er da geführt hat. Aber ich tu mich da schwer, das jetzt stark zu messen." (Interview B-C, DB13, 3.2)

Für den Katholiken Edi K. bestand die Herausforderung im Dialog mit
Muslimen darin, über das Allgemeinwissen und die Klischees hinauszu-
kommen:

> *„Herausgefordert. – Das war auch dieses Gottesbild, das die
> haben. Dieses Beten. Die Fünf Säulen, man hört davon. Zu der
> damaligen Zeit war's einfach die Frage: Wo ist euer Gott? Was
> habt ihr? Mehr als diese Scharia und das Handabhacken beim
> Dieb – das ist ja das, was man so hört. Das waren gläubige
> Menschen, die auch den Kontakt zu Gott gesucht haben, wie
> ich."* (Interview M-C, DChr3, 3.2)

Der im interkulturellen und interreligiösen Dialog des Islam sehr engagierte Muslim Mehmed C. wuchs in einem gemischten Umfeld auf, die
deutsche Mutter war zum Islam konvertiert, der Vater war muslimischer
Türke. Die Großeltern mütterlicherseits waren praktizierende Christen.
Mehmed, der in Deutschland und in Istanbul aufgewachsen war, beschreibt die Herausforderung des Dialogs mit dem Christentum wie folgt:

> *„Was mich herausgefordert hat, der Glaube an drei Götter. Ich
> sag's jetzt ganz bewusst; weil ich das als Kind so gelernt hatte.
> Ganz bewusst, nicht von meinen Eltern, sondern von einem Ho-
> dscha. Aber das lernt man eben so irgendwie. Irgendwie habe
> ich gelernt, die Christen haben drei Götter – und das darf nicht
> sein. Das war für mich, ganz salopp gesagt, eine Herausforde-
> rung, das zu akzeptieren, dass die anderen so glauben."* (Inter-
> view M-C, DM2, 3.2)

Eine *Anfrage* leitet den Lernprozess im engeren Sinne ein, da sie über die
reine Feststellung von Unterschieden hinausgeht. Der Andere wird nicht
mehr nur als unterschiedlich begriffen, sondern über und durch die Differenz entsteht Beziehung. Dies gilt auch für Irritationen. Die alternative
Möglichkeit wird als Frage oder Aufforderung zur Selbsterklärung gesehen. Dies ist aber nur dann möglich, wenn der Unterschied tiefer erfasst
wird, man sich also der anderen Religion öffnet.

Um in die Phase der *Öffnung* (4) zu gelangen, bedarf es einer Gelegen-
heit, die es einem praktisch und emotional erlaubt, sich mit der Anfrage
vertieft auseinanderzusetzen. Es entsteht eine Suchbewegung, in der die
Lernenden beginnen, sich aktiv auf die andere Religion zuzubewegen.
Öffnung bedeutet, aktiv nach Gelegenheiten des Austausches zu suchen,

um sich auf unterschiedliche Art und Weise mit der Anfrage auseinandersetzen zu können. Christen, die sich beispielsweise dem Buddhismus aus Interesse an der Meditation öffnen, suchen sich Literatur zu diesem Thema oder schließen sich einer Meditations-Gruppe an. Muslime beginnen, sich in Vereinen zu engagieren oder im Elternbeirat des Kindergartens oder der Schule.

Ein deutscher Buddhist und Mönch, der ein Meditationszentrum leitet, beschreibt die Öffnung zum Dialog mit der Herausforderung des sozialen Engagements:

> *„Herausgefordert, kann man vielleicht sagen – das ist die karitative Hilfe, die das Christentum eben durchführt. Auch der Buddhismus, insbesondere der Mahayana-Buddhismus, hat in seiner Theorie die Aufforderung, ganz konkret zu helfen, aber in der Praxis war es in Asien oft so, dass insbesondere die Mönche oft mehr zuständig waren für die Meditation und die Philosophie, und oft soziale Aspekte nicht so in den Vordergrund gerückt waren. Das ist etwas, was Buddhisten an den Christen besonders vorbildlich finden. Das spricht mich sehr an."* (Interview B-C, DB2, 3.1)

Die Herausforderung der „karitativen Hilfe" führte dazu, dass nach Gründen gesucht wurde, die den Unterschied erklären können. Diese finden sich dann, wenn eine vertiefte Beschäftigung mit dem Thema erfolgt, was hier im Beispiel zur christlichen Caritas aus buddhistischer Sicht erfolgt ist.

Ein Beispiel für die Öffnung zum Dialog aus jüdischer Perspektive erzählt Gabriele G., die viele Jahre als Reiseleiterin bei einem christlichen Reiseveranstalter gearbeitet hatte:

> *„Ich hatte ja Sprachen studiert und dann ergab es sich (...), dass ich als Reiseleiterin gearbeitet habe. Meine christlichen Kollegen sind da oft im Café gewesen, aber ich bin mit den Gruppen immer mit in die Gottesdienste. Auch nach Lourdes und auf Pilgerreisen. Mich hat an den Gottesdiensten da die Musik besonders fasziniert und dass man mitsingen konnte. Im orthodoxen Judentum singt zwar auch der Kantor – und ganz schön, aber nicht die Gemeinde. In unserer liberalen jüdischen Gemeinde schon. Ja, die Musik hat mich da immer fasziniert. Es ist doch ein Gott, zu dem wir Verbindung aufnehmen. Jedenfalls*

hat das mit bei den Reisen intensiv angefangen." (Interview J-C, DJ6, 3.2)

Für den Christen Leo B. hatte sein eigenes politisches Engagement die Funktion des Türöffners für den Dialog mit dem Islam:

> *„Wenn ich mal zurückblicke, so bin ich (...) ein politischer Mensch. Dann scheint mir der heißeste Punkt da zu sein: eintreten für die Minderheiten. Wann immer jemand unterdrückt wird, nicht gut behandelt wird, individuell oder kollektiv, dann ist bei mir sofort für Engagement Bereitschaft da. (...) Der Architekt und der Vorstehende der muslimischen Gemeinde in N.N. kamen in den Bezirksausschuss, in dem ich Mitglied bin, und haben ihr Projekt eines Umbaus der Moschee vorgetragen. Die ganze Stimmung in diesem Bezirksausschuss war dagegen. Sodass mir der Kragen geplatzt ist; und dann hab ich erst mal drei oder vier Minuten gesagt, wie toll so was hier ist und dass so was hier passiert und dass ich das gut finde und nicht verstehen kann, dass eine rein negative abwertende Reaktion hier ist. Ja? Und daraufhin haben der Architekt und der Vorsitzende des Moscheevereins mich zu sich gebeten und von da an war ich sozusagen ein aktiver Freund der Moschee.*" (Interview M-C, DChr8, 4.2)

Der türkischstämmige Aykan I. war von seiner Moscheegemeinde gebeten worden, bei Führungen für den Imam zu übersetzen und auf diese Weise in die Dialogarbeit hineingewachsen:

> *„Unsere Stadt ist ja eine mittelgroße Stadt mit 150.000 Einwohnern und deswegen kommt man da ganz gut rein in so einer Dialoggruppe. Die ‚Religions for Peace‘, damals noch WCRP. Eigentlich damals eine relativ kleine Gruppe mit höchstens 13-18 Mitgliedern, aber von allen Religionen, von allen religiösen Gemeinden bei uns. Das hatte etwas sehr Persönliches, weil man die Religionen nicht einfach so verglichen hat: die Pfarrer sind so und so, sondern weil man da direkt einen Menschen hatte. Ich habe dann eben den und den Pfarrer gekannt und man konnte sich einfach ganz persönlich wahrnehmen.*" (Interview M-C, DM7, 4.1)

Diese Beispiele verdeutlichen die große Bedeutung des Umfeldes für den Dialog. Die Offenheit und Bereitschaft der Umgebung kann unterschiedlich ausfallen und prägt den Lernprozess entscheidend mit. Ein besonders wichtiger und immer wieder in den Interviews unterstrichener Faktor ist die menschliche Offenheit. Während die Phase der *Anfrage* oft von inhaltlichen Themen bestimmt ist, zeigt sich in der Phase der *Öffnung*, wie diese konkret im Dialog erschlossen werden können.

Die Phase des *interreligiösen Dialogs* (5) unterstreicht, dass ein Grundinteresse und ein Motiv, sich der anderen Religion zu öffnen, bereits vorhanden ist und nun gezielt und wiederholt die Auseinandersetzung gesucht wird. Dies kann über Literatur, in persönlicher Begegnung unter Kollegen bis hin zu intensiven Freundschaften erfolgen. Der Dialog kann in einer Gruppe, im Rahmen von Begegnungsinitiativen oder auf Reisen verfolgt werden und bezeichnet die Auseinandersetzung mit dem Anderen in unterschiedlichsten Formen. Diese beinhalten das Gespräch, die Debatte, die gemeinsame Aktion, die gegenseitige Einladung zu Festen und Feiern, die gemeinsame religiöse Praxis, z. B. im Gebet um Frieden, und vieles andere mehr.

Im folgenden Beispiel übt eine Christin den Dialog über die Praxis der Zen-Meditation. Dabei gehen die Praxis des stillen Sitzens und Formen der Kontemplation und des christlichen Gebetes fließend ineinander über. Auf Ratschläge, sich doch dem einen oder dem anderen zuzuwenden, reagierte sie abweisend, da dies als Geringschätzung des einen oder anderen religiösen Weges empfunden wurde. Der Dialog geschieht hier über spirituelle Praktiken, die in der Phase der Öffnung in der jeweiligen Tradition kennengelernt und eingeübt wurden:

> *„Ich lebe es (den Dialog) halt einfach! In mir ist für beides Raum. Ich bin an christlicher Literatur genauso interessiert wie an buddhistischer Literatur und ich finde z. B. auch den Willigis Jäger gut. (...) Den achte und schätze ich sehr. Das geht so ineinander über, das ist so eigentlich, – auch beim Meditieren ist es so, dass ich das Vaterunser bete, also nicht streng, wie es eigentlich in der Soto-Schule üblich ist, dieses Shikantaza[22] mache, sondern z. B. auch ,Herr, erbarme dich' bete. Das ,Kyrie eleison', wenn die in den Sinn kommen, dann lass ich sie beim Sitzen da, das ist das Wichtigste."* (Interview B-C, DChr15, 5.2)

---

[22] Shikantaza, jap.: einfach sitzen, eine Meditationstechnik der Sōtō-Zen-Schule, die auf Methoden wie das Atemzählen oder die Koan-Übung verzichtet.

Hier theologisch oder religionsphänomenologisch von Synkretismus zu sprechen ist vielleicht verfrüht, da die Formulierung zeigt, dass noch keine abschließende Bewertung der Praktiken erfolgt ist. Dialog bedeutet hier tatsächlich üben in spiritueller Praxis. Ob dies nach den Regeln der ein oder anderen Tradition „erlaubt" ist, ist weniger wichtig als das Aussich-und-ineinander-wirken-Lassen der Übungen.

Eine sehr interessante Form der intensiven Auseinandersetzung mit Themen des Dialogs und eine eigene Form des Dialogs ist das Theater.[23] Eine jüdische Religionslehrerin berichtet, dass sie auf diese Weise über die Wahl der Stücke sehr säkularisierte Jugendliche mit oft postkommunistischem Hintergrund an jüdische Themen heranführt. Das Spiel und die Darstellung der jüdischen Charaktere hilft den Jugendlichen dabei, die eigene Religion zu verinnerlichen und sich mit ihr zu identifizieren. Bei der Aufführung und durch das nachfolgende Gespräch mit dem Publikum kommt ein jüdisch-christlicher Dialog zustande. Die Identifikation über eine Rolle erlaubt es den Jugendlichen nun, sich den Inhalten schrittweise zu nähern oder auch sich von ihnen zu distanzieren.

Die Formen des Dialogs richten sich nach den äußeren Gegebenheiten und nach dem inneren Bedürfnis. Der Bericht der Buddhistin und Lehrerin Sigrid S. zeigt, wie vorsichtig mit dem „Schatz" der eigenen Spiritualität umgegangen wird:

> *„Sehr viel habe ich innere Dialoge, halt dass ich mir Gedanken mache. Dann hör ich eigentlich viel. Ich höre auch Predigten im Radio, sehr gerne sogar. Und dann kommt halt einfach so ein innerer Dialog. So einen Austausch mit Christen würd ich mir fast wünschen, passiert aber selten. Das passiert ab und zu. Ich mag auch nicht jedem sagen, dass ich Buddhist bin, weil da auch passiert, dass das den Bach herunter geht, z. B. in der Schule, mit so manchen Religionslehrern, es ging leider nicht. Und von daher passiert's mal mit guten Freunden. Ich habe eine gute Freundin, die ist Christin. Und da ist man ab und zu mal im Gespräch. Aber nicht so, dass das sehr sehr oft ist. Vom Dalai Lama gab es mal ein schönes Buch, mit den vier Evangelien."*
> (Interview B-C, DB14, 5.1)

---

[23] Dieses Beispiel bezieht sich auf Gespräche mit der jüdischen Religionslehrerin Tatiana Manastyrskaia. Vgl. dazu auch Mayer, Marianne; Merkl, Johannes; Rötting, Martin: Treffpunkt Weltreligion, Don Bosco, München, 2010.

Besonders deutlich wird hier, dass die Öffnung eine Voraussetzung für die Phase des Dialogs ist. Negative Erfahrungen in der Phase der Öffnung verhindern oft den vertieften Dialog, in der Freundschaft und Vertrauen eine große Rolle spielen. Im Blick auf die Organisation interreligiöser Begegnungen ist diese Sensibilität besonders zu beachten.

Die Rolle der Institutionen im interreligiösen Lernen wird durch das folgende Beispiel der 22-jährigen Studentin Büsra verdeutlicht:

> *„Ich hab letztes Jahr ein Seminar gemacht – zur Moscheeführerin. Und mache jetzt ein Seminar. Ich bin jetzt ehrenamtlich in der Moschee tätig, indem ich Moscheeführungen mache – in unserer Gemeinde. Und da bin ich halt im Dialog mit den Christen, mit den Religionslehrern. (...) Ich mein, es ist schon sehr wichtig. Wir leben in einem christlichen Land und da ist es natürlich sehr wichtig, dass wir mit Christen im Dialog sind."* (Interview M-C, DM16, 5.1, 5.2)

Die angeführten Beispiele verdeutlichen, dass es unterschiedliche Formen des interreligiösen Dialogs gibt: Begegnungen in der Nachbarschaft und am Arbeitsplatz, Freundschaften, individuelle Begegnungen über Dialogprojekte und aktive Auseinandersetzung in der Form des Theaters, Musik, Film und Literatur. Eine der Formen ist auch das akademische Studium einer anderen Religion. Bei all diesen Formen spielen die Intensität der persönlichen Beziehungen und Freundschaften eine große Rolle.

Das *Anknüpfen* (6) und *Vernetzen* (7) meint, dass sich der bereits begonnene Lernprozess fokussiert und auf ein bestimmtes Thema, einen Anknüpfungspunkt, bezieht. Der Anknüpfungspunkt bezeichnet den Aspekt im Dialog, auf den sich der Lernprozess bezieht. Dies intensiviert häufig den bereits in der Anfrage angerissenen Themenbereich. Ein Muslim berichtet davon, dass er im Dialog mit Christen immer wieder auf den „lieben Gott" gestoßen war. Es fiel ihm bereits als Kind auf, dass die Christen mehr von der Barmherzigkeit sprachen und ihr Gott nie streng erschien oder es darum ging, dass Gott Strafen aussprach. Natürlich gab es in der christlichen Katechese im Lauf der Geschichte auch andere Zeiten, aber darum soll es hier nun nicht gehen. Der junge Mann hat aufgrund dieser Wahrnehmung also angefangen, sich mit dem lieben Gott der Christen und dem Gottesbild im Koran intensiv zu beschäftigen, und dabei den Rahman- und Rahim-Aspekt[24] Allahs im Koran neu entdeckt. Die barmherzige Seite Gottes, die er nach eigenen Angaben in den Predigten an den Freitagsgebeten selten gehört hatte, war im Koran vorhanden. Sie war ihm bisher nur nicht so aufgefallen. Der Interviewte betonte, dass er nach wie vor mit der Überbetonung des „lieben" Gottes seine Schwierigkeiten habe, und dass Gott auch gerecht sein müsse, aber nichtsdestoweniger habe er so einen Aspekt der Koranoffenbarung entdeckt, den er bisher wenig beachtet hatte.

Christen im Dialog mit dem Buddhismus knüpfen oft an der Erfahrung der Stille in der Meditation an und betonen, dass dies ihnen helfen würde, über das gesprochene Gebet hinaus in die Gegenwart Gottes einzutauchen. Das Anknüpfen über die Erfahrung der Stille und das Vernetzen mit den üblichen Formen des Gebetes oder der Kontemplation führt hier zu einer Vertiefung der Gebetspraxis und vielfach auch zu einem anderen Gottesbild, wie es eine meditierende Christin ausdrückt: „Gott war für mich immer droben, weit weg. Jetzt ruht er in aller Gegenwart in meiner Herzensmitte."[25]

Eine in der Meditation geübte Hausfrau hatte sich intensiv mit der Zen-Meditation befasst. Dies habe ihr geholfen, das christliche Gebet völlig neu zu begreifen. Durch die Meditation und deren hohen Stellenwert im Buddhismus habe sie das Schweigen im Christentum und auch im Evangelium wieder entdeckt. Das stille Sitzen Jesu und das Gebet verband sie mit dem Schweigen im Zen: „Ich habe gelernt, dass Schweigen auch Gebet ist." (Interview B-C, DChr6, 6.1)

Die Buddhistin Marianne J. hat über das Interesse am Hinduismus zum Buddhismus gefunden. Die Ursilbe OM ist für sie ein Bild bzw. der Klang des Seins und verbindet für sie so Buddhismus und Christentum. Besonders interessant ist der Hinweis, dass sie als junge Christin im Religionsunterricht mit dem Schöpfergott als Gottesbild ihre Schwierigkeiten hatte. Im Dialog tauchte eben dies wieder auf – und fand im interreligiösen Lernprozess eine eigene Lösung:

> „Für mich als Buddhistin ist eigentlich der Anknüpfungspunkt,
> aber das geht dann auch nur wieder über den Hinduismus, das
> ist Gott. Gott als Schöpfer. Da finde ich einen Anknüpfungs-
> punkt. Ich bin ursprünglich über das OM zu einem Schöpfergott
> gekommen und für mich ist immer noch das OM ein sehr we-

---

[24]   Ar-rahman („der Barmherzige") und ar-rahim („der Gnädige") kommen in der Eröffnungsformel (Basmala) vor und sind auch die zwei ersten der 99 Namen Allahs.

[25]   Gespräch mit einer Zuhörerin am Rande eines Vortrages im April 2010.

sentlicher Punkt. Die Ausdrucksform, der Klang, der Ursprung. (...) Da bin ich natürlich geprägt vom Religionsunterricht in den Kindertagen. Und ich konnte. – Der Schöpfergott war für mich unheimlich, regelrecht furchterregend. Ich konnte den nicht positiv sehen. Also ich hab den Umweg wirklich über den Hinduismus machen müssen, um das positiv sehen zu können. Oh, – wenn man das mit dem strengen Buddhismus betrachtet, dann ist da natürlich gar kein Schöpfergott. Aber ich bin nicht so eine isolierte Buddhistin, mich hat ja von Anfang an der Basiswert Hinduismus interessiert. Deshalb kann ich die Brücke dorthin schlagen." (Interview B-C, DB6, 7.1, 7.2)

Im bereits erwähnten Beispiel der jüdischen Reiseleiterin (Interview J-C, DJ6, 6.1 und 6.2) war ein wichtiger Anknüpfungspunkt die Musik. Die Jüdin war sowohl in Israel als auch in Deutschland oft zu Bach-Konzerten in Kirchen gegangen. Diese Musik und auch das Mitsingen in Gottesdiensten war anders als das Singen des Kantors in der Synagoge. In ihr veränderte sich das Bild der Partizipation im Gebet. Auch in der liberalen Gemeinde war es eher möglich mitzumachen, denn Musik und Melodie des Gesangs waren ihr auch in der orthodoxen Gemeinde wichtig: *„Jetzt gibt's ja wenigstens einen Männerchor!"* (Interview J-C, DJ6, 7.2)

Der *Anknüpfungspunkt* wird durch die vorliegenden Phasen vorbereitet und hängt oft mit der Frage zusammen, die sich durch die *Herausforderung* stellt. Mit dem *Anknüpfen* wird dieser Punkt im Lernprozess mit der bisherigen Erfahrung und dem im Dialog neu auftretenden Aspekt verknüpft. Durch das Vernetzen werden die andere und die eigene Religion an diesem Punkt in einen Bedeutungszusammenhang gebracht, durch dessen Spannung die bisherige Bedeutung erweitert oder vertieft wird. Stille wird dann z. B. in Verbindung mit dem „stillen Sitzen" im Zen neu erlebt und gedeutet und als „Gebet" verstanden.

Die Phase der *Transformation* (8) bezeichnet die erfolgten Veränderungen durch den Dialog, das Anknüpfen und Vernetzen. Die über den Aspekt des Anknüpfungspunktes veränderte Wahrnehmung führt auch dazu, dass der Lernende seine Einstellung und oft auch sein Verhalten in bestimmten Aspekten verändert sieht. Auf die Frage, ob die interreligiöse Begegnung mit dem Islam ihr Glaubensleben verändert habe, antwortet eine Christin, sie sei beeindruckt gewesen, in welcher Achtsamkeit und Ehrfurcht im Islam Gott über seine Eigenschaften gepriesen werde. Besonders die Beschäftigung mit den 99 Namen Gottes wie auch mit dem fünfmaligen Pflichtgebet habe sie beeindruckt. Dies führte dazu, dass sie das Stundengebet der Kirche wiederentdeckt habe und im persönlichen Gebet mehr Ehrfurcht beim Aussprechen des Namens Gottes empfinde.

Sue M. hat sich über die Perspektive des Buddhismus wieder mit dem Christentum versöhnt. Aber auch im Buddhismus gibt es Bereiche, die sie intensiv mit dem Christentum in Verbindung bringt. So ist für sie die Lehre des Buddhismus eher das Väterliche (Interview B-C, DB5, 3.2) und Maria ein Bild für die souveräne Mutter Erde. Wie wichtig für sie die Versöhnung mit dem Christentum ist, erzählt sie als Antwort auf die Frage, was sich durch den Dialog verändert habe:

> *„Also ich habe jetzt, wenn ich so auf's Christentum schaue. – Da ist keine Abwehr mehr drin. Früher war das schon – deshalb bin ich ja auch ausgetreten. Über das Verständnis, das ich durch den Buddhismus gewonnen habe, schaue ich mit anderen Augen auf das Christentum. Das ist mir so eigentlich auch viel näher gerückt. Das finde ich total schön.“* (Interview B-C, DB5, 8.1)

Armin M. ist evangelischer Pfarrer und hat sich in seiner Dissertation intensiv mit dem Buddhismus auseinandergesetzt. Der interreligiöse Lernprozess, der wesentlich über den Anknüpfungspunkt der Leere und des Loslassens im Buddhismus und der selbstlosen Liebe im Christentum ging, führte zu einem neuen Verständnis, wie die Religionen zur Wahrheit stehen:

> *„Ich bin offen geworden für andere Religionen, grundsätzlich. Für ihre Stärken und vielleicht auch Schwächen. Ich kann auch das Christentum besser verorten. Ich halte das verfasste Christentum nicht für den Abschluss aller religiösen Entwicklung, sondern als ein, – ein Aspekt der Gottheit und eine kulturelle Form, die es im Abendland gefunden hat, die Wahrheit. Aber nicht im Sinne von Abschluss oder im Sinne einer Absolutheit. Es gibt eben auch andere Zugänge zur Wahrheit, zur Wirklichkeit. Was uns trennt, sind weitgehend die Namen und die Vorstellungen, aber es gibt in der Tiefe doch eine sehr große Nähe.“* (Interview B-C, DChr 10, 8.1)

Die Phase der *Evaluation* (9) bezeichnet die Bewertung des eigenen Veränderungsprozesses. Dies geschieht oft unbewusst und implizit, ist aber Voraussetzung dafür, dass das über den Dialog Gelernte in die eigene Glaubenswelt integriert werden kann. Wenn die in der Transformation erfahrenen neuen Aspekte als Vertiefung und Erweiterung erfahren werden, dann kann man von einer positiven Evaluation sprechen.

Der Rabbiner einer liberalen Gemeinde (Interview C-J, DJ3, 4.4) berichtet von einem Dialog-Prozess, der in der Rückschau positiv bewertet wurde. Während eines Besuches einer christlichen Gruppe wurde ihm eine Frage zu einem bestimmten Gebet gestellt, das zuvor gelesen worden war. Darin wurde explizit die Erlösung Israels als des von Gott auserwählten Volkes benannt. Eine Besucherin bemerkte dies kritisch und fragte nach der dahinterstehenden Eschatologie. In seiner Antwort unterstrich der Rabbiner nun, dass es eine gemeinschaftsinterne Sprache gebe, die sich eher auf die eigene Situation und Tradition beziehe, es aber auch ein offenes Eschatologieverständnis im Judentum gebe, das alle Völker einschließe. Interessant ist vor allem, dass im weiteren Verlauf des Interviews der Rabbiner von einer Veranstaltungsreihe über die Eschatologie des Judentums für seine Gemeinde berichtete. Dabei betonte er, dass der Impuls für diese Veranstaltung durch die Beschäftigung mit der von der Dame gestellten Frage gekommen war.

Die Phase des *intrareligiösen Dialogs* (10) bezeichnet die Auseinandersetzung mit der eigenen Gemeinschaft und liegt daher dem interreligiösen Dialog, also der Beschäftigung mit dem Anderen, genau gegenüber. Das, was der Lernende selbst als wertvoll und prägend erfahren hat, muss wenigstens im Grundsatz auch von der eigenen Glaubensgemeinschaft akzeptiert werden können, damit es nach der Transformation nicht zum Bruch mit der eigenen Glaubensgemeinschaft kommt. Viele Christen, die durch die Erfahrung der Zen-Meditation und der darüber entstandenen Auseinandersetzung mit dem eigenen Gottesbild zu einer eher prozessorientierten und inneren Wahrnehmung Gottes als innerer „treibender Kraft", die zum Loslassen und zur Gelassenheit führt, gekommen sind, erfahren neben Zustimmung auch Widerspruch aus der eigenen Gemeinschaft. Der persönliche und allmächtige Gott würde in dieser Erfahrung verschwinden, so lautet manches Mal die Erwiderung.

Der liberale Rabbiner hatte, wie oben erwähnt, ein Seminar über Eschatologie angeboten, nachdem er von einer Besucherin auf das Erlösungsverständnis des Judentums angesprochen worden war (Interview C-J,

DJ3, 6.2). Er selbst hatte, angeregt durch die Anfrage der Besucherin, sich intensiver mit dem Thema beschäftigt und verspürte nun die Notwendigkeit, seine eigenen Ansichten, gewonnen auch durch den Dialog, mit der Gemeinde zu teilen. Diese regt den intrareligiösen Prozess an, in dem überprüft wird, ob die eigenen Vorstellungen mit der Gemeinschaft konform gehen können. Dies löst wiederum einen möglichen Lernprozess in der Gemeinde aus.

Ein evangelischer Pfarrer (Interview B-C, DChr10, 10.1), der sich jahrelang mit dem Buddhismus beschäftigt hatte, begann vermehrt die mystische Tradition in seinen Predigten anzusprechen. Die Reaktion der Gemeinde war geteilt, die einen waren interessiert an dieser neuen und intensiveren Form, über den Glauben zu sprechen, andere konnten damit nichts anfangen und reagierten ablehnend. Für die Vertiefung und Fortführung des Dialogs ist es wichtig, wenigstens bei einigen Menschen Akzeptanz für die Verknüpfungsleistung zu erhalten. Denn die eigene Religion bestätigt den Lernprozess in dem Maße, in dem sie ihn selbst nachvollzieht.

Gelingt der intrareligiöse Dialog, so findet der oder die Lernende eine *neue Verwurzelung* (11) in der eigenen Religion und das Gelernte wird Teil des eigenen Glaubens. Überwiegt die Ablehnung, so kann es zur äußeren oder inneren Abspaltung kommen, ein Prozess, der für den Lernenden eine große Belastung darstellen kann. Kommt es zur Konversion, ist dies auch Teil des Lernens, unterscheidet sich dann aber vom interreligiösen Lernen. Die klare Zuschreibung von Religionszugehörigkeit wird oft als europäisches Phänomen gesehen und trifft auf asiatische Religiosität nur bedingt zu. Aber auch in der europäischen Praxis sind sicherlich ambivalente Reaktionen die Regel und die Pluralität der eigenen Glaubensgemeinschaft kann kreativ genutzt werden, um die Phase des intrareligiösen Dialogs und der neuen Verwurzelung erfolgreich zu gestalten. Im schon erwähnten Beispiel des Dialogs mit dem Zen-Buddhismus wird der Initiator des Dialogs mit dem Zen, der Jesuit Lassalle, oft als Beispiel eines gelungenen intrareligiösen Dialogs angeführt, weil das Beispiel seines Lernens Grundlage vieler Kurse war, die er in Deutschland gegeben hat, und diese Erfahrung auf eine so große positive Rezeption stieß, dass man von einer Zen-Meditationswelle sprechen kann.[26] Die theologischen

---

[26] Lassalles Werk mit großer Wirkungsgeschichte: Enomiya-Lassalle, Hugo M., Zen-Weg zur Erleuchtung, Wien/Freiburg, 1960. Interessant für die vertiefe Beschäftigung ist vor allem die Biographie über ihn: Baatz, Ursula, Hugo M. Enomiya-Las-

Debatten um den Zen-Lehrer und Benediktiner Willigis Jäger, der später ebenfalls in Japan Zen geübt hatte und Kurse in Deutschland gab, führten zum Zwist mit dem eigenen Orden. Viele der neuen theologischen Formulierungen in den Veröffentlichungen Jägers konnten Teile der Kirche, besonders Vertreter der traditionellen Theologie, nicht mehr mittragen. Interessanterweise führte Jägers Lernprozess ihn dazu, eine eigene Zen-Linie zu gründen.[27] Dieses Novum ist aus der Perspektive interreligiöser Lernprozesse ein interessanter Aspekt, wenn es um die Frage geht, in welcher Form das Neue verwurzelt wird und wie groß die Spannungen zu bestehenden Formen sind. Gerade die Geschichte und auch Diskussion um den christlichen Zen-Lehrer Willigis Jäger zeigt die große Pluralität von Ansichten und Umgehensweisen in der Phase des intrareligiösen Dialogs. Inzwischen melden sich auch vereinzelt Personen zu Wort, die nach einer Phase als Buddhisten zum Katholizismus gewechselt sind und nun den Buddhismus heftig kritisieren. Sie lösen ebenfalls brisante interreligiöse und intrareligiöse Prozesse aus. Einer der wichtigsten Vertreter dieser Neokatholiken ist Paul Williams, Professor für Buddhismuskunde und ehemaliger Buddhist.[28] Diese Konversionen sind natürlich nicht Teil der Phase des *intrareligiösen Dialogs* im Sinne des Lernens, beeinflussen diese aber für andere oft erheblich, da zum Katholizismus Konvertierte meist höchst kritisch über jedes positive Lernen im Dialog sprechen.[29]

Eine Muslima erzählt im Interview davon, dass sie sich mit ihrem Mann dazu entschieden habe, ihren Kindern Namen zu geben, die sowohl in der christlichen Umgebung als auch in der muslimischen Tradition vorkommen. Die Namen kamen zwar im Koran vor, waren aber in der türkischen Umgebung unüblich. Die Namensgebung war unter anderem auch eine Frucht langjähriger interreligiöser Begegnungen gewesen. Die Muslima, eine Religionslehrerin für Islamunterricht, hatte sich eingehend mit dem Christentum beschäftigt und sich dann zu diesem Schritt entschieden. Die Reaktionen der eigenen türkischen Familie waren gespalten und die ungewöhnlich christlich klingenden Namen stießen auf Kritik in den eigenen Reihen.

---

salle. Ein Leben zwischen den Welten. Biographie, Benziger, Zürich u. a., 1998.

[27]   Eine Debatte mit Jäger findet sich in mehreren Artikeln der Zeitschrift Publik Forum, z. B. Hartmut Messmann, Jesus, Buddha und wir, in: Publik Forum Nr. 9/2011, S. 36. Vgl. auch: Jäger, Willigis; Zöllis, Doris; Poraj, Alexander, Zen im 21. Jahrhundert, Kamphausen, 2009.

[28]   Paul Williams, The Unexpected Way. On converting from Buddhism to Catholicism, Edinburgh, New York 2002.

[29]   Vgl. hierzu z. B. die Homepage „Buddhismusdebatte, Kritische Auseinandersetzung mit dem Buddhismus", http://www.trimondi.de/deba01.html, 13.07.2011.

Ein anderes Beispiel möge das Iftar-Essen, also das Mahl nach Sonnenuntergang während des muslimischen Fastenmonats Ramadan, sein. Viele Christen sind von den Einladungen in Moschee-Gemeinden oder zu Privatfamilien beeindruckt und suchen nach Möglichkeiten, ihrerseits nun Muslime einzuladen. Die eigene Gemeinde, in großen Teilen oft weniger intensiv in Kontakt mit dem Islam und mit muslimischen Nachbarn, muss nun den Gedanken, dass nach dem Weihnachtsgottesdienst oder zum Pfarrfest muslimische Gäste kommen, erst „verdauen". Gelingen diese Begegnungen, so erfahren die Initiatoren dies oft als Akzeptanz der eigenen Dialogbemühungen und die Weihnachtsbegegnungen oder die Einladung von interreligiösen Gästen zum Pfarrfest werden zur festen Institution. Die Erfahrung des Gast-Seins bei den Iftaressen war hier Anknüpfungspunkt und die Gastfreundschaft der Muslime eine Anfrage an die christlichen Dialogpartner.

Die Analyse der Interviews mit christlichen, jüdischen, muslimischen und buddhistischen Lernenden zeigt, dass gerade die Verwurzelung und das Bewusstwerden den weiteren Lernprozess entscheidend mitprägen. Gerade auch die Erstbegegnung ist entscheidend. Besonders wichtig für die Gestaltung von Dialogmöglichkeiten scheint die Erfahrung in der Kindheit zu sein. Konfessioneller Religionsunterricht, wie in Deutschland üblich, erlaubt einerseits eine vertiefte Auseinandersetzung mit der eigenen Tradition, andererseits führt er zu der Wahrnehmung, dass man immer dann getrennt wird, wenn es um Religion geht. Das religiöse Umfeld, mit den Möglichkeiten, sich religiös zu engagieren, sowie mit der Persönlichkeit der Lehrerinnen und Lehrer und der Seelsorger, all das trägt entscheidend zur Verwurzelung und zur Fähigkeit des Lernens im Dialog bei.

Interreligiös Lernende, die im Laufe ihres Dialogs alle Phasen durchlaufen und letztendlich im intrareligiösen Dialog ihre Lernerfahrungen auch in die eigene Glaubensgemeinschaft einzubringen suchen, bewirken mit der neuen Verwurzelung zweierlei: Zum einen wird die Erfahrung im Dialog für die eigene religiöse Identität bewusst, zum anderen wirkt sie über die Phase des intrareligiösen Dialogs auch als Impuls in die eigene Gemeinschaft. So verbinden sich Einzelerfahrungen im interreligiösen Lernen zu Dialogerfahrungen einer Gemeinschaft und, wenn man den Vernetzungsprozess weiterdenkt, werden Religionen zu Dialog-Religionen. Je deutlicher die Anknüpfungspunkte und Transformationsprozesse Einzelner im gesellschaftlichen Diskurs wiederzufinden sind, desto direkter lassen sich diese Vernetzungen nachweisen. Umgekehrt können natürlich auch gesellschaftliche Themen von religiösen Institutionen aufgegriffen werden und den Mitgliedern einer Religionsgemeinschaft über Dialogprojekte als Thema angeboten werden. Gelingt es so, Menschen Anknüpfungspunkte anzubieten, die auch ihre Anfragen aufgreifen und ansprechen, können auch Lernprozesse initiiert werden.

Religionen stehen in kontextuell sehr geprägten Dialogprozessen. Christen und Muslime führen in Deutschland einen anderen Dialog als in Ägypten oder etwa Russland. Buddhisten und Christen in Deutschland sehen sich anders angefragt als in Südkorea oder Thailand. Die Dynamik dieser Lernbegegnungen lässt sich anhand der Anknüpfungspunkte bestimmter Lernprozesse erfassen. Christen in Deutschland geben Meditation, Stille, ihr Gottesbild, das Loslassen, die Gelassenheit und ihr spirituelles Suchen als Anknüpfungspunkte für den Dialog mit dem Buddhismus an. Buddhisten im Dialog mit Christen wiederum knüpfen an ihre eigene Erziehung in der Kindheit, die Texte der Mystiker und spirituelle Texte von Anselm Grün oder David Steindl-Rast an. Der Dialog zwischen Buddhisten und Christen ist stark von der spirituellen Suche und der Versöhnung mit dem christlichen Gottesbild geprägt.

Muslime benennen das schlechte Image des Islam oder die Notwendigkeit der Integration als Anknüpfungspunkte. Sie sind motiviert, über den Glauben an den Einen Gott und die gemeinsame Verpflichtung zur Nächstenliebe oder über bestimmte Rituale wie z. B. eine Praxis des Fastens mit Christen ins Gespräch zu kommen. Christen fühlen sich in der Pflicht, den muslimischen Nachbarn zu helfen, in Deutschland auch religiös und kulturell beheimatet zu werden. Vielfach werden Integrationsarbeit und Dialog mit den Muslimen gleichgesetzt. Christen fühlen sich durch das regelmäßige fünfmalige Gebet herausgefordert und erkennen oft an, dass die Muslime ihren Glauben sehr ernst nehmen. Muslime wiederum vermissen oft eine solche Ernsthaftigkeit und merken an, dass viele Christen nicht einmal über ihre eigene Religion wirklich Bescheid wüssten. Manche Muslime geben an, dass ihnen, obwohl im Dialog aktiv, nicht gerade viele Christen bekannt seien, die z. B. die Fastengebote der katholischen Kirche kennen oder sie gar leben. Besonders irritiert die Muslime, dass viele Christen ihre Fragen zur Trinität nicht erschöpfend beantworten können. Dies führt dazu, dass sich Muslime oft darin bestätigt sehen, dass die in muslimischen Kreisen oft vorgebrachte Einschätzung, die Bibel sei ein an manchen Stellen verfälschtes Offenbarungsdokument, wohl stimme.

Juden leben in Deutschland ihren Glauben nur selten öffentlich. Viele
Mitglieder der israelitischen Kultusgemeinden sind säkular geprägt und
aus Russland zugezogen und gerade dabei, überhaupt ihr Jüdischsein zu
entdecken. Viele geben an, dass sie sich in der Öffentlichkeit eher selten
als Jude zu erkennen geben, auch aus Angst vor bestehendem Antisemitismus. Diejenigen, die in der U-Bahn öffentlich eine Kippa tragen, erzählen auch von direkten antisemitischen Anfeindungen durch Muslime
bzw. Jugendliche mit einem Migrationshintergrund aus islamisch geprägten Kulturen.

Interreligiöses Lernen kann als Prozess verstanden werden, in dem die
Lernenden mit unterschiedlichen Anknüpfungs- und Vernetzungsprozes-
sen befasst sind, also sich gleichzeitig in verschiedenen Phasen des Lernkreises befinden können. Ein Aspekt kann neu bewusst werden und so
eine Anfrage auslösen, während andere Bereiche der interreligiösen Begegnung sich bereits an konkreten Anknüpfungspunkten verdichtet haben. In manchen Aspekten mag ein Thema gerade intrareligiös relevant
sein, während ein anderes gerade zur Anfrage wird. So wäre etwa ein
Christ, der sich in einer Dialoggruppe engagiert, Muslime persönlich
kennt und daher im Kontakt zu Gemeindemitgliedern eine Moschee be-
fürwortet, vielleicht gleichzeitig in der Lektüre des Korans mit Stellen
konfrontiert, die eine Anfrage darstellen. Im Blick auf die Notwendigkeit
eines Gebetsortes fände sich der Lernprozess hier in der Phase des intrareligiösen Dialogs. Bestimmte schwer zugängliche Koranzitate würden
gleichzeitig eine Anfrage darstellen. Erschließen sich diese durch persönliche Begegnungen, Erklärungen oder Lektüre, so kommt es vielleicht
zur Vernetzung mit eigenem Wissen aus der Bibel. So entstehen im Laufe der Zeit Verstehens-Netze im Kontakt über Anknüpfungspunkte. Interreligiöses Lernen meint nicht unbedingt ein umfassendes Verstehen einer
Religion – dies ist gar nicht möglich –, sondern ein Lernen an relevanten
Punkten.

Der Lernprozess wird dabei nicht nur vom Umfeld des Lernenden mitge-
prägt, sondern auch vom eigenen Lerntyp. Dieser bestimmt, wie wir mit
Erfahrungen umgehen. Dabei spielen vier Fertigkeiten eine Rolle: Erfahren, Reflektieren, Verarbeiten und Umsetzen. David A. Kolb hat das Er-
fahrungslernen in vier Typen gegliedert: Diverger, Assimilierer, Accom-
modatoren und Converger.

Diverger: Diverger sind besonders stark im konkreten Erfahren und re-
flektierenden Beobachten. Konkrete Situationen können sie leicht unter
verschiedenen Blickwinkeln betrachten und zu einem neuen sinnvollen

Ganzen verarbeiten. Kolbs Untersuchungen zeigten, dass besonders Geisteswissenschaftler und Berater sowie Menschen, die in der Personalführung tätig sind, häufig Diverger sind.

Viele Christen mit Interesse für Meditation und im Dialog mit dem Buddhismus sind Diverger, auch viele mit einem spirituellen Interesse am Islam. Gerade das Miterleben von religiösen Zusammenkünften und von meditativen Praktiken der Dialogreligion, ohne das Erlebte vorschnell auf eigene Konzepte zu beziehen, ist eine große Stärke von Divergern im Dialog.

Assimilator: Analytisches Begreifen und reflektierendes Beobachten sind die Stärken der Assimilierer. Ihnen sind Meta-Konzepte wichtig, und sie neigen besonders dazu, Erfahrenes in ein Theorie-Konzept einzubauen. Die praktische Anwendung kann für sie ohne größere Bedeutung sein, dafür müssen die Theorien stimmig und logisch sein. Kolbs Untersuchungen zeigen, dass besonders Naturwissenschaftler und Mathematiker zu diesem Typ gehören.

Converger: Analytisches Begreifen und aktives Experimentieren sind die Stärken des Convergers. In Problemlösungssituationen können Converger oft logisch abstrakte Konzepte auf konkrete Situationen anwenden. Ihre Interessengebiete sind oft begrenzt. Kolb fand besonders viele Techniker und Ingenieure in diesem Lerntyp.

Accommodator: Aktives Experimentieren und konkrete Erfahrung sind die wesentlichen Lernstile des Accommodators. Sie probieren Dinge gerne aus und sind daher risikobereiter als die anderen Lerntypen. Flexible Anpassung an sich ändernde Situationen fallen dem Accommodator leicht. Marketing und Verkauf sind Bereiche, in denen nach Kolb oft Accommodator zu finden sind.

Im christlich-muslimischen Dialog findet sich ein hoher Anteil von Divergern. Sie haben weniger Scheu, sich in neue, ungewohnte Situationen zu begeben, oft verbunden mit dem Wunsch, konkret etwas zum Miteinander der Kulturen und Religionen in der Gesellschaft beizutragen.

Obwohl die Lerntypen die Art und Weise des interreligiösen Lernens nachweislich und entscheidend mitprägen, wird doch auch klar, dass oft gerade in dem Bereich, in dem der eigene Lerntyp weniger ausgeprägt ist, durch den Dialog ein Schritt nach vorne erreicht wird. So können Diverger oft intensiv in der anderen Religion mitleben. Die entscheidenden Symbole und Konzepte, um die eigene religiöse und spirituelle Entwicklung voranzubringen, erhalten sie manchmal interessanterweise gerade

durch die Konzepte der Dialogreligion. Eine Christin (Interview B-C,
DChr3), die vom Lerntyp her Diverger ist, hatte als Jugendliche intensiv
bei den Pfadfindern mitgemacht. Als Erwachsene in einer Stadtkirche
sprach sie der in ihren Augen verkopfte Gottesdienst nicht mehr an. Es
fehlte eben der für Diverger so wichtige Bezug zur eigenen Erfahrung,
den sie auch als Pfadfinderin in ihrem Heranwachsen im Glauben erfahren
hatte. Über den Kampfsport Taekwondo kam sie in Kontakt mit Zen-
Meditation und so zum buddhistisch-christlichen Dialog. Sie erzählt, dass
sie durch die Idee der Erleuchtung als einer Form der Gotteserfahrung ein
Gefühl dafür bekommen habe, dass das Schweigen auch Beten sei. Das
Konzept „Erleuchtung" in der Zen-Meditation half ihr, den Erfahrungsa-
spekt des Schweigens mit dem bisher als abstrakt empfundenen Gottesbegriff zu verbinden. Die Übung der Zen-Meditation entsprach besonders
ihrer Lernfertigkeiten als Diverger.

Interreligiöses Lernen

- Grundbewegung ist das Eintreten in die Welt des Anderen und das
  Heimkommen.

- Lernen geschieht durch das Vernetzen von Anknüpfungspunkten.

- Der Lernprozess wird durch das Umfeld, die eigene Verwurzelung
  und durch den Lerntyp beeinflusst.

- Der Lernprozess lässt sich als (1) Verwurzelung, (2) Bewusstwerden,
  (3) Anfragen, (4) Öffnen, (4) interreligiöser Dialog, (5) Anknüpfen,
  (6) Vernetzen, (7) Transformieren, (8) Evaluation, (9) intrareligiöser
  Dialog und (10) neue Verwurzelung beschreiben.

Dialogverweigerung, Kritik und Angst

Die bisherige Beschreibung interreligiöser Lernprozesse erscheint vielleicht sehr optimistisch. Nicht immer und unbedingt verläuft die Begegnung mit anderen Religionen positiv. Die Geschichte der Begegnung von Kulturen und Religionen kennt vielfältige Konflikte. Negative Erfahrungen, tradierte Mythen und Vorurteile über den Anderen belasten den Dialog. Doch wie können schlechte Erfahrungen verarbeitet und Vorurteile beseitigt werden? Wie kommt es, dass viele Menschen gerade im Blick auf andere Religionen nicht nur mit Skepsis und Widerstand, sondern sogar mit Angst und offener Ablehnung reagieren?

Eine gängige These erklärt die Vorbehalte gegenüber anderen Religionen häufig mit dem Vorhandensein von Vorurteilen. Mit Hilfe des Lernprozessmodells ist es möglich, genauer zu bestimmen, wie eine ablehnende Haltung zum Anderen entsteht. Jede Phase beinhaltet die Möglichkeit, dass unter bestimmten Bedingungen der Lernprozess gestoppt, verlassen oder bewusst abgelehnt wird. Kommt es während des Bewusstwerdens (2) zu vielen negativen Erfahrungen oder verstörenden Informationen, dann ergibt sich daraus eventuell eine Anfrage (3), deren Konsequenz nicht eine Öffnung (4), sondern ein aktives Sich-Abgrenzen ist. Die Angst im Umgang mit dem Islam ist dafür ein prominentes Beispiel. In Deutschland sowie in vielen anderen Ländern Europas mit Migranten aus muslimisch geprägten Ländern ist eine antimuslimische Haltung festzustellen. Analysen der Berichterstattung über den Islam, vor allem seit den Terroranschlägen vom 11. September 2001, zeigen, dass vielfach ein einseitiges Bild gezeichnet und die mediale Gestaltung oft mit Schwarz als bedrohlicher Hintergrundfarbe arbeitet.[30] Auf dieser Grundlage entsteht ein Bild, das den Islam als aggressive Religion zeigt, deren fundamentalistischer Zweig zur Gewalt aufrufe. Einzelne, vielfach aus dem Kontext gerissene Zitate aus dem Koran helfen dabei, dieses Bild zu bestätigen.

---

[30] Spiegel Nr. 52 vom 24. Dezember 2007: „Der Koran. Das mächtigste Buch der Welt" zeigt vor schwarzem Hintergrund eine in den Koran vertiefte verschleierte Frau. Vgl. Spiegel spezial, Nr. 2/2003. Beispiel einer Collage: „Allahs blutiges Land" zeigt Demonstranten, Verletzte bei einer Demonstration, Feuer und im Zentrum die Pilger um die Kaaba. Spiegel Nr. 13 vom 26. März 2007: „Mekka Deutschland. Die stille Islamisierung" zeigt das Brandenburger Tor vor schwarzem Hintergrund als Nachthimmel und darin den Halbmond als Zeichen der Muslime. Vgl. auch Sabine Schiffer: Die Darstellung des Islams in der Presse. Sprache, Bilder, Suggestionen. Eine Auswahl von Techniken und Beispielen, Bibliotheca Academica, Reihe Orientalistik, Bd. 10, Würzburg, http://www.medienverantwortung.de/publikationen/, 18.6.2011.

Die Auseinandersetzung mit dem Islam und seiner Lehre ist hier kein offener Dialog, sondern ein gezieltes Suchen nach Informationen und Argumenten, die helfen, die Angst zu verstärken und als Gegenreaktion den Islam grundsätzlich abzulehnen. Vielfach wird zwischen kulturellen Gegebenheiten (Zwangsehe, Vollverschleierung) und der Grundbotschaft des Islam mit auch anderen möglichen Formen nicht unterschieden.

Inzwischen sind Internetnetzwerke und lokale Gruppierungen entstanden, die eine aggressive Antiislamische Botschaft verbreiten und sich dem „Kampf gegen den Islam" verschrieben haben. Besonders einflussreich sowohl in der medialen Verbreitung über Blogs wie auch in aktiver Tätigkeit vor Ort sind Pax Europa und Politically Incorrect. Letzteres ist einer der derzeit am meisten frequentierten Internet-Blogs der Szene und wurde 2004 von Stefan Herre gegründet. Die Leser und Nutzer haben sich in 50 Aktionsgruppen organisiert und sind öffentlich aktiv. Dabei werden von den Mitgliedern der Bewegung einzelne Dialogveranstaltungen besucht und die Referenten und Teilnehmer, meist im Frageteil nach Vorträgen, mit äußerst islamfeindlichen Statements konfrontiert. Dabei bedient man sich aus dem Kontext gerissener Koranzitate. Die besuchten Veranstaltungen werden fotografiert und auf der Blog-Seite *www.pi-news.de*[31] dargestellt und kommentiert. Besonders wirkungsvoll erweist sich die Kommentar-Funktion der Blogs, da hier mit Pseudonymen gearbeitet wird und sich der Blog offiziell von den Inhalten distanziert, dafür auch im Zweifelsfall schwer belangt werden kann. Zur Bürgerrechtsbewegung Pax Europa bestehen personelle Verflechtungen.[32]

Ein interreligiöses Gebet in einer Pfarrei wurde von Politically Incorrect-Mitgliedern besucht und die Veranstaltung dann im Internet beschrieben:

*„Dann lauschte die Runde ergriffen, wie ein Moslem auf Arabisch aus dem Koran vorjaulte. Wir schauten uns um und sahen in ergriffene Gesichter, die teils mit geschlossenen Augen diesem muslimischen Katzenjammer lauschten. Eine Art religiöser Verzückung hatte die Christen ergriffen."[33]

---

[31]   Vgl. www.pi-news.de, 18.6.2011.
[32]   Siehe auch: Schiffer, Sabine, Grenzenloser Hass im Internet. Wie „islamkritische" Aktivisten in Weblogs argumentieren. In: Thorsten Gerald Schneiders (Hrsg.): Islamfeindlichkeit. Wenn die Grenzen der Kritik verschwimmen. VS Verlag für Sozialwissenschaften, Wiesbaden 2009, S. 341–362.
[33]   http://www.pi-news.net/2009/11/am-rand-der-geistigen-umnachtung, 13.07.2011

Dabei gehen die Redakteure geschickt vor: Im redaktionellen Teil wird zwar in scharfem Ton jeglicher Dialog als naives Gutmenschentum kritisiert, aber die stärkeren Kommentare finden sich im Antwortteil, von dem sich der Betreiber distanziert. Hier werden auch Referenten namentlich erwähnt und diffamiert. Zur oben zitierten Gebetsveranstaltung kommentiert einer der User:

„Der christlich-mohammedanische Dialüg ist seit Jahren eine Farce und die friedliebenden Dhimmi-Dummies haben zwar ein edles Weltbild, aber dieses wird sie nicht schützen, wenn sie in 30 Jahren am Baukran baumeln werden" („Eurabier', 22. November 2009).[34]

Auch eine solche apologetische Auseinandersetzung funktioniert über das Vernetzen von Anknüpfungspunkten. Auf den Internetseiten und den Texten der Blogs findet sich besonders häufig der Verweis auf den Dschihad, die Behauptung, Muslime wollten einen Scharia-Staat errichten und dass der Islam mit dem Grundgesetz nicht vereinbar sei, weil er direkt oder indirekt zur Tötung aller Nichtmuslime aufrufe. Die hier oft zitierte Sure „Tötet die Ungläubigen, wo ihr sie findet" (Sure 2,191) ist aus dem Zusammenhang gerissen und äußerst missverständlich.[35] Es geht in dem Absatz um die Abwehr eines direkten Angriffs und bezieht sich auf ein konkretes historisches Ereignis und nicht auf ein allgemeines Tötungsgebot. Die entsprechenden Blogs arbeiten auch häufig mit Bildern, die Hinrichtungen von Frauen oder deren Steinigung zeigen. Bezeichnend ist hier die Vernetzung eines kriminellen oder menschenrechtlich verwerflichen Aktes mit einer ganzen Religion. Es wird behauptet, dass der Islam, da er im Koran zu solchen Taten aufrufe, keine Religion, sondern eine Ideologie sei. Die Vernetzung führt hier aufgrund der apologetischen Grundhaltung dazu, dass gelernt wird, der Islam sei als Ganzes gefährlich.

Diese Grundargumentation findet sich in unterschiedlichen Graden nicht nur bei den Mitgliedern der genannten Gruppierung, sondern übt auch einen Einfluss auf die Meinungsbildung in der Politik aus. Verbunden mit einer Schieflage in der Integrationsdebatte, in der die Probleme sozial schwacher Schichten mit niedrigem Einkommen häufig zunächst mit „den Türken" und dann mit „dem Islam" gleichgesetzt werden, wie etwa

---

34 http://www.pi-news.net/2009/11/am-rand-der-geistigen-umnachtung, 13.07.2011
35 Vielfach wird die Sure „Und tötet sie, wo immer ihr auf sie stoßt" verwendet (Sure 2, 191), Handzettel PI: http://www.pi-news.net/2009/11/am-rand-der-geistigen-umnachtung, 13.07.2011

in der Debatte um Thilo Sarrazins Thesen[36], ergibt sich eine Grundstimmung, in der die Grundvoraussetzungen für eine offene Begegnung im Dialog erschwert werden. Dies führt zu einer Islamophobie in der ganzen Gesellschaft, also zu einer Grundangst gegenüber dem Islam, die sich nicht aus konkreten Begegnungen, sondern aus der Vernetzung der genannten Argumentationslinien speist. Die stereotypischen Bilder von der „Türkengefahr" liefern hier historische Bezugspunkte.

Wie kann interreligiöses Lernen solchen Ängsten entgegenwirken? Die Analyse zeigte bisher, dass in vielen Fällen von Islam-Angst das *Bewusstwerden* (2) des Islam häufig nicht über den direkten persönlichen Kontakt erfolgt ist oder hier die Kommunikation zu Missverständnissen führte. Verschiedene empirische Untersuchungen[37] können nachweisen, dass bei direkten und persönlichen Kontakten zu Muslimen zwar auch punktuelle Kritik am Islam, an seiner Lehre oder kulturellen Ausformung zu finden ist, aber keine Islamophobie im Sinne einer diffusen Angst vor dem Islam oder Muslimen insgesamt. Untersuchungen der Universität Bremen (Klinkhammer u. a. 2010) konnten zeigen, dass nur 2,8 % der Dialogaktiven, aber 27,7 % der Vergleichsgruppe der Gesamtbevölkerung denken, die Muslime bedrohen ihre Freiheit und Rechte. Dass die muslimische Kultur auch in unser Weltbild passe, denken 81,2 % der Dialogaktiven und nur 25,9 % der Vergleichsgruppe aus der Gesamtbevölkerung. Wenn durch die Begegnung mit konkreten Menschen der Islam ein Gesicht bekommt, dann können auch bei bereits vorhandenen Vorbehalten und Ängsten neue Erfahrungen gemacht werden, die wiederum alternative Anknüpfungspunkte erlauben und so zu neuen Vernetzungen führen, die das bisherige Bild korrigieren. Je persönlicher die Begegnungen sind, desto deutlicher bieten sich Anknüpfungspunkte auf der Ebene der Lebensbewältigung an. Allen Menschen zugängliche Grunderfahrungen, wie der Umgang mit Leid, Trauer oder Freude, sind Anknüpfungspunkte, denen es gelingen kann, bestehende Ängste aufzulösen.

Muslime in Deutschland erfahren diese Angst als Machtkampf und gelebten Absolutheitsanspruch, der das Bemühen um ein gemeinsames Miteinander belastet, wie eine Muslima berichtet:

---

[36] Vgl. Sarrazin, Thilo, Deutschland schafft sich ab. Wie wir unser Land aufs Spiel setzen. DVA, München, 2010. Eine empirische Gegendarstellung bietet: Foroutan, Naika (Hrsg.), Sarrazins Thesen auf dem Prüfstand, Humboldt-Universität, Berlin, 2010.

[37] Vgl. u. a. Klinkhammer, Gritt; Frese, Hans-Ludwig; Satilmis, Ayla; Seibert, Tina, Interreligiöse und interkulturelle Dialoge mit MuslimInnen in Deutschland. Eine quantitative und qualitative Studie, Bremen: Universität Bremen, 2011, S. 142.

> *„Manchmal ist dieses Zusammensein sehr schwierig, gestaltet sich sehr schwierig und es ist so, wie es ist eben im Leben, dass manche jetzt* [undeutlich, vielleicht: „leider"] *bezogen auch auf die Religionen und jetzt auch auf das Christentum natürlich für sich einen Wahrheitsanspruch – nicht nur beanspruchen, sondern das auch quasi umsetzen, hier verbunden auch mit vielen Gesetzen und mit sehr viel Macht."* (Interview M-C, DM18, 8.1)

Die Islamophobie in den Gesellschaften Europas hat inzwischen bereits eine Gegenreaktion ausgelöst. Viele akademisch gebildete Muslime, die in Europa aufgewachsen sind, wandern in muslimisch geprägte Länder aus, in denen sie sich keiner gesellschaftlichen Ächtung aufgrund ihrer Religion ausgesetzt sehen. Dieses Phänomen des *Islamic Brain Drain* ist inzwischen auch mit Zahlen belegt und unterstreicht die Notwendigkeit, durch Dialog dem Exodus muslimischer Intelligenz vorzubeugen. Die von TASD (Türkische Akademiker und Studierende in Deutschland) herausgegebene Studie[38], bis 2010 in zwei Teilen erschienen, gibt an, dass 36 % (n = 254) der Studierenden und Akademiker mit türkischem Migrationshintergrund beabsichtigen, in die Türkei zu ziehen. Die angegebenen Gründe sind ein fehlendes Heimatgefühl (45,28 % der Akademiker, 35,9 % der Studierenden) und berufliche Gründe (15 % der Akademiker, 38,46 % der Studierenden). Die Gesellschaft in Deutschland verliert auf diese Weise wertvolle Kapazitäten in wirtschaftlicher und auch kulturell-religiöser Hinsicht, so seien allein im Jahr 2010 an die 40.000 türkischstämmige Akademiker mit deutscher Universitätsausbildung in die Türkei gezogen.[39]

Die starke Fokussierung auf den Islam verdrängt momentan andere Dialoge aus der medialen Wahrnehmung. Dabei ist unbestritten, dass dieser Dialog wichtig und besonders notwendig ist, doch gilt es, die andern interreligiösen Begegnungen dabei nicht außer Acht zu lassen. Die Lernprozesse zwischen Christen und Buddhisten kennen vor allem Ängste auf der traditionell christlichen Seite, die im Dialog mit asiatischen Meditationsformen eine Vermischung sieht, in der sich die Werte des Christentums auflösen würden.

---

[38] Vgl. TASD-Studie Future.org, Krefeld, www.future.org,16.6.2010

[39] Quelle: Peters, Freia, Warum gebildete Türken Deutschland verlassen, Welt Online, 30.10.2011, http://www.welt.de/politik/deutschland/article10636913/Warum-gut-gebildete-Tuerken-Deutschland-verlassen.html, 13.07.2011.

Jüdische Gemeinden sind durch den starken Zuzug aus Russland vor
große Herausforderungen gestellt, die auch ihre Möglichkeiten im interreligiösen Dialog mitprägen. Auch die Angst vor antisemitischen Tendenzen in der Bevölkerung bleibt weiter bestehen.[40] Auf der anderen Seite
hat gerade dieser Dialog eine langjährige Tradition aufzuweisen und auch
viel Erfahrung mit sehr schwierigen Themen wie dem Umgang mit dem
Holocaust und dessen Wirkungsgeschichte.

Ein wichtiges Phänomen wenn nicht der Dialogverweigerung, so doch einer Lethargie gegenüber dem Thema interreligiöser Begegnungen ist die
ideelle und im Fall der katholischen Kirche auch personell-strukturelle
Krise der Großkirchen, die dazu führt, dass diese viele Energien intern
zur Bewältigung eigener Probleme binden, die dann dem notwendigen
Engagement im interreligiösen Dialog verloren gehen. Ein weiteres Phänomen in der katholischen Kirche ist der Rückzug auf den „heiligen
Rest", die Tendenz zu einer kleinen, in sich geschlossenen Kirche als
„Kreis der Getreuen". Die christliche Verpflichtung zur Öffnung hin zum
Nächsten und zur Grenzüberschreitung wird hier nicht mehr erfüllt.
Doch gerade die Analysen interreligiösen Lernens und der Geschichte
des Dialogs zeigen: Krisen können auch zu Motivationen und Katalysato-
ren der Begegnung werden.

Dialogverweigerung und Angst

- Faktoren der Misskommunikation lassen sich mit dem Lernkreis
  analysieren.

- Antiislamische Tendenzen sind in Gegenden mit wenig Muslimen
  verbreiteter.

- Islamophobie lässt sich durch konkrete persönliche Begegnung
  auflösen.

- Antisemitismus bleibt ein wichtiges Thema und ist in seinen Formen
  subtiler geworden.

- Das Christentum befindet sich, auch durch die Kirchenkrise, in einer
  großen Selbstbezogenheit.

- Offenheit durch Begegnungen zu ermöglichen ist wichtigster Schritt
  hin zum Dialog und zur Akzeptanz.

---

[40] Zu weiterführenden Studien vgl. u. a. Zentrum für Antisemitismusforschung in Ber-
      lin, http://zfa.kgw.tu-berlin.de, 17.7.2011.

Konversion und mehrfache Religionszugehörigkeit

Die Begegnung mit anderen Religionen endet nicht immer mit der Transformation und der Vertiefung der eigenen Religion. Konversionen und mehrfache Religionszugehörigkeit[41] sind auch Resultate interreligiöser Lernprozesse. Im oben beschriebenen Lernkreis schlägt sich dies in der Phase der Evaluation und dem intrareligiösen Dialog nieder. Bei der Konversion führen diese zu einer neuen Verwurzelung in einer anderen Religion. Konversionen werden im Dialog der Religionen vielfach als Reizthema empfunden, da durch sie in gewisser Weise die betroffenen Religionen zur Konkurrenz werden. Dialog und Mission lassen sich hier nicht mehr trennen und genau dies kann zu Neid und Misstrauen, auch zum Gefühl von Versagen bei Beteiligten kommen. Konversionen aus Überzeugung und nach tief greifender Beschäftigung mit der neuen Religion und den oben beschriebenen Begleiterscheinungen sind aber unbedingt zu achten und auch wertzuschätzen.

In Deutschland trifft man hier vor allem auf Buddhisten, die aus dem Christentum heraus konvertiert sind, und auf Muslime, vielfach auch aus dem Christentum zum Islam konvertiert. Liegt die Konversion noch nicht lange zurück, so ist es für die Beteiligten schwer, einen interreligiösen Dialog zu führen, da die Frage nach der eigenen Identität im neuen religiösen Kontext noch nicht weit genug gediehen ist. Für den interreligiösen Dialog aus der neuen Religion heraus muss nun erst die Phase der Verwurzelung noch weiter fortschreiten. Mit Blick auf den buddhistisch-christlichen Dialog liegen hier Erfahrungen vor. Diejenigen, die wieder in Dialog mit dem Christentum gehen, sind oft bereits seit mehr als einem Jahrzehnt Buddhisten.

Eine Sonderform der Konversion ist die Mehrfachzugehörigkeit zu Religionen. Hier nehmen die interreligiös Lernenden eine neue Religion an, ohne die alte religiöse Tradition zu verlassen. Sicher gibt es auch Fälle, in denen Menschen von Kindheit an in zwei Religionen groß werden, z. B. wenn es eine asiatische, buddhistische Mutter und einen christlichen Vater gibt. In vielen Fällen wurde die zweite Religion aber über intensive Begegnung im Erwachsenenalter „gelernt". Untersuchungen, wie sich die Mehrfachzugehörigkeit auf die Identität und die beiden betroffenen Religionsgemeinschaften auswirken, stehen noch am Anfang. Für den Dialog mit dem Buddhismus gibt es allerdings schon Untersuchungen zur Identi-

---

[41] Karl Baier und Rose Drew haben mich auf die große Bedeutung dieser Problematik hingewiesen. Sie kann mit dem hier verwendeten Instrumentarium des Lernprozesses erfasst werden, stand aber nicht im Zentrum der Fragestellung des Forschungsprojektes. Beiden möchte ich an dieser Stelle für ihre wertvollen Hinweise danken.

tätsbildung. Besonders interessant ist es, dass in den USA viele jüdische Buddhisten eine multiple religiöse Identität betonen, sodass es schon zu einer Begriffsbildung gekommen ist: „Jubus" sind jüdische Buddhisten.[42]

Hoffnungen und Visionen

Viele Fragen sind offen. Wohin soll eine interreligiöse Begegnung führen? Manche deuten die Bewegung, die in und zwischen den Religionen stattfindet, als Zusammenprall, wie mit großer Wirkung z. B. Samuel P. Huntington in seinem Buch „Kampf der Kulturen"[43]. Die Wirkungsgeschichte dieser Idee hat gezeigt, dass realpolitische Entscheidungen, wenn sie einer Philosophie des Kulturkampfes folgen, diesen in gewisser Weise auch entstehen lassen oder verstärken können. Allerdings gibt es eine übereinstimmende Einschätzung vieler Kulturwissenschaften, dass ein Modell, wie Huntington es beschreibt, Kulturen und auch Religionen recht eindimensional als homogene Größen auffasst. Er sieht die Welt in fünf Kulturräume unterteilt, und letztlich geht es ihm darum, dass der westliche Kulturraum seine Macht nicht verlieren solle. Kulturen und Religionen sind allerdings keine festen, klar umrissenen und abgegrenzten Gefüge, sondern Netzwerke und Verstehenshorizonte, die sich ständig verändern. Gerade das Entstehen der Nationalstaaten im 19. Jahrhundert, die immer wieder auftretenden Grenzstreitigkeiten und letztlich auch die Tendenz in Europa, neben der nationalen Identität gerade auch den europäischen Raum und lokale Traditionen als Identitätspunkte zu benennen, zeigt, wie sehr die Bezugsrahmen von Identität im Fluss sind. Die Vorstellungen, wer oder was man ist, befinden sich in einem ständigen Wandel, einem Wandel, der sich allerdings auch positiv gestalten lässt.

Gerade hier setzt eine mögliche Vision der Religion in Bewegung an: Kulturen und Religionen können voneinander lernen. Vielleicht müssen sie es sogar – und es ist nicht völlig von der Hand zu weisen, dass es in ihren eigenen Weisheiten und Wahrheiten zumindest auch eine Ahnung davon gibt, dass gerade im gegenseitigen Wahrnehmen und Hinterfragtwerden auch eine große Chance der eigenen Entwicklung liegt. Im Koran heißt es: „Wir haben euch zu Stämmen und Völkern gemacht, damit ihr

---

[42]   Vgl. Rose Drew, Buddhist and Christian? An Exploration of Dual Belonging, Routledge, London, 2011.

[43]   Huntington, Samuel P., The Clash of Civilizations and the Remaking of World Order, Simon & Schuster, New York 1996. Auf Deutsch erschienen als: Kampf der Kulturen. Die Neugestaltung der Weltpolitik im 21. Jahrhundert. Goldmann, München 1998.

einander kennen lernt" (Sure 49,13), und schon im Buch Levitikus lesen
wir: „Liebe deinen Nächsten wie dich selbst" (Lev 9,13). Der Nächste ist
dabei nach biblischer Tradition immer auch der Fremde. Die Entwicklung der eigenen Identität braucht den Fremden.[44] Eine Vision, wohin die
Bewegung in der Religion führen könnte, kann daher als ein gemeinsames Lernen im Hinblick auf die Fragen, die alle Religionen beschäftigen,
beschrieben werden: Woher kommen wir? Wohin gehen wir? Was ist der
Sinn des Lebens? In der Beantwortung dieser Fragen mit konkreten Le-
bensentwürfen muss es auch um unseren gemeinsamen Lebensraum, die
Erde, gehen, um Fragen der Ethik und um Themen der Gerechtigkeit und
des Friedens. Diese Fragen gemeinsam anzugehen bedeutet auch, Minderheiten neu zu beachten, die eigenen Fehler wahrzunehmen, aber auch
Gerechtigkeit gegenüber anderen einfordern zu können. Das wirtschaftli-
che Zusammenspiel der Kulturen ist bereits ein Faktum, das gerade aber
auch in seinen Auswirkungen zeigt, dass auch die ethischen Richtlinien,
wie sie die Religionen seit jeher tragen, zusammenspielen müssen, um zu
verhindern, dass aufgrund neuer Machtgefüge neue Formen von Ausbeu-
tung entstehen.

Ob und wie ein solches Lernen umfassend gelingen kann, soll Gegenstand der Überlegungen im abschließenden Teil dieses Buches sein. Zuvor muss aber noch näher untersucht werden, was genau geschieht, wenn
Religionen und Kulturen voneinander lernen, indem sie sich über gemeinsame Themen vernetzen.

---

[44] Eine philosophische Darstellung relevanter Strömungen aus Philosophie, Psycholo-
gie und Soziologie bietet: Martina Schmidhuber, Das Fremde als Bereicherung im
Prozess personaler Identitätsbildung, in: Gmainer-Pranzl, Franz / Schmidhuber,
Martina (Hrsg.), Der Anspruch des Fremden als Ressource des Humanen,
Frankfurt/Main 2011.

Vision und Hoffnung

- „Kampf der Kulturen" nicht notwendige Realität, sondern höchstens selbsterfüllende Prophezeiung.

- Kulturen und Religionen sind zur Vernetzung fähig.

- Bewegung der Religion bedeutet: Wandel der Religionen durch Identitäts- und Dialogprozesse. Diese bestehen aus Abgrenzungs- und Vernetzungsbewegungen.

- Es besteht über Anknüpfungspunkte die Möglichkeit des Lernens.

- Die Religionen entwickeln sich über interreligiöse Lernprozesse weiter.

Motivationen im Dialog der Religionen

Die bisherigen empirischen Untersuchungen haben gezeigt, dass es unterschiedliche Motivationen gibt, die Menschen dazu bringen, sich aktiv auf die Begegnung mit anderen einzulassen. Diese Motivationen entwickeln sich in der Phase der *Verwurzelung* (1) und im *Bewusstwerden* (2) und können dann in der Phase der *Anfrage* (3) konkret formuliert werden. Sie vertiefen und verdichten sich im *interreligiösen Dialog* (5) und führen dann zu ganz bestimmten, von der Motivation mit geprägten *Anknüpfungspunkten* (6). Vielfach kann sogar nachgewiesen werden, dass die Form der *Vernetzung* (7) und *Transformation* (8) letztlich zur Beantwortung einer Frage führt, die sich schon während der Verwurzelung in die eigene Tradition ergeben hat. In gewisser Weise hilft der Dialog der Religionen Lernenden dabei, auf ihrem eigenen religiösen Weg voranzuschreiten.

Die Analyse der über einhundert Interviews und 207[45] Fragebögen mit Juden, Buddhisten, Christen, Muslimen und Bahai zeigt, dass sich die unterschiedlichen Beweggründe, im interreligiösen Prozess zu lernen und sich im Dialog zu engagieren, mit sechs Motivationen beschreiben lassen.

Die in der Tabelle (Tab. 1, siehe unten) kurz zusammengefassten Motivationen lassen sich direkt bestimmten Aussagen von interreligiös Lernenden zuordnen. Dabei können selbstverständlich mehrere Motivationen bei einer Person vorkommen. Die meisten Menschen im Dialog lassen zwei oder drei unterschiedliche Dialog-Motivationen erkennen. Es kann sein, dass sich die Motivationen verschieben und besonders prägende Ereignisse im Leben eines Menschen dazu führen, dass im Laufe des Lebens neue Motivationen hinzukommen. Die gefundenen sechs Dialog-Motivationen lassen sich gut der traditionellen Beschreibung von aktiver und kontemplativer Religiosität zuordnen. Kontemplative Dialog-Motivationen sind eher auf die eigene Religiosität und Spiritualität gerichtete Motivationen, aktive Dialog-Motivationen sind religiös ausgerichtete, aber eher auf ihre Wirkung in der Gesellschaft zielende Motivationen.

---

[45] OCCURSO--Umfrage, Stand der Auswertung: November 2011, vgl.: www.occurso-forschung.de, 11.11.2011.

Kontemplative Dialog-Motivationen	Aktive Dialog-Motivationen
Weg-Motivation Dialog wird als Möglichkeit, den eigenen spirituellen Weg weiterzugehen, erfahren und praktiziert.	*Integrations-/Handlungs-Motivation* Dialog als Weg, die eigene Kultur und religiöse Tradition als mögliche Lebensform zu bewältigen oder neue Kulturen und Religionen in das eigene Weltbild aufzunehmen.
Identitäts- und Erfahrungs-Motivation Dialog wird als identitätsvertiefend beschrieben, da etwas erfahren wird, das einen existenziell betrifft.	*Image-/Konkretisierungs-Motivation* Dialog als Weg, um das Image einer Tradition in der Öffentlichkeit zu korrigieren, um so Schaden abzuwenden und die Funktion der Religion wieder herzustellen.
Essenz-Motivation Dialog wird als Bestätigung einer gemeinsamen Wahrheit praktiziert und erfahren. Differenzen werden durchaus gesehen, aber als weniger relevant bewertet.	*Versöhnungs-Motivation* Dialog als Möglichkeit, sich mit Brüchen und Veränderungen in der eigenen Biografie, in der Geschichte oder der Gesellschaft zu versöhnen.

Tabelle 1: Dialog-Motivationen

Kontemplative Dialog-Motivationen

Weg-Motivation

Die Weg-Motivation versteht den eigenen religiösen Weg als Prozess. Es liegt im Interesse des Lernenden, die eigene Entwicklung, die eben als Weg gelesen wird, voranzubringen. Die Notwendigkeit der Veränderung wird nicht nur auf religiöse Traditionen bezogen, sondern vor allem auf die eigenen Einstellungen, Empfindungen und Sichtweisen. Menschen mit starker Weg-Motivation empfinden die Notwendigkeit, an sich zu arbeiten. Religiöse Wahrheiten, inspirierende Texte oder spirituelle, charismatische Personen werden hier als wichtige Wegweiser verstanden. Gelangen Weg-Motivierte in eine Phase, in der die eigene Religiosität und spirituelle Entwicklung als stockend erlebt wird, so suchen sie durchaus in anderen Religionen nach Antworten auf die Fragen, die sich ihnen stellen. Der Dialog wird als Möglichkeit, den eigenen spirituellen Weg weiterzugehen, erfahren und praktiziert. Spirituelle Anweisungen und vor allem auch praktische Übungen werden nicht wahllos adaptiert, sondern auf die Krise oder Herausforderung, der man sich gegenübersieht, bezogen.

Das Wegmotiv kann auch indirekt zum Ausdruck kommen: Durch den Dialog wird die Weiterentwicklung der eigenen Tradition vorangebracht. Diese Form der Weg-Motivation findet sich in der Schilderung eines liberalen Rabbiners (Interview J-C, DJ4, 4.7), der über die Analyse der Neurologie Impulse aus dem Buddhismus für die Meditation innerhalb der jüdischen Tradition gewinnt. Buddhistische Mönche seien neurologisch während der Meditation untersucht worden, dabei habe man festgestellt, was während der Meditation im Hirn und im Bewusstsein[46] geschehe. Dieses Wissen ermögliche, wenn man es auf die Tradition des Judentums anwende, eine jüdische Form der Meditation. Die Offenheit, mit der hier Impulse über die Neurologie aus dem Buddhismus aufgegriffen werden, weist auf eine Motivation hin, die eigene Spiritualität innerhalb und mit der jüdischen Tradition weiterzuentwickeln. Diese Weiterentwicklung, also das Fortschreiten des Weges, ist eine Weg-Motivation, da sie die Ergebnisse der Neurowissenschaft zu buddhistischer Meditation rezipiert, um die jüdische Spiritualität vertiefen zu können.

Ein christlicher Zen-Lehrer spricht über diejenigen, die Meditation als Weg der persönlichen Selbstentfaltung und Vertiefung verstehen, um zum wahren Sein zu kommen. Dieses innere „Auf-dem-Weg-Sein" setzt er in Kontrast zu üblichen Vorstellungen von Religiosität:

> *„Es gibt in unserem Land sehr viele Menschen und Glaubende, die sehr ernsthaft diesen Weg gehen und auch sehr von diesem Weg profitieren. Und es wäre Unsinn zu versuchen, erst einmal zu versuchen, diese Menschen ‚katholisch' zu machen, damit sie religiös werden. Sie sind ja bereits religiös."* (Interview B-C, DChr8, 5.1)

Die Motivation, einen Weg zu gehen und sich seiner Richtung bewusst zu werden, ermöglicht dann auch den Vergleich der Religionen als Wege. Der im Dialog engagierte Muslim Mehmet C. benutzt die Weg-Metapher,

---

[46] Für die Analyse von interreligiösen Lernprozessen genügt es hier, allgemein auf diese, oft auch populärwissenschaftlich verarbeiteten, Forschungen hinzuweisen. Die angesprochenen Ergebnisse werden unterschiedlich rezipiert. Dass die Rezeption der buddhistischen Meditation eine Debatte über das Bewusstsein inspiriert hat, liegt allerdings auf der Hand.

um das Verhältnis der Religionen zueinander auszudrücken. Dabei drückt er natürlich auch aus, dass er sich selbst als jemand versteht, der einen Weg geht.

> *„Das öffnet mir den Blickwinkel: Es gibt nicht nur einen Weg zu Gott. Ich kann nicht behaupten, dass ich in der Einbahnstraße bin, an deren Ende Gott ist. Da legt man viel Scheuklappen ab. Das heißt jetzt nicht, dass man seinen Weg hinterfragt und sagt: So, ist das Christentum jetzt nicht vielleicht doch besser. Nein. Aber: Zu Gott führen verschiedene Wege."* (Interview M-C, DM2, 8.1)

Der deutsche buddhistische Zen-Mönch G. unterstreicht im folgenden Beispiel der Weg-Motivation die Wichtigkeit einer Richtung, die man mit dem Weg verfolgt. Erst in Verbindung mit beidem ergibt sich die gewünschte Dynamik:

> *„Ich würde sagen: ,Ich bin auf dem Weg.' Das ist die Hauptsache. Wenn man den Weg noch nicht gefunden hat und noch kein Ziel hat, dann nützt der Weg auch nichts mehr, weil es keinen Sinn hat. Ich bin auf dem Weg und hab da noch eine Menge zu tun."* (Interview B-C, DChr3, 8.1)

So unterschiedlich die Beispiele für Weg-Motivation auch sind, sie zeigen, dass Religion und Spiritualität als ein Potenzial zur eigenen Veränderung gesehen werden. Diese Veränderung impliziert auch, dass eventuell alte Traditionen losgelassen werden müssen. Die Bereitschaft hierzu ist Teil der Weg-Motivation.

Identitäts- und Erfahrungs-Motivation

Das konkrete Erfahren und Erleben religiöser Praxis, auch und besonders im Dialog der Religionen, verändert die Wahrnehmung im Blick auf die eigene Identität. Dialog wird als identitätsvertiefend erfahren. Christen im Dialog mit dem Buddhismus berichten in Bezug auf ihre Praxis der Zen-Meditation oft davon, dass gerade das Schweigen ihren Bezug zum persönlichen Gebet und auch zur Sprache in der Liturgie verändert. Manches wird als überflüssig erlebt, manches als besonders prägnant und ausdrucksstark erfahren. Besonders das eigene Verhältnis zu Gott wird − und das, obwohl der Zen-Buddhismus keinen persönlichen Gott kennt − als vertieft erlebt.

Gerade durch die Spannung zu den Gepflogenheiten der eigenen religiösen Tradition entsteht ein Bewusstsein der Zugehörigkeit, das durchaus positiv erlebte Impulse aus dem Dialog aufnehmen und auf sich beziehen kann. Muslime berichten von einem Gefühl des Überschwangs und auch der Überforderung, wenn sie eine Barockkirche besuchen. Die überfließende Fülle an Formen, Bildern, Skulpturen und Stuckwerk werden zwar als künstlerisch wertvoll, zugleich aber auch als vom wesentlichen Gebet ablenkend erlebt. Das Kontrastprogramm zum schlicht, höchstens mit Mustern und Natursymbolen gestalteten Dekor einer Moschee führt dazu, dass die eigene Reduktion und Schlichtheit neu als etwas für das Gebet Wertvolles gesehen werden kann. Das im Dialog Erlebte wird hier als erfahrungsbezogen und Identität stiftend erfahren. Nicht die Bedeutung der dargestellten Figuren und Bilder in der Barockkirche, sondern das ästhetische Erlebnis ist in diesem Fall der Anknüpfungspunkt im Dialog.

Jüdische Familienmitglieder erleben und erfahren in einer Schabbatfeier jüdische Identität. Im Dialog kann auch das Einbringen der Speisevorschriften eine Identitäts-Motivation bedingen: Während der Vorbereitung eines interreligiösen Friedensgebetes ging es um den Empfang im Anschluss. Die gemischt-religiöse Gruppe hatte sich auf die jüdischen Speisevorschriften einzustellen. Diese Erfahrung vertiefte das Identitätsbewusstsein und die Zugehörigkeit der Beteiligten, weil jeder sich zu der Notwendigkeit koscherer Gerichte positionieren musste und der Dialog von allen ein besonderes Engagement erforderte.

Ein christlicher Seelsorger, Hans M., übt seit vielen Jahren Zen-Meditation. Seine christliche Identität hat sich auch durch die Verbindung von persönlicher Erfahrung und christlichen Glaubenssätzen entwickelt. Gerade die hohe Achtsamkeit, die im Zen geübt und jetzt auf die Lektüre der Bibel übertragen wird, spielt eine wesentliche Rolle.

> *„Das Zusammenstimmen der christlichen Glaubenssätze mit meiner persönlichen Erfahrung. Die Dinge, die in der Bibel erzählt sind, daraufhin abzuklopfen, was die mit mir heute, mit meinem ganz bestimmten Leben zu tun haben."* (Interview B-C, DChr7, 1.3)

Hier wird deutlich, dass Identitäts- und Erfahrungsmotivation die Anknüpfungspunkte möglichst mit unmittelbarem Erleben vernetzt. Es geht meist nicht um abstrakte Konstrukte, sondern um den direkten, möglichst ungetrübten Bezug zur gegenwärtigen Situation.

Monika A. ist Christin und hatte nach dem Studium ein Jahr in Ostafrika gelebt. Die dort begonnene intensive Auseinandersetzung mit dem Islam hat sie zu einer neuen Begegnung mit dem Christentum geführt und so auch die christliche Identität bestärkt. Die Erfahrungs- und Identitäts-Motivation hat sich also entwickelt. Die direkte Begegnung, das Eintauchen in die Welt des Islam in Ostafrika und dann die weitere konkrete, auch berufliche, Beschäftigung in Deutschland sind für ihr interreligiöses Lernen prägend.

> *„Also ich habe mich dadurch, dass ich mich wirklich mit dem Islam beschäftigt habe, wirklich noch mal sehr stark mit meiner Spiritualität auseinandergesetzt. Und hab dadurch auch einen großen Zugang bekommen. Und hab mir dann auch wieder Dinge angeschaut, die ich erst durch den Dialog mit dem Islam wieder entdeckt habe, wie z. B. die Trinität. – Ich hab da auch wirklich viel entdeckt. Wie die ihren Glauben leben."* (Interview M-C, DChr9, 8.2)

Die Erfahrungs- und Identitäts-Motivation wird auch beim buddhistischen Beispiel am bewussten oder unbewussten Ausbleiben rationaler Abstraktion deutlich: Ein südkoreanischer buddhistischer Mönch (Interviews B-C, KB3, 3.1,3.2) lebte zwei Jahre in einem französischen Trappistenkloster. Er erzählt, dass der intensivste Moment für ihn der allabendliche Gesang des Salve Regina[47] war. Einen Zugang dazu fand er als Buddhist nicht über die theologische oder philosophische Bedeutung des Gesangs, sondern über die Kraft des täglichen Rituals, das ihn als Mönch direkt ansprach.

Identitäts- und Erfahrungs-Motivationen wirken unmittelbar und sind eng mit der persönlichen Ebene und mit Gefühlen verbunden. Da der Reflexion zunächst eher weniger Beachtung geschenkt wird, auch um die Unmittelbarkeit zu erhalten, können auch Erfahrungen in anderen Religionen intensiv erlebt und zugelassen werden. Statt Reserviertheit in Abgrenzung entsteht so Nähe zur anderen Religion.

Essenz-Motivation

Dialog wird mit Essenz-Motivation als Bestätigung einer gemeinsamen Wahrheit praktiziert und erfahren. Differenzen werden durchaus gesehen, aber als weniger relevant bewertet. Das, was als Essenz bezeichnet wird,

---

[47] Das „Salve Regina" ist ein im katholischen Mönchtum sehr verbreiteter Liedgruß an Maria, der oft an das Ende des Nachtgebetes gesetzt wird.

ist dabei durchaus unterschiedlich. Interreligiös Lernende benennen Gott, das Geliebt-Sein, die menschlichen Grunderfahrungen wie Glück, Leid, Freude und Trauer oder auch die gemeinsame Sehnsucht nach Frieden als Essenz. In einigen Interviews wird deutlich, dass sich die Essenz-Motivation bereits in der Phase der Verwurzelung zu formen begonnen hat. Das Bewusstwerden der anderen Religion war oft derart, dass sich die Frage nach einem Gemeinsamen, das alle Differenzen überragt, als konkrete Anfrage formuliert hat. Die Verwurzelung in der eigenen Religion führt dazu, dass man für die erkannte Grundwahrheit auch in anderen religiösen Formen   nach Bestätigung sucht. Eine Buddhistin, die mit etwa zwanzig Jahren enttäuscht aus der Kirche ausgetreten war, hatte sich in ihren Fünfzigern und nach vielen Jahren buddhistischer Meditationspraxis wieder mit dem Christentum beschäftigt. Die Frage, was vom Glauben ihrer Kindheit nun noch tragen konnte, beschrieb sie mit dem Hinweis auf ein „absolutes Grundvertrauen", das sie damals in Gott gehabt hatte. In der Krise, die sie später zum Austritt führte, war dieses Vertrauen verloren gegangen. Jetzt formulierte sie ihren Glauben, „dass da eine Buddha-Natur in uns allen steckt, der man vertrauen kann, die einen führt und leitet" in direktem Bezug zum Gottvertrauen im Christentum: „Ich finde, in der Essenz ist das doch gleich!"

Im folgenden Beispiel wird die Essenz-Motivation überdeutlich. Es gehe um das Sich-Einlassen auf die allen Religionen gemeinsame tiefere Ebene:

> *„Mir kommt grad ein Spruch in den Sinn, den eine Frau von Rigpa* [eine buddhistische Organisation, Anmerkung MR] *gesagt hatte. Und zwar der Titel von einem Buch vom Dalai Lama, ‚Die Essenz aller Religionen ist eins'. Ich denke, das ist ein wunderschöner Titel. Und ich denke, je tiefer man sich einlässt, geht es irgendwie gar nicht mehr so um die Frage: ist das jetzt Christentum oder Buddhismus, weil es ja so um die Natur des Menschen geht. Und je tiefer ich so hineinspüre, desto tiefer bekommt man das auseinander: das ist das Christentum, das ist Buddhismus. So dass sich die Frage gar nicht mehr so stellt. Dass es letztlich gar nicht zwei Sachen sind. Ich meine, auf der äußeren Ebene gibt es schon getrennt Christentum, Buddhismus und auch andere Religionen, das schon. Das ist ja auch eine eigene Tradition."* (Interviews B-C, DB8, 5.1.)

Eine jüdische Schauspielerin, die sich einerseits als „nicht besonders religiös" beschreibt, sich aber andererseits sehr aktiv auf das Christentum
eingelassen hat, betont vor allem die Essenz der Menschlichkeit:

> *„Und irgendetwas in mir sagt mir, dass es doch völlig egal ist,*
> *welcher Religion man angehört. Ich brauchte den menschlichen*
> *Kontakt und Dialog auf jeden Fall, und zwar so weit, dass man*
> *sich auch über die Religionen hinwegsetzt."* (Interview C-J,
> DJ2, 10.3)

Ein aus Israel und Syrien stammender Muslim (Interview M-C, DM1,
1.2) erzählt, wie in seinem Dorf in seiner Kindheit Christen und Muslime
sich selbstverständlich zu Festen besuchten und zu den gemeinsamen Ge-
burts- und Trauerfesten als Gäste kamen. Die Spannungen werden im
Wesentlichen als politisch erfahren und der Muslim differenziert im
Blick auf seine Jugend deutlich zwischen dem Leben im Dorf und der
großen Politik. Der Dialog in Deutschland stellt sich für ihn anders dar.
Die skeptische Grundstimmung gegenüber dem Islam in weiten Teilen
der deutschen Gesellschaft, aber auch die hohe Dialogbereitschaft einzelner Christen führen dazu, dass für ihn das Wissen um den „gemeinsamen
Gott" immer wichtiger wird. Die Essenz, dass wir alle „im Grunde von
dem Einen Gott kommen", speist sich aus der Erfahrung der Verwurzelung in der Kindheit und bietet für ihn einen wichtigen Anknüpfungspunkt für den Dialog in Deutschland. Auf die im hiesigen Kontext auch
in den Medien immer wieder gestellte Frage, ob der Islam zu Deutschland passe, wird im Dialog durch die Essenz-Motivation eine Antwort gesucht. Die innere Verbindung bestehe durch das Bekenntnis zum Einen
Gott.

Im folgenden Beispiel einer Muslima wird deutlich, wie über den Anknüpfungspunkt der „Buchreligion" die unterschiedlichen Religionen
aufeinander bezogen werden und letztlich auf das „Menschsein" als Essenz verweisen − der Mensch als Bedürftiger vor Gott:

> *„Für mich heißt es eben, dass wir Menschen alle gleich sind,*
> *dass wir Brüder und Schwestern sind, sozusagen alle Menschen*
> *auf der Welt, dass wir alle dieselben Bedürfnisse haben und*
> *auch denselben Wunsch nach Gott, nach einer unbegrenzten*
> *Liebe, bedingungslosen Liebe und (...) dass wir nicht sozusa-*
> *gen, dass keiner von uns über dem anderen steht oder besonders*
> *wichtig oder besonders gut ist. So dass wir alle Menschen*
> *sind."* (Interview M-C, DM18, 7.2)

Essenz-Motivationen können auch gekoppelt auftreten und so eine Dynamik für den Dialog erzeugen. Im folgenden Beispiel geht ein Imam vom Gottesbegriff aus. Dabei sieht er die Unterschiede und verweist doch auf die Essenz des Einen, selben Gottes. Um sie zu stützen und sich nicht über Gott zu streiten, stellt er dann den Dialog über den Menschen in den Mittelpunkt:

> *„Ja, Christen sollten sich dann fragen, ob der Gott, an den sie glauben, derselbe ist wie der, an den auch Muslime glauben. Gott als Allah und der Gott ist der einzige Gott. [Manche sagen:] ‚Aber der Gott der Christen ist nicht derselbe wie Allah der Muslime.‘ – Aber wir sagen das nicht. Wir sagen: Gott ist derselbe. Natürlich ist das Gottesverständnis nicht 100 % gleich in allen Religionen, aber zumindest, wenn wir das sagen, derselbe Gott, dass wir nur Einen Gott haben und dass es derselbe Gott ist. Es reicht für uns Muslime, das zu hören. Wie wir Gott verstehen, das ist nicht so wichtig letztendlich. Ja, aber es gibt auch andere Dinge, ohne dass wir im Detail über den Inhalt von Gottesverständnis zu gehen, nicht damit wir über Gott streiten, sondern über den Gottesbegriff zu diskutieren. Wie Gott aussieht, was für ein Gottesverständnis wir hegen, das ist nicht so elementar für uns. Hauptsächlich, dass ein Christ sagt, dass wir an denselben Gott glauben. Das bedeutet, dass er Verantwortung trägt. Dass er an Gott denkt. Das ist ein Punkt, der das Leben mit Christen und andern erleichtert. Daher wird uns ein gott-zentrierter Dialog nicht weiterführen. Sondern ein mensch-zentrierter Dialog ist wichtig."* (Interview M-C, DM21, 7.1)

Im jüdisch-christlichen Dialog wurde der Bundesgedanke zu einem Motiv, das mit der Essenz-Motivation verbunden werden kann. Der Bund zwischen Gott und Israel gilt ebenso wie der Bund mit Gott und den Christen. Die Bundestreue Gottes überwindet hier alle Diskrepanzen jüdischer und christlicher Theologie.

Ein wichtiger Anknüpfungspunkt für diese tiefe Verbundenheit mit der jüdischen Wurzel ist für Christen im Dialog mit Juden die Feier des Schabbats. Hier wird erlebt, wie essenziell das gemeinsame Erbe ist:

> *„Ich war in den ersten Jahren fast regelmäßig am Schabbat immer* [in einer befreundeten Familie] *eingeladen und hab da mitgefeiert. Was sich viele Juden, glaube ich, auch selber sagen, –*

> *was ihre Religion ausmacht. Das ist eine Religion der Traditio-*
> *nen und des Feste-Feierns. Das macht die jüdische Identität*
> *aus. Man feiert Pascha, man feiert Schabbat und Seder. Das ist*
> *vielleicht das, woran man es am deutlichsten spürt. Diese Bezü-*
> *ge fallen als Erstes ein, wenn ich frage, was ist meine Begeg-*
> *nung mit dem Judentum. "* (Interview C-J, DCJ1, 7.2)

Diese regelmäßige Feier mit jüdischen Freunden wurde als sehr intensiv
erlebt. Dabei wird dem christlichen Lernenden deutlich, wie sehr die Feier in der jüdischen Kultur in Israel verwurzelt ist und in der Wirkung weit
über religiöse Aspekte hinausreicht:

> *„Das ist wahrscheinlich das, was das Judentum ausmacht, weil*
> *es Kontinuität ausdrückt. Weil es seit Jahrtausenden stattfindet*
> *und sich dies mit der Identität des Volkes verbindet. Das Famili-*
> *enbewusstsein, wenn man einmal in der Woche zusammen-*
> *kommt, ist schon ein anderes. Wenn man Texte spricht, rituelle*
> *Formeln spricht. Ob man nun gläubig ist oder nicht, aber die*
> *spricht man, weil es dazu gehört. Man setzt die Kippa auf und*
> *bedeckt den Kopf und spricht den Segen über Brot und Wein.*
> *Und man folgt gewissen vorgegebenen Riten. Das machen viele*
> *auch, aber viele machen es auch nicht. Das machen auch viele,*
> *die nicht an Gott glauben oder keine religiösen Menschen*
> *sind. "* (Interview CJ, DCJM1, 7.3)

Im Folgenden wird nun der Bezug zur eigenen Religion und Religiosität
deutlich. Die Verbindung wird nicht über einen äußerlichen Bezug oder
kulturelle Ähnlichkeiten erlebt, sondern sie erschließt sich in der Wesens-
mitte des Christentums, in der Eucharistie. Daher kann hier von einer Essenz-Motivation gesprochen werden:

> *„Selbstverständlich erkennt man da als Christ sofort die Bezü-*
> *ge. Das fällt einem wie Schuppen von den Augen, wenn da vor-*
> *ne einer Brot und Wein austeilt. Was da die eigenen Wurzeln da-*
> *mit zu tun haben und wo sie liegen. Da besteht sofort eine Ur-*
> *vertrautheit. Obwohl es ja eigentlich die Riten einer anderen Re-*
> *ligion sind, aber man ist ja fast mit betroffen. Das war dann be-*
> *sonders stark, ich bin dann in Jerusalem oft zu einer hebräisch-*
> *sprachigen katholischen Gemeinde in die Kirche gegangen. Was*

eher Exotisches. Hebräische Juden, die katholisch geworden sind. Die feiern also die katholische Messe in hebräischer Sprache. Da sind dann die Bezüge noch deutlicher, weil da sind die Worte dieselben, die der Priester am Altar spricht und der jüdische Familienvater am Freitagabend über Brot und Wein spricht. Das ist dann absolut überdeutlich. Mir war das früher vielleicht nicht so existenziell, wie sehr das Christentum im Judentum verwurzelt ist. Ich hatte halt gelernt, dass es so ist. Sicher hat auch der Pfarrer versucht, das zu vermitteln. Aber jetzt war diese Verwandtschaft plötzlich Teil meiner eignen Existenz." (Interview C-J, DCJM1, 7.2)

Aktive Dialog-Motivationen

Integrations-/Handlungs-Motivation

Dialog wird mit dieser Form der Motivation als Möglichkeit praktiziert, die eigene Kultur und religiöse Tradition als mögliche Lebensform zu bewältigen oder neue Kulturen und Religionen in das eigene Weltbild aufzunehmen. Diese Motivation bringt auch die Bereitschaft mit, aktiv zu werden und in Kooperationen zu versuchen die eigenen Ziele umzusetzen. Ein wesentlicher Aspekt der Integrations-Motivation ist die Wahrnehmung und Benennung einer Mehrheits- und Minderheitsgesellschaft.

Besonders die in Deutschland im Dialog aktiven Muslime zeigen diese Motivationsform häufig. Bereits in der Phase der Verwurzelung erleben Muslime ihr Anderssein. Für viele beginnt dies nach eigenen Erinnerungen im Kindergarten, der vielfach konfessionell geprägt ist und wo sie Bräuche des Christentums kennenlernen. Eine junge Frau (Randa J., M-C, DM5, 2.1) erzählt, sie habe als Mädchen ihre Eltern gefragt, warum der Nikolaus nicht zu ihnen, sondern nur zu den anderen Kindern komme. Die Eltern haben aus Liebe zu ihren Kindern dann tatsächlich den Nikolaus-Brauch in ihre muslimische Familie eingeführt. Entscheidend aber ist, dass sich aus der Erfahrung des Andersseins das Bedürfnis entwickelt hat, eine Form des muslimischen Glaubens zu leben, die mit der Kultur in Deutschland vereinbar ist.

Ein Ingenieur mit türkischem Migrationshintergrund beschreibt, er habe durch den Kontakt mit den Ideen Fethullah Gülens[48] gesehen, wie wichtig Bildung und Dialog seien, und dies auf die Situation der türkischen Migranten und der in Deutschland lebenden Muslime mit türkischem Elternhaus bezogen. So engagiert sich der Familienvater und Muslim in einem Verein intensiv für den Dialog der Religionen und die Bildung. Diese Verbindung von Dialog, Bildungsbemühung und Integrationsstreben zeigt sich auch in vielen Moschee-Vereinen, in denen eine Hausaufgabenbetreuung und Nachhilfeorganisationen häufig zum Kernprogramm gehören.

Als Mitglieder einer Minderheitsgesellschaft und vielfach geprägt durch kriegs- oder krisenbedingte Migration steht für Muslime die Handlungs-Motivation auch im Dialog an wichtiger Stelle. Ein Imam erzählt, dass dies auch seine innere Haltung, auch im Blick auf den Dialog, bewegt:

> *„Für mich ist am wichtigsten der menschliche Aspekt. Wie man den Leuten helfen kann. Wie kann man mit den Nachbarn leben. Einfach die Mitmenschen zu respektieren. Ich bin sehr sozial orientiert. Ich möchte auch die Ergebnisse meiner Arbeit sehen. Ich will die Dinge sehen und die Dinge gestalten. Ich bin ein Macher, der viel macht. Und wenn es um Glauben, um Religiöses und um Gott geht, − das mache ich, wenn ich Ruhe und Zeit habe. Für mich ist wichtig, wie die Leute leben. Ich bin total sozial engagiert."* (Interviews M-C, DM14, 1.3)

Christen im Dialog mit dem Islam und mit einer Integrations- und Handlungs-Motivation engagieren sich in Dialoggruppen, bei denen sich z. B. Frauen über Kindererziehung und andere Themen der praktischen Lebensbewältigung austauschen. Das Engagement im Dialog mit Muslimen wird oft mit dem Ideal der Nächstenliebe verbunden. Dialog dient besonders auch dem Zweck, die vorhandenen Defizite beim Anderen beseitigen zu helfen. So erteilen im Dialog aktive Christen z. B. Sprachunterricht und helfen bei Behördengängen. Integrations- und Handlungsmotivation ist von einem starken Gerechtigkeitssinn geprägt

---

[48] Fethullah Gülen ist ein türkischer muslimischer Prediger, der eine nach ihm benannte Bildungsbewegung begründete. Seine Befürworter unterstreichen seine liberalen Ansätze und seine Förderung eines dialogbereiten Islam. Kritiker sehen eine Unterwanderung des türkischen Laizismus. Festzuhalten ist, dass muslimische Dialoginitiativen auf der ganzen Welt durch Gülen inspiriert sind. Vgl. Walter Homolka (Hrsg.), Muslime zwischen Tradition und Moderne: Die Gülen-Bewegung als Brücke zwischen den Kulturen, Herder, München, 2010.

und lässt sich vielfach bei Lernenden feststellen, die eher eine Tendenz zur praktischen Tätigkeit als zum intensiven Reflektieren aufweisen. Viele in der Sozialarbeit Tätige, die sich aber auch als religiös interessiert beschreiben, lassen eine solche Motivation erkennen.

Handlungs-Motivation kann aber auch im christlich-buddhistischen Dialog auftreten. Ein als für die christliche Spiritualität als positiv bewerteter Übungsweg wie etwa die Zen-Meditation wird nicht nur selbst aktiv betrieben. Interreligiös Lernende mit Handlungs-Motivation suchen im Dialog nach Wegen, wie sie die als positiv erfahrene Übung in die bestehende Praxis der eigenen christlichen Gemeinschaft einbinden können.[49] Die Phase des intrareligiösen Dialogs ist hier von entscheidender Bedeutung. Die aktive Gestaltung von Meditationsräumen in Pfarrzentren, Gemeindehäusern und Kirchenräumen oder das Einbinden von Meditationsphasen in den Gottesdienst sind konkrete Handlungen, die aus dieser Form der Dialog-Motivation entspringen und diese wiederum nähren.

Ein Beispiel aus dem buddhistisch-christlichen Dialog wären hier die Erfahrungen und das Engagement von Buddhisten in der Gefängnis- oder Krankenhausseelsorge. Hae Il K., ein Deutscher, der in der koreanischen Mönchs-Tradition lebt, ist stark von der Bewegung des engagierten Buddhismus geprägt. Die Integration des Buddhismus in unsere Gesellschaft geschieht über die Wunden und den Bedarf an Heilung und Heilwerdung, den unsere Gesellschaft hat. Hier – und somit auch im Dialog mit christlicher Caritas-Tradition – knüpft Hae Il an:

> *„Der Weg zu den Mitgeschöpfen führt bei mir, nach meiner Einstellung, nur ganz konkret über das Kissen. Der führt bei mir darüber, dass ich dahin gehe, wo die Leute sind, dass ich sie da abhole, wo sie sind. Das ist das, was ich unter Praxis verstehe. Mitgefühl, Achtsamkeit usw., – und deswegen sag ich manchen, dann gehe in die Altenheime, mach da Dienst, arbeite da, auf der Pflegestation. Geht in die AIDS-Hilfe. Geht in die Obdachlosenhilfe. Geht in die Gefängnisse. Da ist das Leben und da findet die Praxis statt. Das ist das eigentlich, was es für mich ausmacht. Das andere kommt hinterher."* (Interview B-C, DB12, 1.3)

---

[49] Die Erfahrungen einiger in Deutschland einflussreichen christlichen Zen-Lehrer finden sich in: Seitlinger, Michael; Höcht-Störr, Jutta (Hrsg.), Wie Zen mein Christentum veränderte. Erfahrungen von Zen-Lehrern. Michael von Brück, Willigis Jäger, Nikolaus Brantschen u.a., Freiburg 2006.

Die pastorale und theologische Beschäftigung vieler Seelsorger mit dem
Judentum, ausgehend von der Ermunterung des 2. Vatikanischen Konzils
und gestützt von jüdischen Autoren und der Wiederentdeckung des Jude-
Seins Jesu, führte dazu, dass in vielen Gemeinden ein Pascha-Mahl gefeiert wurde. Religionspädagogische Handreichungen und auch jugendge-
mäße Formen wurden veröffentlicht. Motivation für diese Pastoral war
einerseits, das Judentum und die Feier-Praxis Jesu intensiver kennenlernen zu können. Vielleicht spielte andererseits aber auch der Wunsch eine
Rolle, jüdische Spiritualität und religiöse Praxis zu würdigen, nach all
den noch unverarbeiteten Wunden, die der Holocaust auch bei den Christen als „Tätergesellschaft" gerissen hatte. Das daraufhin auf jüdischer
Seite vermehrt aufgetretene Ressentiment gegenüber christlichen Pascha-
Feiern führte zu Irritationen und schließlich dazu, dass das Paschamahl
heute fast ganz aus der Praxis christlicher Gemeindepastoral verschwunden ist. Diese Lernbewegung kann auch als Integrations-Motivation gesehen werden, aber auch die unten noch genauer zu beschreibende Versöhnungs-Motivation spielt hier eine Rolle.

Image-/Konkretisierungs-Motivation

Ein öffentliches Bild, ein konkret sichtbares Zeichen, mediale Präsenz
oder wirkungsträchtige Aussagen stehen oft im Interesse von Lernenden
mit Image- und Konkretisierungs-Motivation. Der Dialog wird als Weg
verstanden, um das Image einer Tradition in der Öffentlichkeit zu korrigieren und um so Schaden abzuwenden und die Funktion der Religion
wiederherzustellen.

Diese Form der Motivation findet sich wie zu erwarten häufig im christlich-muslimischen Dialog. Besonders Muslime leiden unter dem Image
des Islam als ‚gewaltbereite Religion' und empfinden die Darstellung des
Islam in den Medien als ungerecht und diffamierend. Dialog ist für sie
daher wichtige Öffentlichkeitsarbeit, um das Ansehen ihrer religiösen
Tradition und Kultur zu verbessern. Verstärkt wird diese Form der Motivation durch eine häufig von muslimischen Kopftuch tragenden Frauen
berichtete Alltagserfahrung der öffentlichen Diffamierung über Blicke
und Anstarren bis hin zu abfälligen Bemerkungen. Auch männliche Muslime mit Vollbart berichten von dieser Art der Diskriminierung. Kopftuch
und Bart werden erst seit etwa zehn Jahren in der Gesellschaft als religiöses Statement wahrgenommen. Bis in die 80er Jahre wurden sie eher
über die „Gastarbeiterproblematik" als kulturelles Merkmal gelesen. Es

gibt gerade auch bei den sich im Dialog engagierenden Musliminnen, vor allem unter den Türkinnen der neuen Generation, einen Trend, modische Kopftücher bewusst auch als Zeichen ihrer Religionszugehörigkeit zu verwenden.

Aber auch viele säkulär gekleidete Muslime in Deutschland erleben sich als häufig kritisch angefragt. Einige berichten, dass sie erst infolge der Anschläge vom 11. September 2001 auf ihre Religion angesprochen worden seien, während sie zuvor einfach als ,türkische Kollegen' gegolten haben. Dies hat zu einer deutlichen Vergemeinschaftung innerhalb der Muslime in Deutschland geführt. An vielen Orten haben die Moschee-Vereine gerade durch die Auseinandersetzung mit dem Bild des Islam in der Öffentlichkeit damit begonnen, Dialog-Aktivitäten zu starten.

Ein konkretes Beispiel für eine Image- und Konkretisierungs-Motivation sind die Bemühungen um mediale Präsenz. Judentum und Islam versuchen hier, mit dem „Wort zum Sonntag" der Christen gleichzuziehen. So sendet der Bayerische Rundfunk (BR2) jeden Freitagnachmittag „Schalom" und wirbt dafür auf seiner Internetseite: *„Schalom will ein Forum jüdischen Lebens und jüdischer Religion sein und auf den Schabbat einstimmen. ,Mir sejnen do! – Wir sind da!'."*[50] Inhaltliche Beiträge informieren über das Judentum und haben – mehr als das *„Wort zum Sonntag"* der Kirchen – ein nichtjüdisches Publikum vor Augen. Es geht also nicht nur um die eigene Einstimmung in den Schabbat, sondern auch darum, das Image des Judentums durch Information zu verbessern. Hier spielt eine Integrations-Motivation natürlich auch eine Rolle. Eine ähnliche Motivation liegt hinter dem „Islamischen Wort", das der Südwestrundfunk (SWR) einmal monatlich freitags ausstrahlt: *„Was glauben Muslime – und wie prägt dieser Glaube das Leben der Gläubigen? Darüber geben muslimische Männer und Frauen Auskunft"*, so der Informationstext zur Sendung.[51] Beide Sendungen greifen konkret durch diese Motivation auch das Anliegen auf, das Image der jeweiligen Religion in der Öffentlichkeit durch Information zu verbessern.

Aber auch bei Christen, die sich im Dialog engagieren, findet sich häufig eine Image-Motivation mit Blick auf den Islam. Christen geben im Interview an, dass sie es als ihre Pflicht empfinden, der Diffamierung von Muslimen entgegenzuwirken. Mit der seit der Sarrazin-Debatte zunehmend zu beobachtenden Gleichsetzung von Migrations- und Muslimde-

---

[50]   Siehe: www.br-online.de/bayern2/Schalom, 14.07.2011.
[51]   Siehe: www.swr.de/contra/, 14.07.2011.

batte hat die Image-Motivation noch einmal an Bedeutung im interreligiösen Dialog gewonnen. Christen, die seit Jahren im interkulturellen und interreligiösen Dialog aktiv sind, empfinden die von Sarrazin aufgestellten Thesen, Muslime seien die dümmeren Migranten und würden der Wirtschaft schaden, nicht nur als falsch, sondern auch als gefährlich, weil sie nicht nur das Image des Islam weiter schädigen, sondern auch zur Verrohung der Gesellschaft beitragen. Im interreligiösen Lernen sind diese Thesen und ihre Debatte bereits Anknüpfungspunkte für Lernprozesse geworden. Die verkürzende Gleichsetzung Migration = Islam führt dazu, dass auch zunächst nichtreligiöse Themen auf den Islam bezogen werden. Die schon erwähnten Impulse aus der Gülen-Bewegung greifen die Themen der Bildung auf und machen sie wiederum für den Dialog fruchtbar. Die Bezeichnung Image-/Konkretisierungs-Motivation macht dabei deutlich, dass die Anknüpfungspunkte der Lernprozesse, in denen diese Motivation prägend ist, um prägnante Bilder und Themen kreisen.

Als Dialogmotivation besonders deutlich wird die Sorge um das Bild, das sich die Gesellschaft macht, am Beispiel des türkisch-muslimischen Ingenieurs Soner E., der im Zuge der Ereignisse vom 11. September 2001 und der Reaktionen darauf zum Dialog kam.

> *„Mir war immer wichtiger: meine Arbeit, meine Familie, meine Kinder. Die Religion nicht so sehr. Aber auch der 11. September hat bei mir schon sehr viel verändert. Am Anfang hab ich halt gesagt, das sind halt Terroristen, das geht mich nichts an. Es gibt Justiz und staatliche Organe, die können das bekämpfen. Es betrifft mich nicht. Die denken ganz anders über Muslime, und über mich auch, weil ich auch Muslim bin. Dann habe ich gedacht: Da musst du auch was machen dagegen, denn der Dialog ist ja wichtig. Das hat auch der Herr N., der Vorsitzende unserer Moscheegemeinde, festgestellt, und auch viele andere Muslime. Dass man den anderen klarmacht, dass wir nicht so sind, dass wir nicht irgendwie gefährlich sind. Dass unsere Religion einfach nicht so ist. Dass jetzt gesagt wird ‚Dschihadisten' und so. Dass aber der Dschihad ganz anders verstanden wird. Von diesen Fundamentalisten, von diesen Terroristen."* (Interview M-C, DM1, 2.2)

Interreligiös Lernenden mit dieser Motivation ist die gesellschaftliche Relevanz der im Lernprozess auftretenden Themen wichtig. Religion hat für sie nicht nur eine spirituelle Dimension, sondern vor allem auch eine gesellschaftspolitische.

Christliche und jüdische Lernende in diesem Dialog benennen als Anknüpfungspunkte häufig den Antisemitismus und das Bild der jüdisch-christlichen Beziehungen in der Öffentlichkeit. Die Debatte um die Karfreitagsfürbitte hat in image-motivierten Dialogprozessen nicht nur für jüdische, sondern auch für christliche Lernende eine Bedeutung.

Ein jüdischer Rabbiner einer liberalen Gemeinde unterstreicht im Gespräch (Interview J-C, DJ4, 5.6), dass er durch konkrete Maßnahmen wie das Angebot einer Schabbatfeier z. B. für eine Gruppe, die die Synagoge besucht, Wissen über das Judentum und seine Strömungen vermitteln möchte. Er unterstreicht, dass die manchenorts vorhandenen Vorurteile oft auch von Unkenntnis kämen.

Wie der Name sagt, motiviert die Lernenden ein konkretes Bild, das sie von ihrer Religion oder der Dialog-Religion wahrnehmen. Es kann auch ein eher säkulares Image der Medien sein oder ein konkreter Vorwurf eines Freundes. Die am häufigsten vorkommende Image-Konkretisierungs-Motivation bezieht sich derzeit auf das Bild des gewaltbereiten Muslim als Terrorist. Aber auch andere Dialoge und Religionen kennen das Ringen mit dem Image: „der pädophile Priester", „der geldgierige Jude", „der weltabgewandte buddhistische Mönch", „der rigide Protestant", um nur diese wenigen Beispiele zu nennen.

Versöhnungs-Motivation

In der Versöhnungs-Motivation eröffnet der Dialog die Möglichkeit, sich mit Brüchen und Veränderungen in der eigenen Biografie, in der Geschichte oder der Gesellschaft auseinanderzusetzen und zu versöhnen. Die Versöhnungs-Motivation ist also stärker von der direkten persönlichen Betroffenheit der Lernenden geprägt.

Christen in Deutschland geben als interreligiös Lernende im Dialog mit dem Judentum hier als Anknüpfungspunkte den Antisemitismus und Antijudaismus in der deutschen Geschichte und den Holocaust an. Obwohl die Lernenden nicht unbedingt direkt von den Geschehnissen des Holocaust und der Judenverfolgung in Deutschland betroffen sind, empfinden sie dennoch eine Verantwortung gegenüber dieser Geschichte. Juden empfinden diese Verantwortung besonders gegenüber dem eigenen Volk, aber auch gegenüber im Holocaust umgekommenen Familienangehörigen. Auch hier kann dies zu Anfragen und zum Anknüpfen mit Versöhnungs-Motivation führen.

Die Versöhnungs-Motivation in jüdisch-christlichen Begegnungen greift
Bruchlinien und Erfahrungen aus der Geschichte auf und versucht, sie im
Dialog so zur Sprache zu bringen, dass ein neues Verständnis entstehen
kann. Ein liberaler Rabbi berichtet, dass er in Schulen und bei Gruppen,
die in die Gemeinden kommen, vielfach auf großes Unwissen stößt:

> *„Die wissen manchmal nicht, was Bat Mitzwa ist oder welche
> großen Feste wir feiern. Da kann man durch den Dialog schon
> dazu beitragen, dass das Judentum bekannter wird. Auch die
> Kirchentage sind da wichtig. Manchmal stoßen wir auch auf
> alte Vorurteile. Da fällt dann der Begriff Blutschande. – Und da
> ist es wichtig, dass wir ins Gespräch kommen und die Dinge er-
> läutern können. Da geschieht auch Versöhnung."* (Interview
> J-C, DJ4, 6.2)

Die Bruchlinien, auf die sich die Versöhnungs-Motivation bezieht, können auch in der Geschichte der eigenen Familie oder Lebenswelt liegen.
Burgi B. (DChrJ3) fand über die Erzählungen des Großvaters und seine
Berichte, wie man in seiner Stadt nach 1938 nicht mehr bei den Juden
einkaufte, zum Interesse an der Geschichte und dem Schicksal der Juden.
Dabei lag auch ein besonderes Augenmerk auf der eigenen Familienge-
schichte. Wie gingen die Urgroßeltern und Großeltern, wie die Generation der Eltern mit den jüdischen Nachbarn in dieser schwierigen Zeit um?
Ein Zugang war die autobiografische Arbeit:

> *„Meine Mutter hatte immer gesagt: ‚Wie kannst du nur immer
> das über den Holocaust lesen!?' Aber ich habe mich damals mit
> den Juden identifiziert, denen ja auch im KZ die Selbstachtung
> genommen worden ist. So konnte ich auch meine eigenen Pro-
> bleme vergessen. Das klingt vielleicht brutal, aber das war
> wirklich so. (...) Bei uns lebten damals viele Juden und mich hat
> angefangen zu interessieren, wie wir, also auch meine Familie,
> damit umgegangen sind. Später befasste ich mich dann auch mit
> der autobiographischen Arbeit."* (Interview J-C, DChrJ3, 4.1,
> 4.2)

Besonders interessant für das Verständnis von Lernprozessen ist hier der
Bezug zur eigenen Lebenssituation. Die Beschäftigung mit dem Thema
Selbstwert und Selbstwertgefühl öffnete einen Zugang zum Schicksal der
Juden allgemein und zu den Verbindungen mit dem jüdischen Leben in
der Heimat im Besonderen.

Muslime erleben oft eine vor allem kulturelle Spannung zwischen ihrer Herkunftstradition und ihrem Lebensort. Auch Muslime der zweiten und dritten Generation zeigen eine Versöhnungs-Motivation, mit der die unterschiedlichen Lebenswelten in Deutschland miteinander und mit der Herkunft der Eltern oder Großeltern versöhnt werden sollen.

Zum Islam konvertierte Deutsche empfinden die Spannung zwischen Herkunftskultur und Lebenswelt besonders dann, wenn sie etwa in eine muslimische Familie eingeheiratet haben und dies zu Differenzen mit der eigenen deutschen, oft christlich geprägten Verwandtschaft geführt hat. Fragen von möglichen Gesellschafts- und Lebensformen, die sich mit muslimischen wie mit westlichen Werten vertragen, zeigen sich in dieser Motivationsform daher oft.

Der emotional belastende Bruch ist oft stärkster Anknüpfungspunkt dieser Lernprozesse. Menschen, die im jungen Erwachsenenalter ihre Ursprungsreligion aufgrund von negativen persönlichen Erlebnissen verlassen haben und dann konvertieren, benötigen lange Zeiträume, um mit der Religion ihrer Kindheit einen positiven Dialogprozess zu führen. Trotzdem ist die Versöhnungs-Motivation bereits früh und auch in der aggressiven Auseinandersetzung mit der Herkunftstradition erkennbar. Christen, die zum Buddhismus konvertiert sind, können erst, wenn sie nach einer Phase der Identitätsfindung in der neuen Religion Fuß gefasst haben, mit dem Christentum einen Lernprozess beginnen, der sie mit dem Bruch versöhnt, der schließlich zur Konversion führte.

Für Buddhisten bedeutet die Versöhnungs-Motivation die Herausforderung, religiöse Erinnerungen der vielfach christlichen Kindheit mit dem Weltbild des Buddhismus in Einklang zu bringen, zu dem die meisten Buddhisten ja als Erwachsene gefunden haben. Nayana B., ein deutscher buddhistischer Mönch, schildert diese Erinnerungen und zeigt dabei auf, wie er sich mit ihnen buddhistisch versöhnt hat:

> *„Ich denke, dass es für uns hier, die wir den Buddhismus in den Westen bringen, oder nach Deutschland bringen, dass es ganz ganz wichtig ist, dass wir diese Religiosität, die wir als Kinder mitbekommen haben, nicht verleugnen, sondern uns diesen natürlichen inneren Zugang uns bewahren. Ich würde in erster Linie sagen, dass ich ein Übender bin, und wenn ich da durch Kindheitserlebnisse und Erinnerungen einen Geschmack von diesem inneren Sein habe, dann würde ich das durchaus als Bereicherung sehen. Oder wenn ich mich erinnere an unsere Dorfkirche, und da reingehe, wo ich groß geworden bin, das ist für*

*mich einfach eine schöne Stimmung. Wenn ich da reingehe, bin
ich sehr sehr leicht in einem inneren Sein. Da habe ich sehr
leicht Zugang zu den Kräften, die man vielleicht als unsere wahre Natur bezeichnen würde. Weil ganz einfach der Rahmen passt
und diese Erinnerungen da sind. Bei mir ist sogar eine sehr tiefe
Liebe zu Jesus da und zu dem Weg, den er gewiesen hat, und
den Weg, den er gegangen ist."* (Interview B-C, DB4, 10.1)

Konvertiten lassen vielfach einen hohen Grad an Versöhnungs-Motivation erkennen. Die Geschichte und aus ihr resultierende Belastungen finden sich hinter der Versöhnungs-Motivation von Christen im Dialog mit
dem Judentum. Der Krieg im ehemaligen Jugoslawien hat Gräben zwischen Muslimen und orthodoxen Christen aufgerissen. Viele sind als
Flüchtlinge nach Deutschland gekommen und begegnen sich hier. Die
Versöhnungsdimension hat aufgrund des Bezugs zur Geschichte immer
auch eine gesellschaftspolitische Dimension.

Dialog-Motivationen

- Motivationen sind der „rote Faden" persönlicher interreligiöser
  Lernprozesse.

- Bei vielen Lernenden können zwei bis drei unterschiedliche
  Motivationen eine Rolle spielen.

- Kontemplative Motivationen beziehen sich eher auf die eigene Person
  und Spiritualität: Weg-, Identitäts-/Erfahrungs-, Essenz-Motivation.

- Aktive Motivationen beziehen sich eher auf die Gesellschaft
  und die Rolle der Religionen in ihr: Integrations-/Handlungs-,
  Image-/Konkretisierungs-, Versöhnungs-Motivation.

- Motivationen können sich im Laufe des interreligiösen Lernprozesses
  verschieben.

Motivationen im Kontext von Gesellschaft und Individualität

Die bisher beschriebenen Motivationen verorten die Dialogprozesse im Kontext von Gesellschaft und Individualität. Sie zeigen an, ob der oder die Lernende im Dialog eher individuelle und persönliche Motivationen zeigt oder von gesellschaftlichen Herausforderungen beeinflusst wird. Auf diese Weise zeigen die Motivationen auch an, in welche Richtung der interreligiöse Lernprozess des Einzelnen zielt. Gerade diese Kontextualität des interreligiösen Lernens lässt einerseits verstehen, wie sich der konkrete Dialogprozess des Einzelnen strukturiert, aber auch, wo und in welcher Art dieser mit anderen gesellschaftlichen Faktoren verbunden ist.

Eine Zuordnung der Motivation zeigt, dass sich vor allem zwei große Polaritäten finden, in denen sich die Motivationen verorten lassen: Eine Achse könnte mit den Stichworten Kultur, Gesellschaft und Religion beschrieben werden. Die andere Achse zeigt auf, ob eher die Referenzpunkte und Strukturen von Religion oder der Prozess der Veränderung Lerninhalt des Dialogprozesses sind. Diese Achse kann mit Prozess- und Referenzreligiosität bezeichnet werden. Beiden Polaritäten wird nun nachgegangen, um dann im Anschluss daran zu einer Beschreibung von Dialogtypen vordringen zu können, die sich aus der Verbindung von Motivationen mit den sie tragenden Polaritäten ergeben.

Kultur, Gesellschaft und Religion

In den letzten Jahren konnten zwei Tendenzen festgestellt werden: die Wiederkehr der Religion und die Politisierung des Dialogs mit dem Islam. Mit der Wiederkehr der Religion wird die Tatsache benannt, dass sich die noch in den 1990er Jahren stark verbreitete Säkularisierungsthese, die eine Marginalisierung und schließlich völlige Bedeutungslosigkeit des Faktors Religion in der Gesellschaft prognostiziert hatte, so nicht bewahrheitet hat. Auf der anderen Seite lässt sich, zumindest im Christentum, eine Verschiebung des Religiösen feststellen, weg von der Institution Kirche, hin zu vielen freien Angeboten und individuellen Formen von Spiritualität. Die Institutionen sind da und besitzen noch eine Symbolfunktion, sind eine Art Platzhalter für Sinnfragen in der öffentlichen Debatte. Gerade aber die katholische Kirche hat mit dem Pädophilie-Skandal 2010 noch einmal viel an Glaubwürdigkeit verloren. Innerhalb der Kirche gibt es freilich auch dynamische Aufbruchbewegungen, einerseits bemüht, den spirituellen Schatz der Kirche zu schützen, andererseits von der Hoffnung getragen, dass ein Anschluss an die Gesellschaft möglich und wichtig ist. Andere Teile innerhalb der Kirche tendieren eher dazu, den Schrumpfungsprozess mit einer Rückkehr zum ‚heiligen Rest' gleichzusetzen. Weiterhin wichtig bleiben charismatische Figuren innerhalb der Kirche, die trotz der Krise, in der sich die institutionelle Form befindet, spirituelle Anknüpfungspunkte bietet, die auch angenommen werden. Die Bücher von Anselm Grün oder spirituelle Literatur zum Jakobsweg sind Beispiele hierfür. Gleichzeitig fungieren Pfarrgemeinden als wichtige Orte des Gemeinschaftslebens. Viele auch den Pfarreien verbundene Christen erleben dennoch eine Entfremdung von der Autorität des kirchlichen Lehramtes.

Diese Bewegung ist eindrucksvoll in Zulehners Studie zur Religion der Österreicher „Verbuntung" dokumentiert. Auch wenn die gesellschaftliche Stellung der katholischen Kirche in Österreich eine andere ist als in Deutschland, so können die Ergebnisse doch auch zum Teil für den deutschsprachigen Raum sprechen. Die Kernthese Zulehners lautet, dass die Bezüge und Verbindungen multipler und interreligiöser geworden sind. Die zweite Generation der Muslime trete aus den gefassten Rollenbildern heraus und sei weniger religiös im traditionellen Sinn. Auch in Österreich stehe, so Zulehner, das Thema Integration im Zentrum, auch hier fragen junge Muslime nach einer neuen Akzeptanz des Islam durch die Mehrheitsgesellschaft, deren Positionen (oft Leitkultur genannt) meist auch in vielen Punkten geteilt würden (Demokratie, Menschenrechte).[52]

Im Islam in Deutschland kann man eher einen Trend zur Institutionalisierung feststellen, der auch durch die deutsche Gesetzgebung indirekt gefördert wird. Die von Muslimen angestrebte Anerkennung als Religionsgemeinschaft in einer Körperschaft des öffentlichen Rechts bedarf einer Institution, die dem Staat als Vertragspartner dienen kann. Deshalb kommt den Islamverbänden, auch unabhängig von ihren Mitgliederzahlen, eine wichtige Rolle zu. Auch auf lokaler Ebene sind die Moschee-Vereine als Institution der erste Schritt, um den Wunsch nach einem Gebetsraum oder einer Moschee zu verwirklichen.

In Deutschland gibt es mehrere islamische Dachverbände: den Islamrat für die Bundesrepublik Deutschland, dessen stärkster Mitgliedsverein die Gemeinschaft Milli Görüş ist, oder den Zentralrat der Muslime, der eine kleine Zahl der Muslime, aber mit großer ethnischer Vielfalt, vertritt.

---

[52]   Zulehner, Paul M., Verbuntung, Kirchen im weltanschaulichen Pluralismus, Religion im Leben der Menschen 1970-2010, Schwabenverlag, Ostfildern, 2011, S. 316-318.

Viele der Mitgliedsvereine stehen den Muslimbrüdern nahe, deren Stammorganisation in Ägypten für ihre Sozialarbeit, aber auch für fundamentalistische Strömungen bekannt ist.[53]

Die DITIB, ein bundesweiter muslimischer Dachverband für die in Deutschland lebenden Türken oder Deutschen mit türkischem Migrationshintergrund, hat nicht nur in der Islamkonferenz eine wichtige Rolle gespielt, sondern auch die Dialogfähigkeit der Ortsvereine verbessert. Die DITIB-Zentrale in Köln hat für ganz Deutschland regionale Dialogbeauftragte ausgebildet, welche die Ortsvereine im Dialog mit den Gemeinden und bei interreligiösen Veranstaltungen unterstützen. Diese höchst erfreuliche Entwicklung führt dazu, dass nun auch vor Ort in den Moscheen vielfach Kurse für Moscheeführungen und zur Dialogkompetenz durch Moscheen für ihre Mitglieder abgehalten werden. Dies bindet einerseits die zukünftigen Moscheeführer an ihre Gemeinden und befähigt sie andererseits für ihren interreligiösen Lernprozess mit Christen.

Die Religion und der Dialog mit dem Islam ist über die Integrationsdebatte nicht nur ein Thema der Politik, sondern auch der Öffentlichkeit geworden. Die Wiederkehr der Religion in die Gesellschaft, gerade mit dem Islam, bedeutet somit auch, dass der interreligiose Dialog zu einem Kernthema geworden ist. Dies betrifft nicht nur den Dialog zwischen Islam und Christentum, sondern auch andere Dialoge, selbst wenn diese in den Medien nicht so präsent sind.

Die Frage, welche Rolle das Christentum in Europa gespielt hat und welche Funktion ihm heute zugedacht ist, wird jetzt nicht nur durch die Säkularisierungsthese gestellt, sondern auch und direkter durch die Präsenz des Islam. Religion in Bewegung bedeutet für die Gesellschaft in Deutschland, dass sich die Bedeutungen religiöser Zuschreibungen verändern und die sich so bildenden Gemeinschaften miteinander in einem kreativen Prozess umgehen. Die Integrationsbemühungen der 1980er Jahre verstanden sich eher als sozialpädagogische Geburtshilfe, die Ausländern die Ankunft in der für sie neuen Lebenswirklichkeit der deutschen Gesellschaft erleichtern sollte. Doch gerade diese ersten multikulturellen Erfahrungen sind nicht, wie mancherorts erklärt, gescheitert, sondern bieten die für den jetzt anstehenden nächsten Schritt wichtigen Vorerfahrungen. Dies hat dazu geführt, dass die Integrationsarbeit nun nicht nur die Kultur, sondern auch die Religion aktiv in ihre Überlegungen zur Integration mit einbezieht.

---

[53] Siehe dazu auch: REMID, www.religion-online.info/islam, 17.07.2011

So sehr man für die Förderung des interreligiösen Lernens positiv auf die neue Rolle der Religion in der Integrationsdebatte sehen kann, muss man doch auch feststellen, dass dies auch zu Zuschreibungen führt, die eher irreführend als hilfreich sind. Nicht alle Inhalte der gegenwärtigen Integrationsdebatte sind dem Islam zuzuschreiben. Starke öffentliche Thesen, wie etwa Thilo Sarrazins Auslassungen über die „bildungs- und integrationsunwilligen Muslime"[54], wurden für viele auch zu Anknüpfungspunkten, mit Vernetzungen, die islamfeindliche Haltungen in höherem Maße fördern als den konkreten Dialog. Doch auch hier stimmt die oben schon beschriebene Diagnose: Solche Thesen wirken umso mehr, als sie sich von konkreten persönlichen Begegnungen lösen können.

Noch offen ist, welche Rolle die christlichen Kirchen in dieser Debatte spielen werden. Aufgrund der Skandale und innerkirchlicher Debatten fehlt ihre Stimme in der Öffentlichkeit bisher weitgehend. Allerdings hat sich der Vorsitzende der Migrationskommission der Deutschen Bischofskonferenz, Bischof Norbert Trelle, kritisch gegenüber den Verallgemeinerungen Sarrazins und der Wirkung seiner Thesen geäußert.[55]

Interreligiöse Lernprozesse Einzelner bieten die notwendige Grundlage, um hier einen konstruktiven Beitrag leisten zu können.

Eine ebenfalls wenig gehörte Stimme im öffentlichen Diskurs ist die jüdische. Das Palästinaproblem führt viele jüdische Gemeinden dazu, sich deutlich auf die Seite Israels zu stellen, was viele Christen, die sich auch mit den arabischen Christen solidarisieren, in innere Distanz bringt. Auch ist die starke Bindung an das Holocaustthema im jüdisch-christlichen Dialog für die Wahrnehmung des Judentums in der Öffentlichkeit sehr prägend. Juden im Dialog erwähnen, dass sie oft auf die Politik Israels angesprochen werden, persönlich aber auch mit dem Schicksal der Palästinenser verbunden sind. Diese Spannung ist oft Ursache für den Dialog mit Muslimen. Wohin führen interreligiöse Lernprozesse jüdische Lernende und ihre Gemeinden?

Interreligiöse Lernprozesse speisen den öffentlichen Diskurs und beziehen sich auf den gesellschaftlichen Rahmen, in dem sie stattfinden. Die Frage, wie Individuen die Begegnung mit anderen Kulturen und Religio-

---

[54] Besonders der von Sarrazin behauptete Zusammenhang zwischen „muslimischer Kultur" und niedrigem Bildungsniveau stößt auf Kritik, so z. B. die Aussage „Ein Beitrag zur Erhöhung des Kompetenzniveaus im Land ist muslimische Einwanderung also nicht". Sarrazin, T., Deutschland schafft sich ab, 2010, S. 368.

[55] So z. B. in einem Gespräch mit dem Domradio Köln am 30.08.2010, www.domradio.de, 20.07.2011.

nen verarbeiten, welche Lernprozesse in Gang gesetzt werden und wie dies wiederum das Bild der beteiligten Religionen in der Öffentlichkeit prägt, ist aufgrund der Vernetzung von gesellschaftlicher Relevanz. Neben den Bezugsparametern Gesellschaft und Religion, auf die sich Lernende beziehen, ja beziehen müssen, gibt es noch eine weitere Dimension, die Religiosität an sich ausmacht und daher auch im interreligiösen Lernen eine Rolle spielt: die Spannung zwischen ewiger Wahrheit und fortlaufender Veränderung. Dieser Dimension widmet sich das nächste Kapitel.

Kultur – Gesellschaft – Religion

- Die Säkularisierungsthese hat sich nicht bewahrheitet.

- Die Gesellschaft in Deutschland wird als postsäkular (Habermas) beschrieben: Säkularisierung ist geschehen, aber es ist auch eine neue Sehnsucht nach Religion und Spiritualität nachzuweisen.

- Menschen suchen und leben Religiosität eigenverantwortlich (subjective turn).

- Die normative Bedeutung der christlichen Großkirchen schwindet.

- Muslime benötigen zur Anerkennung eine noch größere Institutionalisierung, die transparente Partnerschaften mit anderen ermöglicht.

- Integrationsdebatte setzt soziale Probleme oft mit Eigenschaften von „Muslimen" gleich (Sarrazin-Effekt).

- Christen und Muslime dominieren die Debatte, andere Religionen werden kaum wahrgenommen. Es besteht ein spirituelles Interesse am Buddhismus.

Referenz- und Prozessreligiosität

Auf die Frage, was Religion genau sei und wie sie zu definieren ist, gibt es keine wirklich abschließende Antwort. Aus der Sicht des Einzelnen wird sich aber jede Weltanschauung und jeder Lebensentwurf, egal welcher Tradition, Kultur und Religion er sich zurechnet, mit den Sinnfragen des Lebens auseinandersetzen: Woher komme ich? Wohin gehe ich? Was ist der Sinn meines Lebens? Religionen können als Referenzrahmen und Lebensentwürfe verstanden werden, die für sich beanspruchen, diese Fragen zu beantworten. Dabei entwerfen sie nicht nur ein Erklärungsmodell, sondern geben auch konkrete Anweisung, die helfen soll, ein sinnvolles Leben zu meistern. Dieser Bereich gliedert sich zumeist in ethische, rituelle und spirituelle Dimensionen. Ein für alle verbindlicher Referenzrahmen soll helfen, dass der Alltag reibungsfrei und ohne große Konflikte ablaufen kann. Spirituelle Impulse geben dann den Gemeinschaften und dem Einzelnen einen Entwicklungsweg vor, an dessen Ende das Heilsziel der eigenen religiösen Tradition steht.

Referenzreligiosität meint also den Aspekt der Religiosität, der Referenzrahmen benennt und weitergibt, um so das Wohin und Wie der Religion zu bestimmen. Prozessreligiosität benennt dagegen eher die notwendige stetige Veränderung, um das angestrebte religiöse Ziel verwirklichen zu können.

Die so in Gang gesetzte innere Bewegung wird nun einerseits durch die Betonung der Notwendigkeit, die genannten Ziele zu erreichen, angetrieben. Um die Richtung der Entwicklung sicherzustellen, gibt es Wegweiser und Referenzpunkte, deren Autorität auch mit ihrer immerwährenden Gültigkeit begründet wird.

Referenzpunkte des Christentums sind die grundlegenden ethischen Richtlinien durch die Zehn Gebote, die Struktur der Kirche, die Formulierung eines trinitarischen Gottesbildes und die Beschreibung der Heils- und Erlösungsbedürftigkeit des Menschen. Der Prozesscharakter des christlichen Weges wird eben durch die Betonung der Weg-Metapher unterstrichen. Das 2. Vatikanische Konzil charakterisiert Kirche als „Volk Gottes unterwegs" und als „pilgerndes Gottesvolk". Viele Stellen im Alten und Neuen Testament erzählen von Menschen, die Gott auf ihren Wegen begleitet hat und die durch diese Wege gereift sind. Die Erzählung vom verlorenen Sohn (Lk 15,11-32) sei hier als ein Beispiel von vielen genannt.

Der Anspruch der Religionen, den absoluten Weg zur Wahrheit oder zur Erlösung zu lehren, verbindet sich mit dem in ihnen formulierten Absolutheitsanspruch. Für den Theologen A. liegt darin eine große Herausforderung des Dialogs: Die absoluten Referenzpunkte Jesus als Erlöser und Mohammed als Prophet stehen in Konkurrenz:

> *„Ja, das war eine theologische Frage, die eigentlich die Kernfrage war, die mich beschäftigt. Nämlich: Wie ist es aus christlicher Perspektive zu erklären, dass es nach dem Christentum noch einmal eine Religion gibt, die eine Offenbarung wiedergibt? Das war die Kernfrage, weil ich natürlich gemerkt habe, dass das den traditionellen Anspruch in Frage stellt. Das ist ja im Grunde genommen bis heute theologisch ungelöst. Wie lässt sich diese Konkurrenz der Offenbarungsansprüche lösen?"*
> (Interviews C-M, DChr18, 3.1)

Für Muslime stellt sich diese Frage nicht in der gleichen Schärfe, da der Islam eine „Lösung" anbietet und Jesus in die Reihe der Propheten einordnet.

Referenzpunkte des Islam sind der als letztgültige Offenbarung angesehene Koran und die fünf Säulen Glaubensbekenntnis, Gebet, Almosen, Fasten und Pilgerreise nach Mekka. Bereits die Bedeutung des Wortes Islam verweist auf den Weg, den ein Muslim als religiöser Mensch einschlagen soll: Es geht um die absolute Hingabe an den allmächtigen Gott. Dies erfordert die Bereitschaft zur inneren Wandlung.

Referenzpunkte können auch Vornamen sein, die ja häufig einen Bezug zur religiösen Tradition haben. Im folgenden Beispiel geht es um das Festhalten an solchen Referenzpunkten. Eine muslimische Mutter berichtet vom Widerstand, den sie aus der Verwandtschaft und vom Freundeskreis für die zu wenig muslimischen bzw. zu christlichen Namen der Kinder erfährt:

> *„Als ich meinen Kindern die Namen Miriam und Jonas gegeben habe, dann war ich fast eine Ungläubige, weil ich christliche Namen meinen Kindern gegeben habe. Meine Schwägerin, die weiß ja Bescheid, und ich habe vier Schwägerinnen, wir streiten heute noch. Sie sagt: Das ist im Islam aber nicht erlaubt und ihr macht lauter so christliche Sachen. Das ist doch aber nicht christlich, wenn ich meinen Kindern interreligiöse Namen gebe. Wir reden heute noch über das Thema. Wir kürzen die Namen ab, Miriam Ina und Jonas Issak, ich habe Schwierigkeiten in*

*muslimischen Kreisen. Zuerst erkläre ich das gar nicht, weil es
geht nicht. Und wir sind für die so deutsch geworden, dass wir
da solche Sachen machen. Und ich werde nicht verstanden, ich
brauche mich auch gar nicht zu erklären, wie mich mein Freundeskreis einfach in dieser Hinsicht kritisiert."* (Interview M-C,
DM11, 10.2)

Im Buddhismus sind der Dharma, die vier Edlen Wahrheiten vom Leben
als Leiden, von der Ursache des Anhaftens und von der Befreiung durch
den achtfachen Pfad ewige Referenzpunkte. Und auch hier zeigen diese
einen spirituellen Weg auf, den Buddhisten gehen sollen, von Anhaftung
und Verblendung, von Gier und Hass hin zu Gelassenheit und innerer
Freiheit, um schließlich, so die Lesart des Mahayana-Buddhismus, als
Bodhisattva wiederum allen fühlenden Wesen auf ihrem Weg zur Erleuchtung behilflich sein zu können.

Die dreifache Zuflucht zu Buddha, Dharma und Sangha stellt für Buddhisten auch einen Referenzpunkt in persönlicher Bedrängnis dar. Die in
den neuen Bundesländern und ohne religiösen Bezug aufgewachsene
Mary S. fand vor einigen Jahren zum Buddhismus. Sie beschreibt den
Referenzpunkt als Schutz:

> *„Schutz ist für mich so, wenn vielleicht alles schiefgeht, aber ich
> habe innere Werte. Eben diese Zuflucht Buddha, Dharma und
> Sangha. Die kann ich mir jederzeit im Geist auch visualisieren.
> Den Buddha zum Beispiel. Und egal wie scheiße es mir geht, ich
> kann die immer visualisieren. Die sind immer da. Das gibt mir so
> eine Art Schutz oder Kraft, wie so eine Glocke um mich herum,
> könnte ich auch sagen. Heilung speziell ist eine Meditation, von
> der das ausgeht."* (Interview B-C, DB9, 7.2)

Diesen Referenzpunkt bringt Mary S. in Bezug zum Gebet. Sie denkt,
dass für Christen hier ein Schutz bestehe, ähnlich wie für sie durch die
Zuflucht. Wie diese beiden Referenzpunkte zueinander stehen, wird nicht
ausdrücklich reflektiert.

Das Judentum sieht den Bund mit Gott als ein ewiges, von Gott gegebe-
nes Versprechen. Das Ziel des jüdischen Gläubigen ist es nun, eben diesen Bund seinerseits einzulösen und „Gott mit ganzem Herzen und ganzer Seele und ganzer Kraft zu lieben". Die Geschichte Israels lässt sich
wie eine Wegbeschreibung mit Zwischenzielen und Verirrungen lesen.

Die Zehn Gebote und die Thora als Weisung Gottes auf diesem Weg sowie Propheten als mahnende Rufer der Umkehr sind jüdische Referenzpunkte für diesen Prozess.

Eine Jüdin erzählt, wie in ihrer sehr säkular lebenden Familie, die sich als nicht religiös verstand, gewisse Seiten der jüdischen Tradition dennoch beibehalten wurden. Die Zugehörigkeit zum Judentum und seine Traditionen sind sehr starke Referenzpunkte:

> *„Gleichzeitig hatte meine Mutter immer am Freitagabend Schabbat-Kerzen angezündet. Und hat gesagt, das sei einfach eine schöne Tradition. Wir haben immer Pessach gefeiert, immer. Das war ganz wichtig. Na ja, die Begründung war, wir feiern die Befreiung eines versklavten Volkes. Und das muss man dann global betrachten."* (Interview C-J, DJ2, 1.2)

Für Eva F. ist die Tradition Referenzpunkt des Jüdin-Seins. Die Verpflichtung, die Tradition weiterzugeben und sie – je nach Möglichkeit – zu leben, ist ein von allen interviewten jüdischen Personen genannter Referenzpunkt.

> *„Ganz besonders wichtig ist mir, in meinem Glauben die Kontinuität meiner Religion weiterzugeben. Also die Tradition und das Wissen weiterzugeben."* (Interview C-J, DJ4, 1.3)

Manche betonten, nicht der eigene Glaube, sondern die Zugehörigkeit zur Tradition sei wesentlich. Auch sehr säkular lebende Juden, die nur selten ihre Tradition praktizieren, sehen sich doch in dieser stehend.

Jede Religion muss nun einerseits ihren Grundauftrag damit erfüllen, den Prozess und die Veränderung ihrer Mitglieder zu unterstützen und zu begleiten und andererseits sicherzustellen, dass die Richtung des Weges stimmt. Dies geschieht eben durch den Verweis auf die Referenzpunkte, die als Landkarte dienen. Religiöse Institutionen verstehen sich oft als „Hüter der ewigen Schätze" und unterstreichen mit aller ihnen zur Verfügung stehenden Autorität die „ewigen Wahrheiten" ihrer Tradition. Spirituelle Traditionen und charismatische Figuren einer Religion verweisen immer wieder auf den eigentlichen Auftrag, den Weg zu gehen und die notwendigen Veränderungen zuzulassen. Der Dialog der Religionen greift auf seine Weise in diesen Prozess der religiösen Traditionen ein.

Religionen bilden in ihrer Geschichte unterschiedliche Zweige aus, die sich meist auf eine gemeinsame Ursprungstradition beziehen, diese in bestimmten Punkten aber unterschiedlich lesen und interpretieren. Auch innerhalb einer Konfession gibt es Flügel, die miteinander um das rechte Verständnis der Tradition für den konkreten Kontext ringen. Prozess- und Referenzreligiosität sind dabei wesentliche Faktoren: Wie nahe muss eine zeitgemäße Interpretation der Quelle sein, auf die sie sich bezieht? Wie weit dürfen sich religiöse Riten und Bräuche dem Zeitgeschehen öffnen? Was antwortet die Tradition auf ethische Fragen, die sich in der Zeit ihrer Entstehung so noch nicht gestellt haben?

Referenz- und Prozessreligiosität sind auch Faktoren, die die Strukturen von Religionen mitprägen. Traditionslinien wie die *apostolische Sukzession* im Katholizismus, die Verwandtschaft mit der Familie des Propheten im Islam, die Zugehörigkeit zu bestimmten Stämmen, etwa dem der Priester im Judentum, wie die Tradition um Aaron (Ex 29), oder der Bezug auf eine Übertragungslinie im Buddhismus sind referenzreligiöse Aspekte. Es ist ihre Aufgabe, sicherzustellen, dass der im Menschen angestrebte Veränderungsprozess in den Bahnen der religiösen Tradition verläuft und auf dieses Ziel hin ausgerichtet ist. Aber die von Priestern gefeierten Sakramente, wie zum Beispiel die Eucharistie bzw. der Abendmahlsgottesdienst im Christentum, haben ja gerade den Sinn, die Botschaft des Christentums so zu feiern, dass sie verinnerlicht werden kann, also Veränderung im Einzelnen stattfindet. Der Bezug zum Propheten soll die Authentizität der Koranauslegung bekräftigen und so sicherstellen, dass die Hörer ohne Zweifel sich dem spirituellen Rat anvertrauen können und so sich mehr und mehr Gott hingeben, also ‚Muslim‘ werden. Die traditionelle Abhaltung der Gebete im Judentum hat den Sinn, die Bundesverpflichtung Israels zu erfüllen und so als Einzelne und als Volk nach Gottes Willen zu leben. Die Rückversicherung auf eine Zen-Linie dient dazu, dass der Schüler dem Rat des Meisters vertraut und sich so ganz und gar der meditativen Praxis hingeben kann, ohne Einzelheiten immer wieder zu hinterfragen.

Selbstverständlich wird jeder, der eine der oben beschriebenen religiösen Traditionen – oder auch eine andere – näher kennt, bestätigen können, dass diese sich gegenseitig stützenden Referenzpunkte selten wirklich reibungslos als Wegweiser und Richtlinien für den angestrebten religiösen Prozess funktionieren. Die Religionsgeschichte ist voll von Beispielen eines Überhangs auf die referenz- oder prozessreligiöse Seite. Sind religiöse Institutionen in der Krise, dann ergibt sich oft eine Tendenz, den Referenzaspekt zu betonen und dessen Wichtigkeit zu unterstreichen, denn dieser wird ja von der Tradition beschützt. Als Gegenreaktion ergeben sich dann vielfach spirituelle Lehren, die die Wandlung und Prozessfähigkeit dadurch unterstreichen, dass sie mit als verkrustet und veraltet angesehenen Traditionen brechen. Die persönliche religiöse Erfahrung wird dann oft mit der Prozessreligiosität verbunden und in direkten Gegensatz zur Institution gestellt, deren traditionelle Lehren die Referenzreligiosität verkörpern. In Indien zum Beispiel entstand die Yoga-Tradition, die auf die Prozessfähigkeit des Individuums setzt, im Kontext eines priester- und opferzentrierten Brahmanismus.

Kulturelle Strukturen, die durch Familienverbindungen und Heiratstraditionen den Stamm oder die Sippe stärken sollen, verhindern oft Lebensschritte von Mitgliedern, die ihrer persönlichen spirituellen Entwicklung guttun würden. Religionen, die sich mit den politischen Machthabern verbinden oder sogar zu Staatsreligionen werden, stützen durch ihre Art der Traditionsauslegung häufig nicht in erster Linie die persönliche religiöse Entwicklung des Einzelnen, sondern zuerst die Macht der Herrschenden, in deren Schutz oder Vergütung sie stehen. Kurz: Die konkreten historischen Bedingungen führen dazu, dass sich das Gleichgewicht innerhalb einer Tradition immer wieder verschiebt und dies Prozesse in Gang setzt, die das Pendel wieder in die andere Richtung schwingen lassen. Religionstraditionen und spirituelle Lehren können somit auch als ein immer wieder um Ausgeglichenheit ringende Kräfte innerhalb einer Tradition gelesen werden, die Referenz- und Prozessaspekt der Religion in der Waage halten.

Im Lauf ihrer Geschichte finden sich Religionen in unterschiedlichen Phasen, die je nach Vorgeschichte und Kontext den einen oder anderen Aspekt favorisieren. Treffen nun Religionen aufeinander, so bestimmen einerseits die gegebenen Machtverhältnisse, wie sie sich zueinander verhalten. Andererseits ist die Begegnung durch das gegenseitige Verhältnis von Referenz- und Prozessreligiosität geprägt. Die andere religiöse Sprache ermöglicht es, dass Bestimmtes anders ausgedrückt werden kann. Dieser Aspekt wird dann in der eigenen Tradition mit einer anderen Perspektive gesehen. So können bisher vorhandene Verkürzungen oder Missverständnisse beginnen, sich aufzulösen oder sich zu verändern.

Christen, die in ihrer Jugend einen strengen und patriarchalischen persönlichen Vatergott als bedrückend erfahren haben, empfinden die buddhistische Form prozessualer Spiritualität als Befreiung. Der Verweis auf die eigene *Buddhanatur* und das Loslassen als wichtigste Aufgabe des Meditationsweges trifft den religiösen Sensus, den ein als allmächtiger Richter gepredigter Gott nicht mehr erreichen konnte. Christen im Dialog mit dem Buddhismus sprechen davon, dass sich ihr Gottesbild gewandelt habe: von einem starren äußeren zu einem dynamischen inneren Gott. Dies führt bei manchen dazu, dass sie den prozesshaften Aspekt des christlichen Gottesbildes wieder entdecken: den trinitarischen Gott, der in sich selbst ein Bild der Bewegung der Liebe ist, die im Glaubenden angeregt werden soll.

Im Dialog mit dem Islam betonen Christen oft die Klarheit, die durch die starke Referenz der Hingabe an Gott durch das Pflichtgebet entsteht. Die verschwindende Tradition des Morgen- und Abendgebetes oder das Tischgebet werden so von manchen wiederentdeckt. So werden Referenzpunkte, die das Christentum kennt, die aber im Zuge der Subjektivierung der Religion von der Öffentlichkeit ins Private verlegt wurden, wieder gestärkt. Die Freiheit des Einzelnen − so die Erfahrung mancher Lernender im Dialog − ist oft in der Gefahr, dann sehr selektiv religiöse Praktiken auszuwählen und ein verbindendes, den eigenen Prozess ebenfalls stärkendes Element dann verloren gehen zu lassen.

Der Dialog der Religionen führt dazu, dass sich Prozess- und Referenzaspekt wieder ausgleichen können. Dies ist dann möglich, wenn interreligiöse Lernprozesse positiv gefördert werden. Unterbleiben Lernprozesse in der Begegnung, dann gewinnen Abgrenzungsmechanismen an Bedeutung. Christen in Deutschland, die im Dialog mit dem Buddhismus stehen, lernen eher Prozess-Religiosität, im Dialog mit dem Islam eher Referenz-Religiosität. Muslime in Deutschland lernen eher Prozess-Religiosität, aber im Blick auf die von ihnen geforderte Institutionalisierung auch Referenz-Religiosität. Welche Seite jeweils durch interreligiöse Lernprozesse angesprochen wird, hängt von der jeweiligen Verwurzelung und dem *Bewusstwerden* der anderen Religion ebenso ab, wie von der Art des Lerntyps und davon, welche Anknüpfungspunkte die Dialogreligion in einem konkreten Kontext anzubieten vermag.

Teil II: Dialog-Typen

Setzt man die in Interviews und Fragebögen gefundenen Motivationen in einen logischen Zusammenhang mit den den Dialog bestimmenden Dimensionen Religion und Gesellschaft sowie Prozess und Referenz, so ergeben sich sechs Dialog-Typen. Sie benennen markante Lerneigenschaften im interreligiösen Lernprozess und fassen bestimmte aufeinander bezogene Aspekte dieser Prozesse zusammen. Dialog-Typen sind keine feststehenden Kategorien, in die man Menschen einteilen und auf die man sie festschreiben könnte, sondern eher Idealbeschreibungen von Lerntypen, die jeder in einem gewissen Maß kennt und bei sich und anderen feststellen kann. Dabei geht es nicht um ein Einsortieren von Menschen in diese Typen, sondern darum, konkrete Lernprozesse mit Hilfe der Dialog-Typen besser verstehen und erfassen zu können.

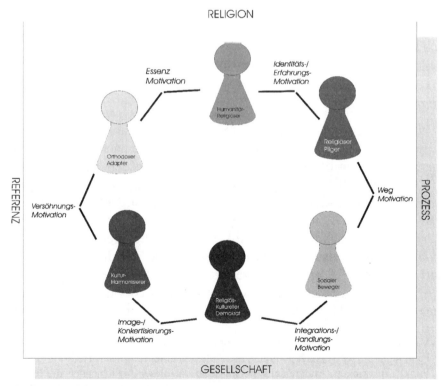

Abbildung 3: Dialog-Typen

Die nachfolgend beschriebenen Dialogtypen benennen also häufig vor-
kommende Konstellationen interreligiöser Lernprozesse. Im Laufe eines
Lebens und in unterschiedlichen gesellschaftlichen Funktionen können
Menschen verschiedenen Typen entsprechen, so wie wir auch Eltern, Ar-
beitnehmer und Freizeitaktivisten sind, ohne dass die unterschiedlichen
Anforderungen in uns im Widerspruch zueinander stehen müssen. In
manchen Fällen zeigt sich auch, dass der Dialog selbst dazu führt, dass
Menschen von einem Lerntyp zum anderen wandern.

Für die konkrete Arbeit mit Menschen unterschiedlicher Religion und
Kultur können die Dialog-Typen hilfreich sein, um zu verstehen, wieso
jemand in einer bestimmten Art und Weise fühlt, denkt, handelt oder argumentiert. Sie können dabei helfen, Spannungen im interreligiösen
Kontext nicht zu verabsolutieren und per se dem *Wesen* oder der *Essenz*[56]
einer Religion zuzuschreiben, sondern vielmehr den Blick auf unterschiedliche Zusammenhänge auszudehnen, in denen jeder steht und stehen muss.

Dialog-Typen im interreligiösen Lernen

Spiritueller Pilger

Spirituelle Pilger sind Menschen, deren Hauptmotivation die eigene religiöse Entwicklung ist. Sie sind aktiv auf der Suche nach spirituellen Impulsen im Dialog der Religionen. Die Frage nach der eigenen Identität
und dem persönlichen Entwicklungsprozess motivieren das interreligiöse
Lernen der *Spirituellen Pilger*. Sie sind daher bereit, Neues kennenzuler-
nen und auszuprobieren. Diese Offenheit im Blick auf Neues verbindet
sich manchmal auch mit einer Kritik an der Starrheit der eigenen Tradition. In Auseinandersetzung mit der eigenen und mit der Dialogreligion
sind sie auf der Suche nach Prozessreligiosität. Beschreibungen, die das
Leben als Weg verstehen und den notwendigen Wandel betonen, sprechen sie daher sehr an. Institutionen und Traditionen können ihnen wich-

---

[56] Vom Wesen oder der Essenz einer Religion zu sprechen ist problematisch. Einerseits
kann dadurch der Versuch gelingen, das Anliegen einer religiösen Tradition „auf den
Punkt" zu bringen. Andererseits steckt gerade in dieser Absicht auch die letztlich
notwendige Definition einer Unterscheidung zum Wesenskern jeder anderen Religion. Der Wunsch, für die eigene Tradition einen Wesenskern zu bestimmen, verbindet
sich dann mit einem Alleinstellungsmerkmal, was letztlich auch einen Absolutheitsanspruch definieren kann.

tig sein, werden aber oft als verkrustet und starr empfunden. Vielfach stehen sie als Synonyme für ein dem eigenen spirituellen Prozess eher hinderliches Festhalten am Alten. Im interreligiösen Dialog können dennoch religiöse Traditionen als Garanten und Wegweiser individueller spiritueller Prozesse eine große Wertschätzung genießen. Obwohl im Blick auf die eigene Gemeinschaft dem eigenen Empfinden und Gespür für das, was ansteht, höchste Priorität gegeben wird, sind charismatische religiöse Führer von großer Bedeutung. Sie helfen dabei, den angestrebten Prozess in Gang zu bringen und ihm die notwendige Richtung zu verleihen. *Spirituelle Pilger* können in großem Maße unterschiedliche Referenzsysteme für den eigenen religiösen Weg nutzen. Widersprüche zwischen den Bezugspunkten können dann überwunden und akzeptiert werden, wenn ihnen der Hinweis auf Wandlungsprozesse gemeinsam ist.

So können Christen, die im Dialog mit dem Buddhismus sind, unterschiedliche Weltbilder wie das einmalige Leben im Christentum und den Karma-Gedanken mit dem daraus resultierenden Glauben an Wiedergeburt über den Anknüpfungspunkt des Loslassens verbinden. Der Karma-Gedanke betont die Notwendigkeit des Loslassens, um auf dem spirituellen Weg fortschreiten und aus dem Karma-Kreislauf ausbrechen zu können. Im Christentum drängt die Vorstellung von der Einmaligkeit des Lebens auf Veränderung im Leben, um die gegebene Chance nicht zu verpassen. Beiden ist die Bedeutung des gegenwärtigen Moments als Ort des Loslassens gemeinsam. Für *Spirituelle Pilger* sind es diese Verbindungen, die ihnen dabei helfen, ihren eigenen Weg zu gehen und sowohl in der Dialogreligion wie auch in der eigenen dafür Referenzpunkte zu entdecken. Die Meditationsbewegung und die Entdeckung des Zen-Buddhismus innerhalb der Kirchen kann so verstanden werden. Was an der Zen-Tradition so fasziniert, ist die starke Betonung der Eigenverantwortlichkeit und des Loslassens und Gelassenseins als Ziel des religiösen Weges. Die besonders in Ostasien beliebten Ochsenbilder bringen diesen Prozess ins Bild und wurden für interreligiös lernende Christen zu wichtigen Referenzpunkten, da sie den Prozessaspekt besonders betonen. Hier zeigt sich auch deutlich, dass die Wahrnehmung der anderen Religion selektiv ist. In zen-buddhistischen Traditionen ebenfalls vorhandene Tendenzen zur Institutionalisierung werden vom *Spirituellen Pilger* nicht als wesentlich wahrgenommen.

Interreligiös lernende Christen im Dialog mit dem Buddhismus lassen oft den Dialog-Typ des *Spirituellen Pilgers* erkennen, so auch Maria S.[57] (69), die ihre Schulzeit und ihr Elternhaus als katholisch verwurzelt bezeichnet. Sie tritt in einen Anbetungs-Orden ein, das Chorgebet und die Anbetung sind ihr hier besonders wichtig. Die Beziehung zu Gott tritt in ihrem Lernprozess besonders hervor. Er habe sich von einem gegenüberstehenden Gott zu einem „Gott in mir" entwickelt. Als es während einer Lebenskrise zum Austritt aus dem Kloster kommt, beginnt Maria S. einen intensiven Dialog mit dem Zen-Buddhismus:

> *„Ich denke, die Wurzel ist schon im Ordensleben. Ich habe mich für einen Weg entschieden und wollte diesen Weg auch weitergehen. Nachdem ich den Orden verlassen hab, hatte ich in meiner Kirche keine Anleitung für diesen Weg. Und im Zen, da habe ich ganz klare Wegweiser."* (Interviews B-C, DChr11, 4.1)

Die Entscheidung, den Dialog gerade in dieser Weise zu üben, liegt an der klar spirituellen Ausrichtung von Maria S. Nach dem Austritt aus dem Kloster beginnt für sie eine Suche nach neuer religiöser Identität und nach Zugehörigkeit, aber ganz in dem Bewusstsein, dies als Pilgerin zu tun. Ein Anknüpfungspunkt für diesen Pilgerweg bietet Maria S. die Reihe der Ochsenbilder:

> *„Ansonsten habe ich immer versucht, Gruppen zu finden, die einen spirituellen Weg gehen. Und ich habe (...) eine Gruppe gehabt, die hat mich von Anfang an angezogen. Begonnen hat's – hier kommt der Buddhismus – mit einer Gruppe, die die Texte von ‚Der Ochse und sein Hirte' rezitiert haben. Und zum Teil sehr intensiv mit Stimme, zum Teil mit Gebärden, aber vor allem mit Stimme. Das hat mir sehr gutgetan und diese Texte haben mich, ja, sehr angezogen. Denn sie haben mir einen Weg durch mein Leben aufgezeigt."* (Interviews B-C, DChr11, 1.2)

Das Weg-Motiv wird im Lernprozess von Maria S. zum Anknüpfungspunkt, auf den sie nun Buddhismus und Christentum bezieht. Dabei wird deutlich, dass ihr größtes Interesse eben dem Fortschreiten dieses Weges gilt:

> *„Was mir in der buddhistischen Lehre begegnet: hier gibt es einen spirituellen Weg. Wir haben im Christentum die Evangelien. Christus legt uns auch einen Weg vor. Aber dieser Weg im*

---

[57] Vgl. Analyse des Interviews B-C DCh11 in Rötting, Martin, Interreligiöses Lernen im buddhistisch-christlichen Dialog, St. Ottilien, 2007, S. 320 ff.

> *Christentum ist so bezogen auf Jesus, nicht so sehr als ein Weg*
> *für mich selbst. Im Buddhismus ist das noch klarer, dass ich*
> *einen spirituellen Weg gehe. Und im Christentum kann ich das*
> *immer auf Jesus beziehen. Der ist diesen Weg gegangen. Ich*
> *sollte ihn wohl nehmen als Vorbild, aber nicht so sehr als mei-*
> *nen Weg. Das ist im Buddhismus viel konsequenter.“* (Interviews
> B-C, DChr 11, 3.2)

Auch im muslimisch-christlichen Dialog gibt es Beispiele für *Spirituelle*
Pilger. Randa J. (28) hat eine christliche Freundin, in der sie so etwas wie
eine spirituelle Wegbegleiterin entdeckt, mit der sie sich auch religiös
identifizieren kann:

> *„Und durch die Freundin habe ich eigentlich mehr und mehr*
> *festgestellt, dass wir gleich sind. Obwohl ich Moslem bin und*
> *jetzt mein Gebet anders ausführe, wie sie es ausführt, und ich*
> *jetzt vielleicht ne Kette trage, auf der Allah steht, und sie ein*
> *Kreuz trägt, aber letztlich besinnen wir uns, – wenn man jetzt*
> *alle Riten weglässt – aufs Gleiche. Und das habe ich aber auch*
> *erst – ich würde sagen – so in den letzten fünf Jahren so mehr*
> *und mehr verstanden. Und bin deswegen auch toleranter gewor-*
> *den.“* (Interviews C-M, DM5, 8.1)

Randa J. betont, wie ihr durch den intensiven Kontakt mit der Freundin
diese zu einer Weggefährtin im Glauben wird, mit der sie den eigenen
Verstehensprozess im Gespräch reflektieren kann. Darüber hinaus entsteht auch der Wunsch nach gemeinsamer Praxis. Eine Idee, die hier auf-
taucht, ist das Pilgern, das, so Randa J., beiden Religionen gemeinsam
ist:

> *„Was mich immer wieder auch anzieht, und wo ich mir denke,*
> *so was würde ich wirklich unheimlich gerne machen, wäre der*
> *Jakobsweg. Das ist etwas, was mich extremst fasziniert, wenn*
> *ich ans Christentum denke.“* (Interviews C-M, DM5, 6.2)

Sich eng ans Verständnis des Hadsch anlehnend, versteht Randa J. das
Pilgern für Christen und für Muslime als einen Reinigungsweg:

*„Pilgern, das ist für mich so eine Art Reinigung, um Gott so
einen Schritt näher zu kommen. Also nicht um gleich zu sein,
sondern näher ranzukommen."* (Interviews C-M, DM5, 6.2)

Religion versteht der Dialog-Typ des *Spirituellen Pilgers* nicht von der
Definition ewiger Wahrheiten her, sondern von ihrer Aufgabe, ihn als Pilger des Weges auf eben diesem zu begleiten. Das eigene Fortschreiten
braucht selbstverständlich auch Ziele und somit natürlich auch Referenzreligiosität. Beides wird aber eher als gegeben vorausgesetzt. Der *Spirituelle Pilger* sieht eher die Gefahr, dass man ihn auf eben diese Ziele
festschreiben und somit seine innere Entwicklung behindern könnte. Die
eigentliche Faszination liegt darin, dass auch oder gerade in der anderen
Form spiritueller Wegbeschreibung eine große innere Kraft für den eigenen Weg und die Prozessdimension der Religiosität gesehen wird.

Spiritueller Pilger

- Möchte seinem Leben spirituelle Impulse geben.

- Identitäts-, Erfahrungs- und Weg-Motivation sind stark ausgeprägt.

- Starke Prozessorientierung, hohe Bereitschaft zur Veränderung.

- Religiöse und erfahrungsbezogene Fragestellungen und Themen
  sind wichtig.

- Häufiger Lerntyp ist der Diverger.

- Viele Christen im Dialog mit dem Buddhismus sind *Spirituelle Pilger.*

Sozialer Beweger

Der Dialog-Typ *Sozialer Beweger* engagiert sich für die Gesellschaft und
möchte sie verändern. Mit dem *Spirituellen Pilger* teilt er die Weg-Motivation, für den Dialog liegt der Schwerpunkt aber auf der Veränderung
der Gesellschaft und weniger auf der Entwicklung der persönlichen Spiritualität. Die konkrete Veränderung bestimmter gesellschaftlicher Miss-
stände, wie etwa das Engagement für die Integration Benachteiligter, sind
ein wesentliches Merkmal des *Sozialen Bewegers.* Dabei spielt die religiöse Begründung weniger eine Rolle wie bestimmte konkrete Phänomene
in der Gesellschaft. Die schwierige Bildungssituation vieler Kinder und
Jugendlicher mit türkischem Migrationshintergrund lässt den *Sozialen*

Beweger sich z. B. in der Bildungsarbeit engagieren. Viele Muslime, die sich in der Hausaufgabenbetreuung und dem Nachhilfeunterricht an der Moschee engagieren, entsprechen diesem Dialog-Typ. Die Motivation, an Dialog-Veranstaltungen teilzunehmen, ist dann zunächst nicht das direkte Interesse an anderen Religionen, sondern ein Bemühen um Integration unterschiedlicher Kulturen und Religionen in die lokale Community.

Viele Christen, die diesem Dialog-Typ entsprechen, engagierten sich bis dato bereits in der Ausländerarbeit und Asylbewegung. Themen wie Gerechtigkeit und Chancengleichheit sind wichtig. Daher sind *Soziale Beweger* auch oft politisch aktiv. Sie engagieren sich in Arbeitskreisen, Bürgerbewegungen oder Parteien und organisieren Dialogtreffen oder es sind Muslime, die Moschee-Führungen anbieten, um ihre als benachteiligt oder marginalisiert angesehene Religion in der Gesellschaft sichtbar werden zu lassen. Dabei kann es sich nicht nur um die eigene, sondern auch um andere Religionen handeln, ausschlaggebend ist das Gespür für eine gerechte Gesellschaft, welches den *Sozialen Beweger* antreibt. Traditionelle Gesellschaftsbilder kann der *Soziale Beweger* daher für hohe Ideale wie Gerechtigkeit und Chancengleichheit aufgeben und neue Formen des Zusammenlebens forcieren.

Im christlich-muslimischen Dialog ist ein für diesen Dialog-Typ wesentliches Thema die kontrovers diskutierte Frage, ob der Islam zur deutschen Gesellschaft gehört. Die Antwort wird sich weniger um den Verweis auf die frühen kulturellen Wurzeln oder Beispiele kulturell-gesellschaftlichen Miteinanders beziehen als auf die vielen muslimischen Mitbürger mit deutschem Pass. Für den *Sozialen Beweger* ist der Kopftuch-Streit weniger ein Thema um religiöse Symbole, sondern ein Lackmustest, ob die Mitbürger Anderssein und Pluralität akzeptieren können.

Eine junge Muslima, die einen muslimischen Integrationskurs besuchte, erzählt von ihrem Engagement:

> *„Die Nachhilfe bieten wir für die Kinder an, die hier eh zum Koranlernen kommen und die eben Schwächen haben in den – in ihren Schulfächern. Die können dann unter der Woche kommen, oder wir vereinbaren mit ihnen eben einen Termin und treffen uns unter der Woche oder am Wochenende in der Moschee. Und wir haben eben die – oben die Nachhilferäume. (...) Die Werte sind mir sehr wichtig, die einem vermittelt werden. Es sind ja Werte, die man einfach im sozialen Leben auch braucht.*

*Wie zum Beispiel die… der Frieden. Also generell jetzt mal die-
se Begriffe sind mir sehr wichtig – Frieden, Toleranz und Mit-
gefühl, Hilfsbereitschaft und diese Werte sind mir sehr
wichtig.*" (Interview M-C, DM15, 1.2, 1.3)

Wichtig sind für *Soziale Beweger* im Islam die Vermittlung von Werten
an die jüngere Generation der eigenen Moschee-Gemeinde, die durch den
Migrationshintergrund benachteiligt sind, und das Angebot der christlichen Mehrheitsgesellschaft, die eigene Kultur und die eigenen Bräuche
in den Räumen der Moschee zu erläutern, um für Offenheit und Toleranz
gegenüber dem Islam zu werben. Die Herausforderung besteht für den
Sozialen Beweger darin, dass die Teile der Gesellschaft, die Fremden mit
Skepsis gegenüberstehen, Formen des gelingenden Zusammenlebens entwickeln können:

> *„Nun also ich finde, aufgrund der Tatsache, dass wir eben hier
> in Deutschland leben und dass wir in der Schule, in der Uni, im
> Arbeitsleben immer, immer mit, schon mit Christen zu tun hatten
> und haben werden, ist es eigentlich sehr wichtig, dass wir auch
> die Seite, deren Seite kennen und nicht nur aus unserer Sicht
> handeln. Also zum Beispiel, – also ich meine, ich muss natürlich
> meine Religion auch können und wissen. Aber genauso muss ich
> die Religion meines Ansprechpartners ebenso gut können, im-
> merhin leben wir gemeinsam. Ich muss ja wissen, ja, wie er
> eben dazu reagieren würde.*" (Interview M-C, DM15, 4.1)

Aykan I. ist Dialogbeauftragter für Moschee-Gemeinden. Der Dialog-Typ
des *Sozialen Bewegers* beschreibt gut seinen Auftrag, für die Integration
der Muslime zu wirken. Im Dialog der Religionen stößt er im Christentum auf Ideen, die er auch theologisch auf seinen sozialen Auftrag beziehen kann. Als Anknüpfungspunkt im interreligiösen Dialog nennt er auch
die Nächstenliebe:

> *„Nächstenliebe ist vor allem eigentlich dem zu geben, der nicht
> zur eigenen Kultur gehört. Das gibt's bei uns eigentlich nicht.
> Das ist für mich eigentlich die bessere Alternative, weil der
> Nächste, der dir am nächsten liegt, den liebst du ja sowieso, wie
> z. B. die Familie, die Verwandten usw. Aber den Nächsten, der
> dir am entferntesten ist, den sollst du ja lieben, damit deine
> Nächstenliebe zur Geltung kommt. Also nicht nur Freunde, Kin-
> der und Verwandte, sondern den, der eigentlich am entferntesten*

ist. Wie zum Beispiel andere Kultur, Religion oder auch andere Stadt." (Interview M-C, DM 7, 7.1)

Neben der gesellschaftlichen und politischen Dimension des Lernens (Integrations- und Konkretisierungs-Motivation) ist auch die Bereitschaft, eigene Vorstellungen zu verändern (Weg-Motivation) beim *Sozialen Beweger* groß.

Der Grund, sich zu engagieren, liegt auch beim *Sozialen Beweger* oft im Prozess der eigenen Verwurzelung und in der eigenen Erfahrung, wie Sigrun H. unterstreicht. Sie engagiert sich in einer Gruppe für Frauen, die durch Sprachkurse, Gespräche zu aktuellen Themen und Besuche bei Einrichtungen im Ort die Integration, vor allem muslimischer Frauen, unterstützt:

> *„Zunächst habe ich mich immer in diesem Gesprächsforum ‚Frauen im Dialog' beteiligt. Vielleicht auch, weil ich zum Gutteil einen Teil der Erfahrungen dieser Frauen mit nachvollziehen kann. Ich kenn die Situation, wie das ist, wenn man in einem fremden Land lebt und die Sprache schlecht versteht. Ich kenn auch die Situation, wie das ist, wenn man wohl sprachlich integriert ist, aber den Gesetzeskodex nicht kennt. Da fällt man nämlich als Österreicher immer wieder in Fallen in Deutschland. Und ich kenn auch die Situation, dass man mit kleinen Kindern völlig auf sich gestellt ist. Da ist keine Oma, keine Tante und keine gute Bekannte, wo man die Kinder mal abgeben kann, sondern man ist wirklich ganz allein. Und da habe ich mir gedacht, das ist eigentlich ein Ort für mich, wo ich den Frauen das Leben leichter machen kann."* (Interview M-C, Chr5, 4.1)

Der Lernprozess von Sigrun H. als Dialog-Typ *Sozialer Beweger* greift hier die Situation der muslimischen Migranten auf und verarbeitet sie über den Anknüpfungspunkt der Familie und des Gemeinschaftssinnes, den sie bei den Türken und anderen Muslimen für stärker ausgeprägt hält, was sie gut findet. Der eigene Lernprozess wird auch auf die Gesellschaft übertragen. Deutlich lässt sich die Verbindung von Weg- und Handlungs-Motivation erkennen:

> *„Da hat sich mein Bild verschoben. Vielleicht auch ein bisschen in Richtung Politik. Ich war da früher ein wenig blauäugig. Ich habe mir gedacht, je offener man gegenüber Migranten ist, desto besser müsste es sein. Es ist einfach menschlich, dass man*

alle integriert und alle, die hier Schutz suchen, aufnimmt. –
Aber ich denke, dass die Leute, die rechtmäßig hierherkommen,
denen müsste man viel mehr Unterstützung geben. Das hat kei-
nen Sinn, jeden ins Land zu lassen. Und man hat die Folgen
nicht abgeschätzt und man hat viel zu spät reagiert. Das ist ein
Dauerproblem, da man nicht sieht, wie wichtig das ist.“ (Interview M-C, Chr5, 8.1)

Buddhisten in Deutschland engagieren sich als *Soziale Beweger* eventuell
in Umwelt-Fragen oder für den Klimaschutz. In Kooperation mit dem In-
ternational Network of Engaged Buddhists (INEB) gibt es verschiedene
Projekte, die auf der Internetplattform Engagierter Buddhismus[58] veröffentlicht werden. Einer der einflussreichsten Vertreter dieser Bewegung
ist Tetsugen Bernhard Glassman Roshi, der in New York buddhistische
Sozialarbeit mit aufbaute und sich besonders für eine Zen-Friedenspraxis
engagiert. Allgemeine Aufmerksamkeit erhielt ein von ihm – er ist Buddhist mit jüdischer Abstammung – im KZ Auschwitz organisiertes Ver-
söhnungs-Retreat 1996 und 1997.

Sozialer Beweger

- Engagiert sich für die Veränderung in der Gesellschaft.

- Integrations-/Handlungs-Motivation und Weg-Motivation sind stark
  ausgeprägt.

- Starke Prozessorientierung

- Soziale Fragestellungen und Themen sind wichtig.

- Häufiger Lerntyp ist der Accommodator.

- Viele Christen und Muslime sind *Soziale Beweger* und engagieren
  sich für die Integration.

- Viele Buddhisten lernen von *Sozialen Bewegern* oder bewegen sich
  in ihrem Lernprozess auf diesen Typ zu, wenn sie sich um soziales
  Engagement kümmern.

---

[58] Siehe: www.buddhanetz.de, 21.09.2011

Religiös-Kultureller Demokrat

Der *Religiös-Kulturelle Demokrat* führt den interreligiösen Dialog als Beitrag für eine gerechte und harmonische Gesellschaft, in der das normative Urteil aufgrund einer Gleichberechtigung maßgeblich ist. Interreligiös Lernende, die diesen Typ verkörpern, zeigen eine Image-/Konkretisierungs-Motivation und Integrations-/Handlungs-Motivation. Dabei sind ihnen die Gesellschaft und deren Wechselbeziehungen besonders wichtig, die Religionen sind für sie Teil dieser Gesellschaft und haben als solche die Aufgabe, zu einem positiven Miteinander beizutragen. Dieser Auftrag wird vom *Religiös-Kulturellen Demokraten* auch in den traditionellen Quellen gesucht. Er steht in der Wahrnehmung genau zwischen Referenz- und Prozessreligiosität, kann sich also weder für übertriebenen Traditionalismus noch für übertriebene Änderungen stark machen, da dies, so die Befürchtung dieses Dialog-Typs, die Stabilität der Gesellschaft über das notwendige Maß hinaus strapazieren kann. *Religiös-Kulturelle Demokraten* können andere Religionen und Kulturen akzeptieren, wenn sie keine Gefahr für die Gesellschaft darstellen. Im Dialog der Religionen setzen sie sich einerseits für den Ruf der Religionen in ihrer Gesellschaft ein und können sich daher auch für die Belange von Minderheiten oder Ausgegrenzten engagieren. Die Religionsfreiheit ist für *Religiös-Kulturelle Demokraten* ein wichtiges Grundrecht, das sie für sich selbst, aber auch für andere zu schützen suchen. Einzelne Traditionen oder religiöse Bestimmungen, die sich mit der Religionsfreiheit oder dem Grundgesetz nicht vereinbaren lassen, können sie daher auch kritisieren. Das gemeinsame Recht der Mitglieder unterschiedlicher Religionen und kultureller sowie ethischer Traditionen einer Gesellschaft, in Frieden miteinander zu leben, ist das Grundanliegen der *Religiös-Kulturellen Demokraten*. Interreligiöse Lernprozesse, stark durch Image- und Integrations-Motivation geprägt, knüpfen daher oft an Themen des gesellschaftlichen Zusammenlebens an. Dabei ist ihnen möglicherweise der Kompromiss zwischen den Beteiligten wichtiger als das Recht des Einzelnen, was sie in gewisser Weise vom *Sozialen Beweger* unterscheidet, der sich eventuell mit radikaleren politischen Mitteln für eine bestimmte Gruppe einsetzen würde. Religiöse Bedürfnisse einzelner extremer Gruppen ordnet der *Religiös-Kulturelle Demokrat* klar dem Bedürfnis und Empfinden der Mehrheitsgesellschaft unter.

Viele engagierte und gebildete Muslime in Deutschland sind *Religiös-Kulturelle Demokraten*. Sie verabscheuen religiösen Fanatismus, den sie vielfach gut aus ihrem Herkunftsland kennen. Sie schätzen es, dass die Religionsfreiheit und damit verbundene Rechte vom Staat geschützt und bisweilen auch gefördert werden. Die eigene Religion und Kultur praktizieren zu können, ist ihnen ein sehr hohes Anliegen und vielfach der Grund ihres Engagements im Dialog. Das schlechte Image des Islam in den Medien, die – so wird behauptet – verzerrte Darstellung seiner Inhalte und direkte Verknüpfung mit terroristischen Gruppen verurteilen sie als ungerecht und rufschädigend. Muslime dieses Dialog-Typs unterstreichen die Priorität des Grundgesetzes über einzelne aus ihrer Sicht eher kulturell bedingte Traditionen und Bestimmungen, die mit dem Islam in Verbindung gebracht werden, und begrüßen z. B. die Möglichkeit, dass Muslimas in Deutschland ein Kopftuch tragen können, verstehen aber auch die Angst und Unsicherheit vieler Deutsche mit Blick auf den Vollschleier oder die Burka. Sie setzen sich in ihren Gemeinden für einen würdigen Moschee-Neubau ein, der die vorhandene Hinterhofmoschee ersetzen soll, würden aber kein Minarett planen, wenn sie die Angst hätten, dies könnte die Nachbarn stören oder den Ruf der Moschee als eng und konservativ fördern. Andere Religionen akzeptieren sie zunächst auf der Grundlage der Religionsfreiheit und können so auch inhaltliche Divergenzen eher aushalten als stärker religiös geprägte Menschen wie etwa der *Humanitär-Religiöse*.

Christliche *Religiös-Kulturelle Demokraten* sind vielfach politisch aktiv, allerdings eher in konservativeren Parteien oder Strömungen der politischen Mitte. Der Dialog der Religionen, insbesondere mit dem Islam, stellt für sie eine notwendige politische Haltung dar. Sie sehen sich vielfach als Brückenbauer zwischen den christlichen Traditionalisten und den integrationswilligen Muslimen.

Der folgende Ausschnitt aus einem Gespräch mit Soner E. (46) einem türkisch-muslimischen Ingenieur, zeigt, wie Religion, Kultur, Image und Gesellschaft hier zusammenspielen:

> *„Der Glaube an sich, dass man überhaupt an einen Gott glaubt, das ist mir wichtig. Um den Segen Gottes zu bekommen, muss man sich bemühen. Da gibt es auch Regeln und man muss sich bemühen, sich daran zu halten. Ich hoffe, Gott vergibt mir da einmal. Zum Beispiel fünfmal am Tag beten kann ich zuhause, aber im Beruf kann ich das nicht, obwohl ich im Büro arbeite. Ich könnte das schon, ich hätte schon die Gelegenheit. Aber seit*

dem 11. September hat sich da in den Köpfen sehr viel verändert. Wenn ich jetzt fünfmal am Tag beten würde, dann würde man mich als Islamist oder Terrorist ansehen. Drum denke ich, Gott wird mir verzeihen." (Interview M-C, DM1, 1.3)

Deutlich wird hier das Ringen zwischen religiöser Pflicht und der Sorge, wie die Ausübung dieser Pflicht in der Gesellschaft wahrgenommen und interpretiert wird. Der Schutz des eigenen Images und des Rufes der türkischen Muslime, also das Gefüge zwischen Soner E., den Muslimen und der Gesamtgesellschaft wird von ihm als hohes Gut angesehen, für das die Ausübung der religiösen Pflicht vernachlässigt werden kann und in gewissem Sinn auch muss. Das Image des Islam, welches durch die Anschläge des 11. September sehr gelitten hat, ist Soner E. ein großes Anliegen, nicht zuletzt deshalb, weil die Tatsache, dass der Terror dem Islam zugeschrieben wird, auch sein Leben in der Gesellschaft beeinflusst hat. Er erzählt, dass er in gewisser Weise als Reaktion auf diesen Imageverlust in der Gesellschaft eine stärkere Verbindung zum Islam und zu anderen Muslimen verspürte und sich daher in der Moschee zu engagieren begann.

Religiös-Kultureller Demokrat

- Führt den Dialog als Beitrag für eine gerechte und harmonische Gesellschaft.

- Image-/Konkretisierungs-Motivation und Integrations-/Handlungs-Motivation sind prägend.

- Prozess- und Referenzreligiosität in Balance.

- Grundlage für den Dialog sind die Gesellschaft und das demokratische Grundverständnis.

- Häufiger Lerntyp ist der Accommodator und der Assimilator.

Kultur-Harmonisierer

Der Dialog-Typ *Kultur-Harmonisierer* hat zwei starke Motivationen: die Image-/Konkretisierungs-Motivation und die Versöhnungs-Motivation. Der Dialog kreist eher um gesellschaftliche Themen als um religiöse Inhalte. Sein Engagement im Dialog ist weniger politisch motiviert als von der Sehnsucht getragen, dass sich die als spannungs- und konfliktreich erlebte Beziehung der Religionen und Kulturen in der Gesellschaft entspannt und normalisiert. Religiöse Unterschiede werden wohl gesehen, aber nicht unbedingt forciert. Das Zusammenleben in der lokalen Nachbarschaft und die Versöhnung mit der Geschichte sind dem *Kultur-Harmonisierer* wichtig.

Im christlich-jüdischen Dialog können Menschen, die sich besonders um die Versöhnung zwischen jüdischer und christlicher Tradition bemühen, mit diesem Typ beschrieben werden. Die Gräueltaten des Holocaust, die ohne wesentliches Einschreiten der Großkirchen und mit weitgehender Billigung der Gesellschaft verübt werden konnten, sind dem *Kultur-Harmonisierer* ein fast unerträglicher Faktor der Ungerechtigkeit. Die Narbe, die der Holocaust im Bewusstsein deutscher Geschichte hinterlassen hat, schmerzt auch nach vielen Jahrzehnten noch stark. Dabei geht es weniger um die religiösen Inhalte als um die Tatsache, dass eine vom Christentum geprägte Gesellschaft dieses Verbrechen nicht verhindern konnte.

Die eigene Geschichte, besonders wenn sie im Volk, in der Region oder der Familie Brüche aufweist, ist hier meist Anknüpfungspunkt des Dialoges. Biographisches und autobiographisches Verarbeiten, um sich mit dem Geschehenen zu versöhnen, sind dem *Kultur-Harmonisierer* wichtig.

Im christlich-muslimischen Dialog sind es die Themen der Kreuzzüge oder der Türken vor Wien, die für diesen Dialogtyp Anfragen auslösen und Anknüpfungspunkte bilden. Für *Kultur-Harmonisierer* können auch Werbemotive, die aus heutiger Sicht tendenziös und politisch unkorrekt sind, einen Anknüpfungspunkt bieten. Nicht so sehr die Veränderung der Gesellschaft oder der eigenen Persönlichkeit als die Auseinandersetzungen mit der interreligiösen Geschichte und deren Auswirkungen auf die Gesellschaft stehen im Zentrum. Dabei stehen die Fakten als referenzreligiöse Aspekte und Anknüpfungspunkte zur Verfügung.

Im folgenden Beispiel der türkischstämmigen Muslima Betül G. zeigt sich der Dialog-Typ des *Kultur-Harmonisierers* im Empfinden von Festen und Feiertagen und im Lebensgefühl:

> *„Da geht man in die Kirche, dann kriegt man Geschenke. Und ich fand immer Weihnachten als besonders schön. Und bis heute habe ich in meiner eigenen Religion nach etwas Ähnlichem wie Weihnachten gesucht. Und etwa vor zehn Jahren, als ich Ramadan in Istanbul erlebt habe, da habe ich mir gedacht: das iss es. Also da Ramadan so schön zu erleben. Und Weihnachten war dann wieder dieser positive Aspekt im Glauben. Ostern, Ostereier, das gehört alles mit dazu. Das ist halt Teil meines Lebens und ich hab's schön gefunden. Das war für mich so: Der christliche Glaube ist eine Familie, ich komme dazu, ich bin ein Gast. Und dann bin ich ganz nah. Also ich bin zwar Muslima und lebe meinen eigenen Glauben. Aber wir sind beieinander und verstehen uns gut. Also da hab ich eigentlich nie das Christentum als Christentum empfunden.“* (Interview M-C, DM11, 2.2)

Besonders interessant ist das daraus entstehende Konzept der gesellschaftlichen Gastfreundschaft der religiösen Muslima, der es so gelingt, auch konkurrierende Konzepte der Religionen zu versöhnen.

Im folgenden Beispiel repräsentiert den Dialog-Typ des *Kultur-Harmonisierers* eine Bildungsbeauftragte, die auch starkes religiöses Interesse am Islam hat, hier aber die Wirkung des Dialogs am Einfluss auf das „Stadtklima" verdeutlicht.

> *„Ja eigentlich schon die gesellschaftliche Entwicklung, weil das dann einfach ein starkes Thema in der Gesellschaft war, das man aufgreifen sollte und vielleicht auch aufgreifen muss. Und ich das auch möchte. Und ich hoffe, dass es in diesen Dialogen nicht nur darum geht, Ausgrenzung entgegenzuwirken, denn ich bin davon überzeugt, Integration läuft über Wertschätzung. Wenn die Leute sich wertgeschätzt fühlen, dann werden die Dinge alle viel viel einfacher. Also ich würde gerne einen Beitrag leisten für das Stadtklima – in dieser Richtung.“* (Interview M-C, DChr21, 4.1)

Eine äußerst interessante Verbindung wird deutlich, wenn sie ausführt, welche Dialog-Formate sie besonders berührt haben. In einer Veranstaltung wurde in einer Kirche aus dem Koran in Übersetzung vorgelesen und dann die Stelle von einem Imam gesungen rezitiert:

> *„Und danach hat der Imam sie in einer musikalischen Rezitati-*
> *on gebracht. Und ein Muslim, der das gehört hatte, hat gesagt,*
> *er hat sich wie in einer Moschee gefühlt. (...) Und viele waren*
> *sehr berührt, manche Muslime hatten auch wirklich Tränen in*
> *den Augen. Und was mich an dem Abend so fasziniert hat, ist,*
> *dass das ein Modell von Dialog war, wo jemand mit seinem*
> *Schönsten in den Dialog reingeht. Gerade das Singen, ja. Was*
> *heißt das? Dass man gerade mit dem Schatz des Einzelnen für*
> *alle etwas beitragen kann. Das ist ein Modell, zu sagen, sich im*
> *Dialog die Schönheit zu zeigen. Also das waren auch sehr be-*
> *rührende Erfahrungen.“* (Interview M-C, DChr21, 2.2)

Der Dialog wurde hier über die Kultur und Ästhetik geführt, was die teil-
nehmenden Muslime und Christen tief berührt hat. Die „Schönheit" des
Islam zu zeigen kann auch als Reaktion auf das oft negative Image gelesen werden und hat so eine starke kultur-harmonisierende Wirkung in
dieser Dialog-Situation. Dabei wird deutlich, dass die Harmonie nicht an
der Oberfläche bleibt, sondern aus den spirituellen Quellen der sich im
Dialog Begegnenden kommt.

Kultur-Harmonisierer

- Sehnsucht nach Harmonie und Aussöhnung von Konflikten.

- Image-/Konkretisisierungs-Motivation und Versöhnungs-Motivation
  sind prägend.

- Starke Referenzreligiosität mit Geschichte als Referenzpunkt.

- Die Gesellschaft als Lebensraum und eine historische Verantwortung
  prägen den Dialog.

Orthodoxer Adapter

Essenz- und Versöhnungs-Motivation prägen den interreligiösen Lernprozess und den Dialog des *Orthodoxen Adapters*. Sein religiöses Weltbild ist ihm sehr wichtig und wird geprägt durch dogmatische und gewichtige Überzeugungen von dem, was die eigene religiöse Tradition prägt und bestimmt. Im Dialog der Religionen nimmt der *Orthodoxe Adapter* die starken Veränderungen in der Gesellschaft mit Blick auf die religiöse Pluralität wahr und ist daher im Dialog mit anderen Kulturen und Religionen von dem Bewusstsein getragen, dass dies Einfluss auf die eigene Tradition haben kann. Die Angst davor, dass die Präsenz der anderen Religionen das eigene religiöse Erbe in Gefahr bringen könnte, ist durchaus vorhanden. *Orthodoxe Adapter* kümmern sich intensiv um die Verwurzelung der eigenen religiösen Tradition und engagieren sich in Vereinen, Verbänden und religiösen Gemeinden, um die Bräuche und Riten zu pflegen. Sie fühlen sich den Lehren, Wahrheiten und Traditionen eng verbunden, ja empfinden die Wahrheit der eigenen Religion als wertvollen Schatz, der gehütet und vor Veränderungen geschützt werden muss. Das kann dazu führen, dass man sie gern als authentische Vertreter ihrer Religion zu Dialogveranstaltungen einlädt. Gerade durch die starke Essenz-Motivation ergibt sich eine Brücke zu religiösen Menschen der eigenen Tradition, aber auch zu orthodoxen Vertretern der anderen Religion, deren Überzeugungen man zwar nicht unbedingt teilt, deren innere Haltung man aber durchaus verstehen kann. Die oft gemachte Erfahrung, dass interreligiöse Lernprozesse die Auseinandersetzung mit der eigenen Tradition stimulieren und die eigene Religiosität vertiefen und weiten, ist eine große Erleichterung. Nach eigenen interreligiösen Lernerfahrungen und positiven Beziehungen gerade zu offiziellen Vertretern anderer Religionen kann der intrareligiöse Dialog das eigentliche Hauptthema der *Orthodoxen Adapter* werden. Welchen Sinn machen die traditionellen Wahrheitsformeln der eigenen Religion angesichts der anderen Religionen? Gerade weil *Orthodoxe Adapter* die eigenen Dogmen ernst nehmen, ist diese Frage für sie höchst brisant. Die liturgischen Feiern und religiösen Riten anderer Religionen können sie aus ästhetischen Gründen stark ansprechen. Gesänge, die Rezitation von heiligen Texten, eine ansprechende und inspirierende Architektur werden sowohl in der eigenen als auch in der anderen Religion geschätzt. Findet man in der Philosophie oder Theologie der Dialogreligion zentrale Punkte der eigenen Religiosität wieder, stellt sich die Frage nach der Absolutheit der eigenen Überzeugungen.

Christliche *Orthodoxe Adapter* im Dialog mit dem Islam stellen sich der Frage, wie sie die Lehre der letztendlichen Erlösung durch Jesus Christus und seine Gottessohnschaft mit dem Offenbarungsanspruch des Islam in Einklang bringen können. Dabei steht für sie außer Frage, dass der Dialog und die inhaltliche Beschäftigung gerade auch mit theologischen Themen für das Überleben der eigenen Tradition äußerst wichtig sind.

Interreligiös lernende *Orthodoxe Adapter*, die positive Erfahrungen mit den Vertretern anderer Religionen haben und vielleicht sogar mit Hochachtung vor deren religiöser Praxis stehen, geraten in ein inneres Dilemma, das Anfrage und Herausforderung zum Lernen sein kann: Wie ist es möglich, dass Menschen mit der Berufung auf ihre religiöse Wahrheit, die anders ist als die eigene, offensichtlich gute Menschen sind und z. B. die ethischen Prämissen der eigenen Tradition in hohem Maße erfüllen?

Muslime, die dem Dialog-Typ des *Orthodoxen Adapters* entsprechen, möchten durch den Dialog einen Weg finden, um die ihnen wichtigen Werte und Inhalte des Islam in Deutschland leben zu können. Gleichzeitig ist es ihnen ein Anliegen, die Traditionen aus der Heimat wertzuschätzen, ohne sich dabei in der Gesellschaft in Deutschland abgrenzen zu müssen. In der Debatte um einen Euro-Islam finden sich *Orthodoxe Adapter*, denen es wichtig ist, das Wesentliche ihrer Religion für Europa zu adaptieren.

Muslime berichten auch, dass sie durch die Stimmung in der Gesellschaft verstärkt die Rolle des *Orthodoxen Adapters* einnehmen, obwohl es auch den Wunsch gibt, stärker nach vorne zu schauen. Ein Imam berichtet im Blick auf seine Arbeit von den Schwierigkeiten, die er im Dialog empfindet:

> *„Ja, es gibt immer wieder große Vorwürfe über den Islam und Muslime. Und wir konfrontieren* [uns] *immer wieder mit den gleichen Themen. Und wir müssen uns immer wieder mit den gleichen Schlagzeilen beschäftigen. Sagen wir ‚Ehrenmord‘ oder ‚Gewalt‘ oder ‚Terror‘. ‚Unterdrückung der Frauen‘. Solche Themen sind immer wieder auf dem Tisch. Das sind die Schwierigkeiten, die es uns bringt, wenn wir uns immer wieder rechtfertigen müssen, also die Muslime. Anstatt nach vorne zu schauen und neue Dinge zu diskutieren. Da müssen wir Muslime uns leider immer wieder rechtfertigen. Dann müssen wir verurteilen, wenn wieder irgendetwas Negatives in den islamischen Ländern passiert. Dann verlangen hier Christen und andere, dass ich mich immer wieder von solchen Sachen distanzieren*

muss. Oder mich darüber äußern muss. Solche Sachen machen unserer Arbeit schwer." (Interview M-C, DM21, 11.2)

Interreligiös Lernenden, die *Orthodoxe Adapter* sind, ist wichtig, dass der Dialog die Kernwahrheit, die manchmal auch als ein festes Gebilde gesehen wird, nicht verändert. Ein pluralistischer religionstheologischer Ansatz, der alle Religionen als gleichberechtigte Heilswege anerkennt, bereitet den meisten *Orthodoxen Adaptern* wohl große Schwierigkeit. Sie befürchten, dass der Dialog sie dazu zwingen könnte, „vom rechten Weg" abzukommen und sozusagen das Kind mit dem Bade auszuschütten. Aber auch die Theologen der pluralistischen Religionstheologie agieren als *Orthodoxe Adapter*, denn ihr theologisches Argument bezieht sich ja gerade auf den ‚absoluten Referenzpunkt' des Christentums. Ihr Prozessanteil, also die Bereitschaft, traditionelle Formulierungen aufgrund eines notwendigen Fortschritts zu ändern, ist aber höher.

Christliche Amtsträger wie Theologen, Seelsorger, Priester, Pastoren oder Bischöfe fühlen sich oft an die offiziellen Formulierungen ihrer Kirche gebunden. Dabei geht es um bestimmte sprachliche Formulierungen, aber auch um Symbole, Riten und Traditionen. Interreligiöse Gebete sind daher für *Orthodoxe Adapter* ein heikles, aber wichtiges Thema. Ihnen geht es darum, dass einerseits die Religionen Wege finden, um auch gemeinsam ihren Glauben ausdrücken zu können, andererseits wollen sie nicht, dass ihre Tradition missverstanden wird, weil sie in zu großer Nähe und zu offensichtlich *mit* den anderen gebetet hat. Das Friedensgebet von Assisi und seine Wirkungsgeschichte verdeutlicht, worum es geht. Das Friedensgebet, 1986 von Papst Johannes Paul II. initiiert, wurde so gestaltet, dass die Vertreter der Religionen auf einer Bühne im Halbkreis standen und der Reihe nach ihre Gebete vortrugen. Die gemeinsame Geste des Verteilens von Palmzweigen, einem traditionellen Friedenssymbol, schloss das Gebet ab. Im Nachhinein wurde dieses Vorgehen vor allem von eher konservativen traditionellen Kreisen kritisiert: Der Papst habe mit diesem Gebet den Anschein erweckt, man bete gleichberechtigt zum gleichen Gott.

Bei weiteren Gebetstreffen, zunächst 2002 als Reaktion auf die Anschläge in New York und dann bei den jährlich abgehaltenen Friedenstreffen der Gemeinschaft Sant'Egidio, fanden *Orthodoxe Adapter* eine für sie typische Lösung, die einerseits den Dialog weitergehen lässt, andererseits die jeweilige Eigenständigkeit der Religionen voll wahrt: Die Vertreter der verschiedenen Religionen beten zwar zur gleichen Zeit, aber an unterschiedlichen Orten, um anschließend in einem Sternmarsch zu einer gemeinsamen Abschlusskundgebung zu ziehen, auf der sie eine Urkunde unterzeichnen, in der sie sich dazu verpflichten, dem Frieden und der Harmonie unter den Völkern der Erde zu dienen.

Orthodoxer Adapter

- Eigene Tradition und Wahrheitsbegriff stehen im Zentrum der Religiosität.
- Essenz- und Versöhnungs-Motivation sind prägend.
- Starke Referenzreligiosität und Fokus auf die religiöse Tradition.
- Fühlt sich der Zukunft der eigenen Orthodoxie und Tradition in der pluralen Welt verpflichtet.

Humanitär-Religiöser

Essenz- und Identitäts-Motivation sind die wesentlichen Kräfte, die den *humanitär-religiösen* Dialogtyp leiten. Für *Humanitär-Religiöse* gibt es eine tiefe Wahrheit, die jenseits der Sprache und kultureller Form liegt und die sich in unterschiedlichen Religionen unterschiedlich äußern kann: Sind wir nicht alle Geschöpfe Gottes? Leben wir nicht letztlich, um zu lieben? Vor dem Tod und vor der göttlichen Wahrheit sind wir alle gleich! – So verbindet sich ihre eigene religiöse Tradition mit den unterschiedlichen religiösen Wegen. Sie sind weniger stark suchend als der *Religiöse Pilger*, aber teilen mit diesem die Identitäts-Motivation, welche sie am Dialog reifen lässt. Gleichzeitig gewinnen sie über die Essenz-Motivation die Anknüpfungspunkte, die es ihnen erlauben, die ihnen wichtigen religiösen Inhalte so zu formulieren, dass sie nach Möglichkeit niemanden ausschließen. Die größte Herausforderung ist für sie dabei, Formulierungen zu finden, die einerseits der inneren Weite und Tiefe gerecht werden, aber andererseits noch von möglichst vielen unterschiedlichen Religionen getragen werden können.

Humanitär-religiöse Dialog-Typen halten nach Möglichkeit in ihren Ansichten und Aktionen Prozess- und Referenzreligiosität in Balance. Die religiösen Traditionen müssen sich nicht wirklich äußerlich ändern, um miteinander in eine konstruktive Beziehung zu treten, aber sie sollen sich nicht nur tolerieren, sondern auf einer tieferen, essenziellen Ebene berühren können. In genau dieser durch die Essenz-Motivation geförderten und auch gesuchten Verbindung können sie ruhen und dabei auch große kulturelle Diversität aushalten.

Humanitär-Religiöse sind oft Diverger, also Menschen, die sich gut auf Erfahrung einlassen und diese reflektieren können. Abstrakte Konzepte, die alle Eventualitäten erfassen, sind für Diverger nicht unbedingt immer notwendig. *Humanitär-Religiöse* teilen dies, indem sie über Anknüpfungspunkte der Essenz-Religiosität einen gemeinsamen Nenner definieren, der dann auf die anderen angewandt wird.

Muslime betonen hier oft, dass die Gemeinsamkeit ja darin bestünde, dass Judentum und Christentum auch Buchreligionen sind. Abraham als Stammvater wird manchmal auch als gemeinsamer Anknüpfungspunkt verwendet. Christen betonen die Geschöpflichkeit aller Menschen. Juden unterstreichen, dass Gott als Schöpfer von Himmel und Erde letztlich alle Völker zu sich führen wird. Buddhisten benennen die Vergänglichkeit oder das Eingebundensein in das Karma-Gesetz als das für alle fühlenden Wesen geltende Prinzip.

Den *humanitär-religiösen* Dialogtyp fasziniert die Unterschiedlichkeit, in der sich die Wahrheit ausdrückt. Er erfährt diese zumal auch als identitätserweiternd. Dabei bezieht er eher das Erfahrene auf ein in ihm bereits geprägtes Gottesbild, als dass er dankbar neue Konzepte aufgreifen würde. In gewisser Weise wird über die Essenz-Motivation die Herausforderung durch das Anders-Seins des Anderen „in Schach gehalten". Anders-Sein ist erlaubt, bedeutet aber letztlich nichts wirklich Wesentliches.

Religiöse Muslime dieses Dialog-Typs argumentieren hier z. B., dass die Beschneidung von Frauen eine nur kulturelle Eigenart sei, die Hingabe an Gott jedoch essenziell für den Islam, ja für alle Menschen sei.

Gemeinsam ist den *Humanitär-Religiösen*, dass die Menschlichkeit und das Wohl aller Menschen für sie Teil und Aufgabe ihrer Religion ist.

Humanitär-Religiöser

- Dialog aufgrund einer Essenz als tiefer Wahrheit jenseits aller Sprachen und Formen.

- Essenz- und Identitäts-Motivation sind prägend.

- Balance zwischen Referenz- und Prozessreligiosität ist ausgewogen.

- Religiöse Essenz und Erfahrung als Basis des Dialogs.

- Viele Diverger finden sich in diesem Typ.

Dialog-Typ, Religion und Gesellschaft

Die vorgestellten Dialog-Typen spielen im interreligiösen und im intrareligiösen Prozess jeweils eine bestimmte Rolle und beeinflussen so die Dynamik des Lernprozesses von Einzelnen, Gruppen und somit auch von Religionen als solchen. Jeder Dialog-Typ nimmt innerhalb einer Religion ebenfalls bestimmte Funktionen wahr. So lassen sich zum einen Tendenzen von Bewegungsprozessen beschreiben, die durch die Dialog-Typen erfasst werden können, zum anderen wird so auch deutlich, wo die Herausforderungen für den jeweiligen Typ liegen.

In unterschiedlichen Dialogen sind unterschiedliche Konstellationen von Dialog-Typen involviert. So treffen in buddhistisch-christlichen Begegnungen eventuell ein christlicher *Spiritueller Pilger* und ein buddhistischer *Orthodoxer Adapter* aufeinander. Der Christ „sucht" dann im Dialog andere Aspekte als der Dialogpartner, die beiden können einander aber gerade deshalb bereichern. Der buddhistische *Orthodoxe Adapter* mag Aspekte betonen, die ihm in seiner Tradition wesentlich sind, – und ebendiese Aspekte „liest" der Christ aus der Perspektive des *Spirituellen Pilgers* und mit seinen Motivationen. Die äußere Form der Meditation könnte, z. B. für viele japanische Buddhisten, eine solche Form darstellen, die als wesentlich und orthodox weitergegeben wird. Der christliche *Spirituelle Pilger*, auf der Suche nach für ihn neuen Meditationsformen, akzeptiert dann die Strenge der Form, obwohl dies möglicherweise ein Aspekt ist, den er in der eigenen Frömmigkeit der christlichen Tradition ablehnt.

Ein besonders interessanter Aspekt ist die unterschiedliche Motivations-lage im Blick auf die verschiedenen Dialoge. Während Christen, die sich im Dialog mit dem Islam engagieren, häufig *Soziale Beweger* sind, fin-den sich im Dialog mit dem Buddhismus eher *Spirituelle Pilger,* im Dia-log mit dem Judentum manchmal *Kultur-Harmonisierer* oder *Orthodoxe Adapter,* je nachdem ob die gesellschaftliche oder religiöse Seite wichti-ger ist. Wenn in Fortbildungen oder Koordinationstreffen diese Dialog-Typen nun aufeinandertreffen, ist man oft über die so unterschiedlichen Motivationen erstaunt. Gelingt dann z. B. Christen das Miteinander mit dem gemeinsamen Nenner „Wir sind Christen und der Dialog ist uns wichtig", bereichert die Diversität der Lerntypen auch die intrareligiösen Prozesse der Einzelnen. Die Zen-Meditierenden und die um Integration bemühten Christen lernen, als unterschiedliche Dialog-Typen, miteinan-der zu agieren. Dies kann besonders dazu beitragen, dass die Ressourcen in der eigenen Tradition gesehen werden, die helfen können, den anderen besser zu verstehen.

Gerade in offiziellen interreligiösen Treffen kommen Funktionäre zusam-men, die aufgrund ihrer Rolle als *Orthodoxe Adapter* agieren. Aktive in den unterschiedlichen Dialogen mögen mit ganz anderen Motivationen und daher anderen Dialog-Typen in der Begegnung wirken. Diese Dyna-mik kann sich positiv auf das Miteinander innerhalb der Religionen aus-wirken, denn auch hier spielen die im Dialog aktiven Motivationen ja eine Rolle.

Wenn der Dialog schwierig erscheint, weil z. B. bei einem auf eine inter-religiöse Veranstaltung vorbereitenden Treffen die unterschiedlichen Ty-pen zutage treten und man nur schwer zueinanderfindet, so kann die Kenntnis der Dialog-Typen und der sie tragenden Motivationen äußerst hilfreich sein, um zu verstehen, „wie der andere tickt".

Teil III: Prozesse

Die individuellen Lernprozesse, welche mithilfe der Phasen des Lernkreises und der Motivationen beschrieben werden können, ermöglichen es, Dialog-Typen auszumachen, die im Dialog agieren und aufeinandertreffen. Aufgrund ähnlicher gesellschaftlicher, historischer und kultureller Situationen ergeben sich mehr oder weniger günstige Bedingungen für den einen oder anderen Dialog-Typ. So liegt es in Deutschland nahe, dass gerade die Versöhnungsmotivation für Christen im Dialog mit dem Judentum aufgrund des Holocausts und der damit verbundenen Verantwortung eine besondere Rolle spielt. Solche Hintergründe wirken sich dann natürlich auf die Bewegung beider Religionen im Dialog miteinander aus. Der jüdisch-christliche Dialog in Deutschland stellt sich anders dar als z. B. in Ägypten, Israel oder in den USA.

Die Erfahrungen aus der Praxis des interreligiösen Dialogs zeigen aber auch: Die Bruchlinien verlaufen nicht entlang der Religionsgrenzen, sondern mitten in den Religionen. Dieses Phänomen kann mithilfe der Dialog-Typen beschrieben werden. Der Dialog zwischen den Dialog-Typen ist, so wird immer deutlicher, ebenso relevant wie der Dialog zwischen den Religionen.

Aufgrund der bereits beschriebenen Rahmenbedingungen von Konstellationen und Kontexten, in denen Dialoge vollzogen und erlebt werden, lassen sich die Lernprozesse aber auch mit Blick auf die beteiligten Religionen beschreiben.

Christlich-muslimischer Dialog

In den Beschreibungen der Motivationen und der Dialog-Typen sind schon viele Facetten der Dynamik im christlich-muslimischen Dialog angesprochen worden. Hier sollen die Lernprozesse, die diesen Dialog ausmachen, verdichtet dargestellt werden, um die Bewegung der beiden religiösen Traditionen beschreiben zu können.

Christen im Dialog mit Muslimen nennen häufig das Pflichtgebet, die Almosenabgabe und das dichte soziale Netzwerk sowie die gute Gemeinschaft der Muslime, besonders in der Familie, als Anknüpfungspunkte.

Im folgenden Interviewabschnitt mit einer Christin wird deutlich, dass die Vernetzung von Glaube und Alltag im gelebten Islam schon bei geringem Wissen über den Islam und wenig Kontakt mit Muslimen auffällt und auch mit Verunsicherung beobachtet wird, aber auch beeindruckt:

> *„Ich kenne jetzt niemanden, der das so auslebt. Aber was ich halt gehört habe, dass die das so verstrickt leben. Dass das halt wirklich so Lebensinhalt ist. Dass die dort beten. Und neulich hat jemand gelacht, weil er jemanden gesehen hat, der so einen Gebetsteppich sogar in der Uni dabei hatte und da dann gebetet hat. Ja, dass die das halt einfach so verstrickt leben."* (Interview M-C, DChr12, 3.1)

> *„Wer das so auslebt, das bewunder ich, das ist ja nicht einfach, wenn ich mir die Situation in der Uni so vorstelle. Die anderen sehen das. Das ist ja echt schon was, wenn das die anderen sehen, wie der da betet. Das ist bestimmt auch nicht einfach. Dass er so einen Teppich hat und den mitzunehmen und das dann als selbstverständlich anzusehen, dass ich das jetzt hier mach. Das bewunder ich ein Stück weit schon fast."* (Interview M-C, DChr12, 3.1)

Christen sind oft beeindruckt von der starken Referenzreligiosität des Islam und lernen hier im Blick auf die eigene spirituelle Praxis.

Der Dialog zwischen Christen und Muslimen wird allerdings auch beeinflusst durch eine latente Islamophobie in der Öffentlichkeit, die durch die Art der Berichterstattung über den Islam gefördert wird. Christen und andere, die im Dialog direkten persönlichen Kontakt mit Muslimen haben, teilen die Angst vor dem Islam nicht. Studien zeigen, dass diese umso größer ist, je weniger Muslime im Umkreis leben.

In dem Ausdruck „Türkengefahr" verdichtet sich eine Angst vor den Türken, die von der Bedrohung Europas durch das Osmanische Reich in der Zeit vom 14. bis zum 17. Jahrhundert herrührt. Diese Angst mag zur oben beschriebenen Islamophobie beitragen, die Analyse des gesamten Datenmaterials aus den Interviews und Fragebogen sowie die persönliche Erfahrung im Dialog zeigt, dass diese historisch bedingte Angst in den lokalen Dialogen so gut wie keine Rolle spielt. Von Islamkritikern wurden sie allerdings aktiv in den Dialog eingebracht.

Muslime nennen sehr häufig den Einen Gott, das trinitarische Gottesbild, das Fasten sowie die Tatsache, gemeinsam Bürger dieser Gesellschaft zu sein, als Anknüpfungspunkt.

Schwierig ist für Muslime der Umgang mit dem Kreuz-Symbol und der Darstellung des leidenden Christus am Kreuz. Nicht nur die Bildlosigkeit des Islam, sondern auch die Zurückhaltung des Korans in der Schilderung von Leiden und auch seine andere Deutung und Darstellung tragen dazu bei, dass sich Muslime an dem Bild des leidenden Jesus stoßen, wie dies ja auch manche Christen tun:

> *„Also diese Vorstellung vom leidenden Jesus am Kreuz ist ein Bild, das ich bis heute nicht gerne anschau. Ja und diese Erinnerung, also durch jedes Kreuz, das man dann sieht, dass der – ich würde es aus meiner Perspektive so sagen – der arme Jesus so gestorben ist, finde ich sehr schwierig. Dass das auch so an die Kinder weitergeleitet wird und ja meistens auch dieses Leiden auch so sehr bildlich dargestellt wird, das ist nicht annehmbar und das würde ich meinen Kindern auch nicht – aus meiner Perspektive – nicht antun. Also dieses Bild gerade, das überall zu sehen ist und dann als Symbol auch dieses Kreuz, das immer wieder einen daran erinnert. Diese Geschichte vom Sterben und vom Jesus ist auch im Koran beschrieben, aber eben nicht so detailgetreu, eben, dass man sich das vorstellen kann und ähm [4s Pause] Ich finde, ich finde, diese Geschichte ist schwer auszuhalten, eben."* (Interview M-C, DM18, 2.3)

Gerade die Trinität und die Erfahrung vieler Muslime im Dialog, dass Christen ihnen diese nicht für sie befriedigend erklären können, prägt die Wahrnehmung der Muslime im Blick auf die Inhalte des Christentums. Dies führt dazu, dass Muslime oft zu dem Schluss kommen, der Koran und ihre Tradition habe Recht, wenn behauptet wird, dass das Christentum hier verfälscht sei.[59] Bei intensiver Auseinandersetzung mit der christlichen Anfrage an die muslimische Lehre wird das Konzept der Verfälschungszuschreibung selbst hinterfragt.

---

[59] Verfälschung meint hier die gängige Auffassung unter Muslimen, dass die Schriften der Juden und Christen nicht die ursprünglichen Texte sind, sondern etwas vom ursprünglichen Sinn verloren haben. Hinweise auf diese mögliche Sicht finden sich im Koran, etwa Sure 5,13: „Und weil sie ihre Verpflichtung brachen, haben wir sie verflucht. Und wir machten ihre Herzen verhärtet, so dass sie die Worte (der Schrift) entstellten, (indem sie sie) von der Stelle weg(nahmen), an die sie hingehören. Und sie vergaßen einen Teil von dem, womit sie gemahnt worden waren. Und du bekommst von ihnen immer (wieder) Falschheit zu sehen – mit Ausnahme von (einigen) wenigen von ihnen (die aufrichtig und zuverlässig sind). Aber rechne es ihnen nicht an und sei nachsichtig! Allah liebt die Rechtschaffenen" (Paret).

Viele Muslime führen den Dialog mit Blick auf notwendige Integrationsbemühungen und sorgen sich um das Image des Islam. Sie sehen den Islam oft als die letztgültige Religion. Manche lernen, im Dialog mit Christen, das Bild vom barmherzigen Gott im Islam wiederzuentdecken.

Konkrete Projekte als Möglichkeit, Barmherzigkeit und Nächstenliebe zu
üben, sprechen Muslime sehr an. In Moscheevereinen und auch auf der
Ebene der Islamverbände beginnt man diesen Aspekt mehr und mehr
wahrzunehmen und soziale Projekte umzusetzen. *Soziale Beweger* aus
beiden Religionen engagieren sich gemeinsam in Integrationsprojekten.

Muslimische Religionslehrer der ersten Generation lernen von der Wende
zum individuellen Lernprozess, welche die christliche Religionspädagogik bereits seit längerer Zeit bestimmt. Die katechetische Methode nach
Kett[60], in der einzelne Aspekte der religiösen Lehre als Bodenbild sinn-
lich herausgearbeitet werden, spricht auch viele Studentinnen und Studenten muslimischer Religionspädagogik an.

Das Pilgern in der christlichen Spiritualität als bewusste Vertiefung des
eigenen spirituellen Prozesses fasziniert Muslime. Eine besondere Faszination geht vom Jakobsweg aus. Der Bezug dieses Pilgerweges zur Re-
conquista und zur Bekämpfung des Islam ist dabei nicht im Blick. Was
Muslime anspricht, ist die Tatsache, dass das Gehen ein Weg ist, um Gott
nahezukommen. Hier sehen sie viele Entsprechungen mit dem Hadsch,
dem Pilgern nach Mekka. Neu und inspirierend ist für Muslime die
christliche Prägung. Der selbstbestimmte Zeitpunkt, oft in Verbindung
mit einem persönlichen Versprechen, die weitgehend individuelle Gestaltung, die unterschiedlichen Formen — in der Pilgergruppe, alleine oder
mit einem Partner — sind Punkte, die Muslime am christlichen Pilgern
ansprechen.

Auch die Theologie des Islam greift Impulse aus dem Dialog auf. So berichtet ein Imam von seinem Interesse an der historisch-kritischen Methode[61] und davon, den Islam neu zu lesen:

---

[60] Mit der Kett-Methode wird eine religionspädagogische Methode für die Elementar-
     erziehung bezeichnet. Sie setzt Symbolbilder ein, die meist in an Mandalas ange-
     lehnten Formen in der Mitte eines Stuhlkreises gelegt werden, der wiederum die
     Kinder zum Teil des Gesamtbildes macht und so mit in die zu erzählende Geschichte
     einbezieht. Vgl. Kett, Franz; Schneider, Martin, Religionspädagogische Praxis als
     Weg ganzheitlicher Erziehung: Ein Darstellungs- und Interpretationsversuch. RPA
     Verlag, 1996.

[61] Die historisch-kritische Methode (siehe Glossar) entstand in der christlichen Bibel-
     wissenschaft. Auch der Islam kennt eine Tradition der Textdeutung, ob der Koran
     aber mit der historisch-kritischen Methode analysiert werden darf, ist in der Islam-

„Ich spüre diese Veränderung durch den Dialog. Ich habe in meiner Religion angefangen, vielleicht nicht so flexibel, aber historisch-kritisch den Islam zu lesen. (...) Mein Leben in Deutschland war für mich ein Anstoß, eine Motivation, mich mit meinem Glauben mehr auseinanderzusetzen." (Interview M-C, DM21, 8.2)

Insgesamt kann man festhalten, dass der Dialog zwischen Christen und Muslimen so stark von der politischen Dimension, der Islamophobie und der Integrationsdebatte bestimmt ist, dass spirituelle Lernprozesse vor allem da erfolgen, wo ein jahrelanger und intensiver persönlicher Kontakt besteht.

Ist diese Möglichkeit des intensiven Dialogs gegeben, dann kommt es vielfach zu interreligiösen Lernprozessen, bei denen Muslime Prozessreligiosität und Christen Referenzreligiosität lernen.

Im folgenden Abschnitt wird diese Beziehung zwischen christlichen und muslimischen Referenzpunkten als Möglichkeit des Lernens besonders gut deutlich:

„Wenn ich dann sage, ja die glauben aber, Jesus ist Gottes Sohn, das sind Ungläubige, oder so. Wenn ich da anfange, pauschal zu reden, sozusagen ein Gericht zu spielen. Das geht nicht, da verliere ich ja unendlich. Dass man da in einer Gesellschaft, in der wir leben, wo es so viele Denkweisen, so viele Andersdenkende gibt. − Ich hatte ja am Anfang erwähnt, dass die ethischen Werte die sind, an denen wir zusammenkommen. − Dass man dann sieht, dass man nicht neidisch wird auf den andern, sondern sagt, die Werte sind in meinem Glauben auch da. Dass ich dann anfange: Wenn der meditiert, dann findet er Ruhe. Dass ich da dann anfange, in meinem Glauben bestimmte Punkte zu finden und die dann zu stärken. Oder dass ich sage, ich probier das mal aus, wie das ist. Genauso, wie man das Beten ja mal ausprobiert hat, das gibt einem ja auch Ruhe. Dass ich das mache. Dass ich so bete, wie ich das möchte, aber dass ich mir auch was abschaue, sozusagen." (Interview M-C, DM11, 10.3)

---

wissenschaft und Theologie umstritten. Neue Ansätze liefert z. B. die Ankaraer Schule. Vgl. hierzu Felix Körner, Alter Text – Neuer Kontext. Koranhermeneutik in der Türkei heute, Freiburg, 2006.

Eine gewisse Sonderstellung im interreligiösen Dialog nimmt der Sufismus ein. Viele dieser Bewegung zugetane Christen praktizieren intensiv
Sufi-Praktiken und sind dabei oft auch noch in enger Verbindung mit
christlicher Tradition. Diejenigen, die sich als Sufi bezeichnen, unterstreichen vielfach die Weite ihrer Sufi-Tradition und betonen weniger die
konkreten Bezüge zum Islam, wenn sie diese auch nicht abstreiten. Viele
Christen, die in der Sufi-Bewegung aktiv sind, fanden in den 80er und
90er Jahren oder früher diese Form der Spiritualität. Im Dialog finden
sich hier oft *Spirituelle Pilger* aus Islam und Christentum. Da die Su-
fi-Orden vielfach unterdrückt und verfolgt wurden, prägen sie den Dialog
eher in weniger repräsentativen oder offiziellen Bereichen. Dies führt
dazu, dass die hier wirkenden Motivationen (Essenz-Motivation, Identi-
täts-/Erfahrungs- und Wegmotivation) eher seltener wahrgenommen werden.

Der Sufismus und die ästhetische Komponente des Islam sprechen besonders die spirituelle Dimension und somit den *Spirituellen Pilger* an und
bieten auch Anknüpfungspunkte für den Dialog mit dem Buddhismus:

> *„Wir hatten ein Seminar gemacht, wo wir Drehtanz geübt hat-
> ten; ein ganzes Wochenende lang. Und dieser Tanz, wenn man
> den einen Fuß auf einem Punkt lässt und mit dem anderen quasi
> einen Kosmos, ein Universum abschreitet. Das fand ich sehr be-
> rührend: Einerseits stabil zu sein und doch den ganzen Kreis
> abschreiten. Das hatte sich verbunden mit der Meditation im
> Christentum. Wobei mich immer die Mystik besonders angespro-
> chen hat. Das ist die eine Seite, die mich sehr anspricht. (...)
> Dann dass die Muslime sagen, mit dem Koran: Gott ist schön.
> Sowohl von der Poesie der Rezitation als auch die Kalligrafie
> und die Architektur. (...) Es gibt ja oft so das Proprium, dass
> man sagt, dass spirituell der Buddhismus viel interessanter ist.
> Das sagen viele Leute so. Und man könnte geneigt sein, sich
> dem anzuschließen, aber ich finde schon, dass wir den Islam da
> einfach noch zu wenig kennen.“* (Interviews M-C, DChr21, 2.2)

Die Hoffnung, dass sich über den Sufismus und die Ästhetik des Islam
die beiden Dialoge verbinden, würde Christen helfen, der spirituellen Dimension des Islam mehr Aufmerksamkeit zu schenken, und die starke
Politisierung des Dialogs aufbrechen. Ein Dialog über ästhetische und
mystische Aspekte würde, so kann man zumindest mit Blick auf den
christlich-buddhistischen Dialog schließen, weniger apologetisch im Ton

und eher suchend sein. *Spirituelle Pilger,* bisher wenig im Dialog mit dem Islam vertreten, könnten so dafür interessiert werden und die Dynamik der Bewegung verändern.

Eine konkrete Hoffnung, die manche interreligiös Lernende mit dem Dialog der Religionen verbinden, ist eine Ausgleichsbewegung für Extreme. Die Frage nach Individualisierung und Gemeinschaftssinn taucht auch in der Begegnung zwischen Christentum und Islam immer wieder auf:

> *„Was ich positiv sehe im Islam, was bei uns ja jetzt zurückgeht, ist eine sehr starke Familienbindung und eine sehr starke Gruppenbindung. Die Gruppe ist wichtiger als der Einzelne. Und bei uns ist es grad umgekehrt. Jedenfalls die Tendenz geht dorthin, dass das Individuum mehr zählt als die Gruppe. Ich denke, beide Religionen sind da ein bisschen aus der Balance. Also, man müsste da irgendwo einen Mittelweg finden, denke ich."* (Interviews M-C, DChr5, 2.2)

Die Analyse der Interviews zeigt, dass derzeit image- und integrationsmotivierte Dialoge im Islam besonders häufig sind. Bewegungen, die zunächst im interkulturellen Dialog ihren Schwerpunkt sahen und von ihrer Geschichte her zunächst die sozialen Aspekte der Migranten, die Gastarbeiter-Debatte und Asylproblematik als Themen kannten, entdecken seit einigen Jahren den interreligiösen Aspekt ihrer Arbeit. Dies führt dazu, dass neben den häufigen *Sozialen Bewegern, Religiös-Kulturellen Demokraten* und *Kultur-Harmonisierern* nun auch *Spirituelle Pilger, Humanitär-Religiöse* und *Orthodoxe Adapter* in den Dialog eintreten. Damit verändern sich nicht nur die Themen, sondern auch bevorzugte Arbeitsweisen, Methoden des Dialogs und Aktivitäten.

Christlich-muslimischer Dialog

- Image- und Integrations-Motivation sind prägend.

- Das trinitarische Gottesbild der Christen ist für Muslime eine wichtige theologische Herausforderung.

- Spirituelle Pilger prägen momentan in noch sehr geringem Maße über den Sufismus die Themen des Dialoges.

- Verbindung von Religion und Politik im Islam, beginnend mit Mohammed, ist für Christen eine Anfrage und eine Herausforderung.

Buddhistisch-christlicher Dialog

Im Dialog zwischen Buddhismus und Christentum ist die Meditationsbewegung ein sehr wichtiges Lernfeld. Christen lernen oft mit großer Begeisterung buddhistische Meditationsmethoden. Dies beeinflusst auch ihr Gottesbild und stärkt insgesamt die prozessreligiösen Aspekte ihrer Religiosität. Der Dialog ist dabei nur in sehr geringem Maße von Buddhisten mitgetragen, die mit asiatischem Migrationshintergrund in Deutschland leben.

Christen benennen als Anknüpfungspunkt die Übung des stillen Sitzens, das Schweigen und vor allem das Loslassen. Viele interreligiös Lernende berichten, dass ein früheres Gottesbild, geprägt von Vorstellungen der Allmacht Gottes und der Distanz dieses Gottes zur Welt, sich verändert zugunsten einer Gottesvorstellung einer innewohnenden Kraft, die den eigenen Lebens- und Lernprozess begleitet. Der christliche Dialog mit dem Buddhismus, vor allem mit der Zen-Meditation, wird von *Spirituellen Pilgern* getragen. Sie erfahren die Begegnung mit der Meditation oft als Vertiefung und Weitung des eigenen Glaubens. In fast allen christlichen Bildungshäusern finden sich Meditationsräume, deren Formsprache durch die Begegnung mit dem Zen beeinflusst ist.

Buddhisten in Deutschland, die sich im Dialog der Religionen engagieren, tun dies oft erst spät. Viele konvertieren als junge Erwachsene und wachsen dann zunächst in die neue buddhistische Identität hinein. Die Distanz zum Christentum bleibt zunächst für viele in der ersten Phase als Buddhist prägend. Später kann es, verbunden mit dem Wunsch nach Versöhnung mit der eigenen religiösen Vergangenheit, zu einem Dialog mit dem Christentum der Kindheit kommen.

Anders verhält es sich mit den Vorstellungen der Buddhisten, die ohne religiöse Vorerfahrung zum Buddhismus kamen.

Die aus Asien nach Deutschland migrierten Buddhisten, etwa 115 000[62], engagieren sich selten im Dialog und pflegen in ihren buddhistischen Vereinen meist besonders Kultur und Brauchtum.

Gerade die Auseinandersetzung mit dem Buddhismus kennt viele Verbindungen zur Esoterikszene. Viele nicht kirchlich gebundene Christen ziehen eher innerlich aus dem Christentum aus und beginnen aus einem In-

---

[62] Aus Vietnam: 60.000, aus Thailand 25.000, weitere Länder Asiens: 30.000, Angabe laut REMID 2005.

teresse an Meditationspraxis, sich mit dem Buddhismus zu beschäftigen. Sind dies interreligiöse Lernprozesse oder Konversionen? Wie lässt sich diese Bewegung am besten erfassen? Im Rahmen eines Forschungsprojektes an der Universität Bayreuth wurden Mitglieder von Kirchengemeinden interviewt und man fand heraus, dass auch hier ein Typus religiöser Bewegung aktiv ist, der als „Spiritueller Wanderer" bezeichnet wird.[63] Dieser zeichnet sich dadurch aus, dass er im Laufe des Lebens unterschiedliche spirituelle Traditionen aufgreift. Die betroffene Personengruppe hat große Ähnlichkeit mit Vertretern des hier als *Spiritueller Pilger* bezeichneten Dialog-Typs, bei dem aber mit dem Wort „Pilger" auch ausgedrückt ist, dass er auf seinem Wander-Prozess zwar durchaus unterschiedliche spirituelle Welten aufgreifen kann, dahinter aber dennoch eine Sehnsucht steckt, die den Prozess, verbunden mit den Motivationen, auf ein angestrebtes Ziel hin ausrichtet.

Der Versuch, gerade die Faszination des Buddhismus zu beschreiben, die allerdings ihre intensive Phase wohl schon in der Mitte der 1990er Jahre hatte, macht deutlich, dass institutionelle Zuschreibungen hier nicht wirklich weiterhelfen. Viele Christen haben sich intensiv mit dem Zen-Buddhismus auseinandergesetzt, es entstanden christliche Meditationshäuser und sogar Klöster haben sich aktiv an diesem Prozess beteiligt.

Der christlich-buddhistische Dialog der Theologie wurde besonders intensiv von der buddhistischen Shunyata-Philosophie und der Kyoto-Schule beeinflusst. Der zen-buddhistische Philosoph Masao Abe hatte einen Aufsatz veröffentlicht, dessen Kernthese zum Anknüpfungspunkt einer intensiven Debatte wurde: „Kenotic God and Dynamic Shunyata".[64] Gemeinsam mit dem Theologen John B. Cobb gründete Abe eine Dialoggruppe aus Theologen, die sich intensiv mit der Thematik des Loslassens und Leerwerdens (als Kenosis) bzw. der Leerheit (Shunyata) befasste.[65]

---

[63] Vgl. Christoph Bochinger, Martin Engelbrecht, Winfried Gebhardt, Die unsichtbare Religion in der sichtbaren Religion. Formen spiritueller Orientierung in der religiösen Gegenwartskultur, Kohlhammer, Frankfurt, 2009.

[64] Abe, Masao, Kenotic God and Dynamic Shunyata, in: Cobb, John B.; Christopher, Ives (Eds.), The Emptying God. A Buddhist-Jewish-Christian Conversation, Orbis Books, Maryknoll, 1990, S. 3-65.

[65] Diese Debatte wurde verschiedentlich dokumentiert, u. a. habe ich eine kurze Darstellung versucht: Rötting, Martin, Interreligiöses Lernen im buddhistisch-christlichen Dialog, St. Ottilien, 2007, S. 72 f.

Der Dialog zwischen Christentum und Buddhismus wurde auch von Theologen und anderen interessierten Akademikern intensiv geführt, seit 1996 gibt es das European Network of Buddhist Christian Studies, welches in zweijährigem Turnus Tagungen abhält.[66]

Buddhistisch-christlicher Dialog

- Der *Spirituelle Pilger* ist auf christlicher Seite der wichtigste Dialog-Typ.

- Die Meditationsbewegung und Rezeption des Zen-Buddhismus sind thematische Schwerpunkte.

- Das christliche Gottesbild und die Herausforderung durch die buddhistische Shunyata-Philosophie der Kyoto-Schule prägten die theologische Debatte bisher.

- Die radikal asketische Formsprache des japanischen Zen hat über den Dialog die Ästhetik christlicher Meditationsräume beeinflusst.

- Buddhisten, die aus dem Christentum konvertierten, finden nach einer längeren Phase der Identitätsfindung zum Dialog.

- Der intermonastische Dialog spielt eine große Rolle und ist besonders fruchtbar.

- Für Buddhisten sind das Gottesbild der Kindheit sowie die caritative und soziale Arbeit des Christentums wichtige Themen.

---

[66] Das European Network of Buddhist-Christian-Studies wurde 1996 in Hamburg begründet und hält seitdem alle zwei Jahre eine Tagung ab, deren Vorträge meist auch veröffentlicht wurden. Der Sitz des Netzwerkes ist die Abtei St. Ottilien bei München. Vgl. www.buddhist-christian-studies.net. Aus diesen Tagungen gingen mehrere Veröffentlichungen hervor; besonders interessant für interreligiöses Lernen u. a.: May, John, Converging Ways, EOS-Verlag, St. Ottilien, 2006.

Jüdisch-christlicher Dialog

Der jüdisch-christliche Dialog in Deutschland erhält durch den Holocaust eine Prägung, die sich auf alle Beteiligten in besonderer Weise auswirkt. Die ersten Versuche, jüdisch-christlichen Dialog[67] zu starten, begannen auch auf Initiative der amerikanischen Besatzung, die die in den USA bereits bestehende Gesellschaft für christlich-jüdische Zusammenarbeit auch in Deutschland initiieren wollte, um dem in der deutschen Gesellschaft noch stark ausgeprägten Antisemitismus zu begegnen und Juden, die in Deutschland bleiben wollten, zu unterstützen. Dabei sollte das aus den USA übernommene Vorgehen, besonders gehobene gesellschaftliche Persönlichkeiten zu gewinnen, beibehalten werden, wobei allerdings die immer noch vielfach vorhandene antisemitische Grundstimmung und die Verwicklung in die Geschehnisse des Holocausts übersehen wurden. Dennoch begannen die Gesellschaften für jüdisch-christliche Zusammenarbeit zu florieren und widmeten sich besonders politischen und sozialen Themen. Die vorherrschende Angst, es könnte bei der Beschäftigung mit religiösen Fragen zu Missionierungsversuchen kommen, führte dazu, dass das Thema Religion so weit wie möglich umgangen wurde. Erst in den letzten Jahrzehnten konnte sich die Einsicht durchsetzen, dass die Religion ihren eigenen wichtigen Beitrag für das Miteinander leisten kann und muss.

Versöhnungs-Motivation spielt im Dialog eine große Rolle, sie kommt bei fast allen im jüdisch-christlichen Dialog stehenden Personen vor. Interessant ist die Bemerkung eines in Deutschland lebenden Italieners, dass wegen des Holocaust die Versöhnung für die Deutschen ein größeres Thema sei. In Italien aber würden notwendige Versöhnungsprozesse oft nicht angesprochen. Wie Feldforschungen bestätigen, trifft diese Einschätzung auch Christen in Osteuropa (Litauen, Polen): Die Verbindung zum Judentum und teilweise immer noch vorhandener Antisemitismus werden nicht wirklich reflektiert.

Jüdischsein definiert sich für die interviewten Juden eher über die Zugehörigkeit zur Tradition als über einen aktiv gelebten Glauben (Interviews DJ 1, DJ2, DJ4). Dabei spielt in der konkreten Begegnung im Alltag auch ein jüdischer Schuld-Komplex eine Rolle. Vielfach stammt er aus Erinnerungen in Verbindung mit dem miterlebten christlichen Religionsunter-

---

[67] Im Folgenden beziehe ich mich im Wesentlichen auf die Ergebnisse der Arbeit von Esther Braunwarth: Der christlich-jüdische Dialog in Deutschland am Beispiel der Geschichte der Gesellschaft für christlich-jüdische Zusammenarbeit, Coburg, 2009.

richt, in dem die Schuld am Tod Jesu „den Juden" zugesprochen wurde (DJ2, DJ3), womit die Interviewten als Kinder oder Erwachsene umzugehen hatten.

Die enge Verbindung der beiden Religionen wird besonders Christen bewusst (DChrJ3), eine, wie betont wird, einseitige Verbindung. Das Christentum brauche das Judentum, das Judentum könne sich auch ohne Christentum verstehen.

Für im Dialog stehende Juden ist oft die gemeinsame Essenz der abrahamitischen Religionen, die verbindende Ethik und die hierfür ursächliche jüdische Tradition ein wichtiger Dialogimpuls (DJ6).

Jüdisch-muslimischer Dialog

Der Dialog zwischen Juden und Muslimen ist hochkomplex, da ebenfalls politisch und geschichtlich stark belastet. Das Palästinaproblem wird jeden jüdisch-muslimischen Dialog ab einem gewissen Punkt mitprägen. Die jüdisch-palästinensischen Dialoggruppen in Deutschland und anderswo sitzen daher zwischen vielen Stühlen. Juden fühlen sich aus vielerlei Gründen dem Staat Israel verpflichtet, auch wenn sie Teile der Palästinapolitik nicht mittragen. Muslime ihrerseits sehen sich den muslimischen Palästinensern verbunden, auch wenn sie die gewaltbereiten Zweige der Widerstandsbewegung ablehnen.

Theologisch jedoch stehen Muslime und Juden einander sehr nahe. Ihr Gottesbild hat viele Gemeinsamkeiten. Muslime und Juden haben ähnliche Schwierigkeiten mit dem trinitarischen Gottesbegriff der Christen.

In Deutschland sehen sich Juden teilweise einem neuen Antisemitismus ausgesetzt, der vor allem in Kreisen von Jugendlichen muslimischer Herkunft beheimatet ist.

Muslime beklagen zuweilen eine unkritische offizielle Pro-Israel-Haltung in Deutschland, die sie mit Blick auf die deutsche Geschichte zwar einordnen, aber nicht verstehen oder mittragen können.

Jüdisch-muslimischer Dialog

- *Orthodoxe Adapter* vermitteln in diesem Dialog oft zwischen Tradition und politischen Notwendigkeiten, um den Friedensprozess persönlich und gesellschaftlich voranzubringen.

- Antisemitismus gegenüber Juden von Seiten der Muslime wird teilweise aus den arabischen Mainstream-Medien von Jugendlichen übernommen und weitergegeben.

- Zwischen Spiritualität und Politik besteht aufgrund der engen Verbindung mit dem Staat Israel und der jüdischen Religion ein gespanntes Verhältnis. Viele Kultusgemeinden fühlen sich zur Loyalität verpflichtet, kritische Stimmen stoßen auf Ablehnung. Für den Dialog der Spiritualität ist dies nicht immer förderlich.

- Persönliche Freundschaften sind wichtig und ermöglichen Ebenen, die in offiziellen Settings oft nicht möglich sind.

Abrahamitischer Dialog?

Nicht erst seit Ephraim Lessings Ringparabel[68] gibt es den Versuch, Juden, Christen und Muslime gemeinsam in eine Dialogbewegung zu bringen. Ein oft gemachter Vorschlag ist hier der gemeinsame Bezug auf den Stammvater Abraham. Tatsächlich wird Abraham als Stammvater, Vater des Glaubens oder Prophet in allen drei Religionen hoch verehrt. Inzwischen gibt es zu Abraham nicht nur theologische Anknüpfungspunkte für den Dialog. Muslime, die über die Riten der Wallfahrt nach Mekka in ihrer Spiritualität viele Punkte finden, wo sie an die Gestalt Abrahams anknüpfen können, laden seit einigen Jahren auch zu diesem Dialog ein.

Die Frage bleibt, wie die Anknüpfung an Abraham greifen kann, damit wirklich Trialog entsteht. In einigen Interviewgesprächen kam Abraham als Anknüpfungspunkt durchaus vor, der Lernprozess blieb aber meist bei theologischen Verbindungen hängen.

---

[68] Lessings Ringparabel erschien 1779 in Berlin. Gotthold Ephraim Lessing, Nathan der Weise. Ein dramatisches Gedicht in fünf Aufzügen, Reclam, Stuttgart, 2000. Ramon Llull (1232 – 1316) hatte sich ebenfalls schon mit der Thematik befasst in: Das Buch vom Heiden und den drei Weisen, bei Reclam herausgegeben von Theodor Pindl, 1998.

Allerdings gibt es auch Gruppierungen, die sich ebendiesen Dialog zur Aufgabe gemacht haben, wie etwa die „Freunde Abrahams".[69]

Abraham eigne sich deshalb für den Dialog, so der Vorsitzende der „Freunde Abrahams" in München, Jakob Wimmer[70], weil er die Einheit und Verbindung betone. Gleichzeitig zeigen die unterschiedlichen Lesarten der Figur Abrahams in den Traditionen aber auch die Unterschiede der Religionen auf. Eine im Judentum und Islam bekannte Abraham-Tradition, die Erzählung vom brennenden Haus und von der Zerstörung der Götzenbilder, findet sich nicht in der biblischen Tradition und ist daher im Christentum nicht bekannt. Sie hat in Judentum und Islam aber auch eine Wirkungsgeschichte, die es zu verstehen gilt.

Nur große Fische? – Kleinere Religionen im Dialog

Bisher mag der Eindruck entstanden sein, dass es nur und vor allem um den Dialog der „Großen" geht, und es stellt sich die sehr berechtigte Frage, ob dadurch nicht die „kleinen" Religionen an den Rand gedrängt werden.   Der Hinweis auf Mitgliederzahlen oder gesellschaftliche und geschichtliche Relevanz in Europa löst hier nicht alle Anfragen. Was ist mit den unterschiedlichen hinduistischen Bewegungen? Was mit den schamanistischen Religionen, an denen sich ja gerade auch esoterisch geprägte Religiosität in Europa orientiert?

Was ist mit der jüngsten Weltreligion, dem Bahaismus? Die Mitglieder der aus Pakistan stammenden und von Baha'ullah (1817–1892) gegründeten Religion engagieren sich überdurchschnittlich stark im Dialog. Welche Prägekraft hat dieses Engagement? Wie wirkt es auf die anderen angesprochenen Dialoge? Gelingt es den „kleinen" Religionen manchmal, den Dialog für Fragen zu öffnen, die den anderen verschlossen bleiben oder die aus bestimmten Gründen nicht opportun sind?

Die befragten Bahai[71] gaben bei der OCCURSO-Umfrage zu 75 % an, dass sie hauptsächlich mit dem Christentum im Dialog seien, den sie vor allem in persönlicher Begegnung (75 %) und Freundschaften (78 %) führen. Dialogbegegnungen (49 %) und die Lektüre von Büchern (32 %) sind ebenfalls wichtige Wege, den Dialog zu führen. Als Anknüpfungspunkte nennen sie religiöse Texte (78 %), Gebete (65 %) und die Friedensarbeit (65 %). Politische Aspekte (3 %) scheinen für die in vielen

---

[69]   Freunde Abrahams e.V. München.
[70]   Gespräch am 30.05.2011.
[71]   OCCURSO Online Umfrage 2011, n=37, 28 im Dialog mit dem Christentum, 1 mit Hinduismus, 6 andere.

muslimischen Ländern verfolgten Bahai in Deutschland eine geringere Rolle im Dialog zu spielen. Viele der Befragten geben an, dass die Bahai-Religion sie besonders für den Dialog öffne:

> *„Ich habe mich durch meine Zugehörigkeit zur Bahai-Religion verändert. Der Dialog ist ein wichtiger Aspekt meiner Religion, da die Bahai glauben, dass alle Religionen von demselben Gott stammen."* (OCCURSO Online-Umfrage, ID 147)

Für viele Bahai ist der eigene Übertritt zum Bahai-Glauben ein wichtiges Thema auch im Dialog. Da ihre Religion relativ unbekannt ist, erfahren sie ihrem Glauben gegenüber viel Skepsis. Die Akzeptanz religiöser Vorstellungen und die Versöhnung mit der Herkunftsreligion im Dialog sowie gemeinsame Aktionen sind wichtige Themen.

In Dialog-Begegnungen kommt die „Einheit der Menschheitsfamilie" als Ziel der Bahai immer wieder deutlich zum Vorschein. Vielen Bahai-Gläubigen ist es sehr wichtig, die fortlaufende Offenbarung Gottes in den verschiedenen Religionen als Einheit zu begreifen.

Teil IV. Wohin?

Die bisherigen Ausführungen konnten die Bewegung in der Religion bzw. in den religiösen Traditionen der Gegenwart mit einem Schwerpunkt auf die in Deutschland im Dialog relevanten Gegebenheiten nachzeichnen.[72] Die Religionen führen über ihre Mitglieder und Anhänger Dialog. Diese religiösen Menschen tun dies mit unterschiedlichen Motivationen. Die Menschen, die in und mit diesen Dialogen interreligiös lernen, verkörpern unterschiedliche Dialogtypen. Alle diese Typen sind Idealbeschreibungen, die nur gemeinsam den Menschen, die sie beschreiben, gerecht werden können. Dennoch helfen sie uns, bestimmte Schwerpunkte in der Bewegung der Religionen feststellen zu können. So scheint gerade die Prozessreligiosität und die Anfrage an die Bedeutung von Religion an sich für Christen, ob im Dialog mit Buddhisten, Juden oder Muslimen, eine wichtige Rolle zu spielen. Ohne allgemeine Gültigkeit beanspruchen zu können, lassen sich mit der Auswertung[73] der Analyse Tendenzen aufzeigen: Der *Humanitär-Religiöse* (12 % der Interviewten, 49 % der Christen), der *Spirituelle Pilger* (16 % der Interviewten, 24 % der Christen) und der *Soziale Beweger* (nur 2 Typen, aber häufige Motivation) sind starke Typen im Dialog der Christen. Der Dialog fordert also gerade die referenzreligiöse Seite, d. h. den Aspekt der Religion, der auf Fix- und Angelpunkte bedacht ist, und ihre Verkrustungen im Christentum heraus. Besonders stark ist dieses Phänomen im Dialog mit dem Buddhismus (55 % der interviewten Christen sind *Spirituelle Pilger*).

Muslime sind klar von Image- und Integrations-Motivation geprägt und ringen mit ihrem Stand in den westlichen, christlich geprägten Gesellschaften. Hier finden sich vor allem *Kultur-Harmonisierer* (15 % der In-

---

[72] Selbstverständlich können hier nicht alle Bewegungen, die eine Religion mit Blick auf das interreligiöse Lernen verändern, erfasst werden. Bestimmte innerreligiöse Aspekte und Themen müsste man mit dem Fokus ihrer jeweiligen Fragestellung erheben, wie z. B. Ökumene, Fundamentalismen, konservative Strömungen, Bezug der Gläubigen zur Struktur der Amtshierarchie oder Organisation.

[73] Die Auswertung bezieht sich auf die intensive Analyse der Interviews, da nur hier die Dialogtypen bestimmt werden können. Insgesamt standen 113 Interviews zur Verfügung. Alle Angaben beziehen sich auf 83 in Deutschland geführte Interviews, die im Zeitraum 2004 −2011 geführt wurden. n=83, Christen 41, Buddhisten 15, Muslime 22, Juden 6.

terviewten, 30 % der Muslime), *Religiös-Kulturelle Demokraten* (12 % der Interviewten, 13 % der Muslime) und *Soziale Beweger* (9 % der Interviewten, 26 % der Muslime).

Bei Juden scheint aufgrund des Holocausts die Versöhnungs-Motivation eine sehr große Rolle zu spielen. Der *Orthodoxe Adapter,* der *Humanitär-Religiöse* und der *Kultur-Harmonisierer* sind hier vermutlich besonders prägende Dialogtypen (die meisten der 6 interviewten Juden teilen diese Typen).

Die Buddhisten (15 Interviewte) sind vor allem geprägt von der Essenz- und Identitäs-Motivation. Der *Orthodoxe Adapter* (3), aber vor allem der *Kultur-Harmonisierer* (5), der *Humanitär-Religiöse* (5) sind hier sehr dominante Dialogtypen.

Die Dialogtypen finden sich in allen Religionen im Dialog wieder. Tendenzen lassen sich aber erkennen. Sie zeigen, welche Motivationen und Referenzrahmen den Dialog im jeweiligen Kontext prägen.

	Spiritueller Pilger	Sozialer Beweger	Religiös-Kultureller Demokrat	Kultur-Harmonisierer	Orthodoxer Adapter	Humanitär-Religiöser
C → B (n=15)	8	0	0	0	2	6
B → C (n=15)	2	0	2	4	3	4
C → M (n=22)	4	2	7	3	3	7
M → C (n=21)	0	6	3	5	4	9
J → C (n=6)	1	0	0	1	3	3
C → J (n=4)	0	0	0	1	3	1
Gesamt:	15	8	12	14	18	30

Tabelle 2: OCCURSO Forschung

Legende: C = Christen, B = Buddhisten, M = Muslime, J = Juden, C → B: Christen im Dialog mit Buddhisten. Personen können in manchen Fällen mehreren Typen zugeordnet werden.

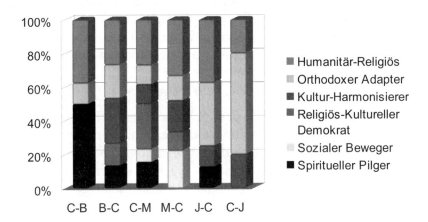

Abbildung 4: Interviewverteilung

Die Analyse der Interviews kann aufgrund der geringen Zahlen keine (!) allgemein gültigen Ergebnisse hinsichtlich der Tendenzen bieten, aber „Bewegungsrichtungen" im Dialog verdeutlichen. Die Typen bündeln Motivationen, welche anzeigen, warum sich jemand wie und wohin im interreligiösen Lernprozess bewegt.

Gut zu sehen ist, dass der *humanitär-religiöse* Dialogtyp in allen Dialogen wichtig ist. Die Essenz- und Identitäts- und Erfahrungsmotivation, die diesen bestimmen, sind also wichtige Kräfte im interreligiösen Lernprozess.

Der *Orthodoxe Adapter* spielt erwartungsgemäß im jüdisch-christlichen Dialog eine starke Rolle, da hier die Versöhnungs-Motivation von beiden Seiten eine der Hauptmotivationen im Dialog darstellt.

Eine religiös-spirituelle Prägung wird am deutlichsten im Dialog von Christen mit dem Buddhismus. Die *Spirituellen Pilger* und *Humanitär-Religiösen* prägen diesen Dialog mit großer Deutlichkeit, der *Orthodoxe Adapter* stellt hier oft die theologische Verbindung zum Christentum sicher. Christen in diesem Dialog erfahren hier eine Identitätsvertiefung, der Dialog berührt sie ganz persönlich in ihrem Glauben, so sind sie auch bereit, ihre religiöse Praxis gezielt vom und im Austausch mit dem Buddhismus beeinflussen zu lassen.

Im muslimisch-christlichen Dialog findet sich mit dem *humanitär-religiösen* Dialogtyp und der Essenz- und Identitäts-Motivation eine starke gemeinsame religiöse Basis, die vom Glauben an den Einen Gott getragen ist (die auch Juden teilen). Die eher von der Gesellschaftssituation geprägten Dialogtypen *Kultur-Harmonisierer, Religiös-Kultureller Demokrat* und *Sozialer Beweger* bestimmen den Dialog zwischen Muslimen und Christen (im Diagramm grün). Die *Spirituellen Pilger*, die sich hier unter den Christen finden, bekunden ein Interesse an der Sufi-Mystik.

Erstaunlich ist, dass der *Soziale Beweger* besonders im Dialog der Muslime deutlich wird, die um Integration und Anerkennung ringen. Bei Christen paart sich die ebenfalls vorhandene Integrations- und Handlungs-Motivation eher mit dem hier starken Typen des *Religiös-Kulturellen Demokraten*. Die Frage der Gerechtigkeit ist also wichtiger, da die Situation der Muslime die in Deutschland von Christen hoch geschätzte Religionsfreiheit anfragt. Christen im Dialog möchten, dass sich andere Religionen – auch die Muslime – entfalten können.

Die Analyse der Dialog-Typen macht deutlich, dass die Lernprozesse von Interessen geleitet sind, die sich durch kontextual bedingte Anknüpfungspunkte und Motivationen ausdrücken. Ein Vergleich mit der Situation der Gesamtgesellschaft zeigt auch die Spannung, der interreligiöse Lernprozesse ausgesetzt sind. Gerade konservative Kreise – in allen Religionen – haben oft mit der Essenz-Motivation ihre Schwierigkeit, besonders wenn sich die Essenz auf den Kern der Orthodoxie bezieht. Eine gemeinsame Menschlichkeit als Grundlage zu nennen (*humanitär-religiöser* Dialogtyp) ist für Dialogtreibende dann einfacher, als sich auf einen gemeinsamen Gott oder Heilsplan zu berufen (*Orthodoxer Adapter*) oder eine daraus resultierende Praxis (*Spiritueller Pilger*) wie z. B. die Meditation abzuleiten.

Der *humanitär-religiöse* Dialogtyp erfährt im Dialog: Der Andere und ich sind Menschen auf der Suche nach Heil. Darin liegt die Wurzel interreligiöser Spiritualität.

Eine weitere interessante Information enthält obige Übersicht: Gelesen als Landkarte interreligiöser Lerninteressen zeigt sie auch, wo noch „unbesiedelte Täler" zu finden sind. So ist ein genuin spirituelles Interesse und die Bereitschaft, miteinander religiöse Formen zu gestalten, zwischen den abrahamitischen Religionen geringer ausgeprägt als im buddhistisch-christlichen Dialog.

Der „Dialog der gemeinsamen Aktion" benötigt gemeinsame Lebensfelder und wird vom Typ des *Sozialen Bewegers* mitgetragen. Diese gemeinsamen Lebensfelder sind für den *Religiös-Kulturellen Demokraten* und den *Humanitär-Religiösen* von großem Interesse. Hier kann über gemeinsames Agieren, etwa im Blick auf Stadtteilarbeit oder zu Themen wie Umweltschutz oder Menschenrechte, ein Dialog geführt werden. Dieser findet sich bereits vielfach zwischen Muslimen und Christen – hier könnten Angehörige anderer Religionen, auch asiatische Einwanderer und am Buddhismus interessierte Christen noch zugewinnen.

Die Analyse der Lernprozesse erzählt auch davon, dass unterschiedliche Menschen in unterschiedlichen Dialogen stecken, dass die Art des Dialogs auch ihrem religiösen und soziokulturellen Bedürfnis entspricht.

Transformation

Wie verändern sich Menschen im Dialog? Auch hier lassen sich über die Dialogtypen hinaus Gemeinsamkeiten feststellen. Gelassenheit und Offenheit, Achtsamkeit und eine höhere Wahrnehmung – so bezeichnen viele Christen, was sie im Dialog mit dem Buddhismus lernen, auch, dass sie Religion und Spiritualität als einen konkreten Weg erfahren. Das Gottesbild – so meinen viele der Christen im Dialog mit dem Buddhismus – ändere sich, werde innerlicher und Gott werde eher als eine inspirierende Kraft erfahren.

Viele der deutschen Buddhisten geben vor allem an, dass sich durch den Dialog mit dem Christentum ihr Verhältnis zum Christentum, manchmal auch zur Kirche, verbessert. Sie sehen die Religion ihrer Kindheit mit „buddhistischen Augen" und können so neu vieles wieder akzeptieren und anerkennen.

Manche Christen entdecken bei Muslimen eine Natürlichkeit im Umgang mit dem Gebet, die sie beeindruckt. Bei allen Anfragen zum Thema Verschleierung wird dem ehrlichen Umgang mit Religion im Dialog Respekt gezollt. Manche Christen inspiriert dies, selbst eine regelmäßige Gebetspraxis, z. B. mit dem Stundengebet, wieder aufzunehmen.

Einige Muslime erfahren im Dialog, dass sie nicht nur aufgrund von Islamophobie und Integrationsdebatte im Dialog stehen, sondern darüber hinaus auch als religiöse Tradition etwas zu geben und auch zu lernen haben. Die regelmäßige Gebetspraxis wurde schon als Inspiration erwähnt.

Einen intensiven und kritischen Umgang mit der eigenen Tradition als Bereicherung zu sehen, wird von einigen, auch und gerade im Blick auf die Koranhermeneutik, neu entdeckt.

Juden und Christen lernen im Dialog, behutsam die Verbindung der beiden Religionen zu achten, ohne durch den Begriff „Wurzel" oder „älterer Bruder" eine Nähe überzubetonen, die eher auf christlicher denn auf jüdischer Seite empfunden wird.

Die Dialogtypen benennen mit den zugehörigen Motivationen schon die Lernfelder, in denen sich Transformationen nachweisen ließen. Dabei zeigt sich, dass die unterschiedlichen Dialoge Menschen in unterschiedlichen Bereichen ansprechen: Die Dialogpartner lernen von spiritueller Praxis über Integrationsmaßnahmen und das Verstehen historischer Begebenheiten bis hin zu theologischen Debatten und dem gemeinsamen Bewusstsein, „Mensch" zu sein.

Gemeinsam kennzeichnet diese Lernprozesse der Weg von einer Toleranz hin zu einer über das Anknüpfen und Vernetzen ermöglichte Akzeptanz des Anderen in einem konkreten Aspekt seiner Religion. So entsteht eine Verbindung, die sich oft auf die Essenz der Menschlichkeit und das Vertrauen auf eine höhere Macht – über Religionsgrenzen hinweg – gründet. Dies gilt auch für den Buddhismus. Der Dialog geschieht hier meist über den im Westen prominenten Mahayana-Buddhismus, in dem Bodhisattvas und das Vertrauen auf die innere Buddhanatur sowie die Rolle der Meister diese höhere Macht[74] als klare und erleuchtete Sicht erscheinen lassen.

Die ungesteuerte Vermischung von religiösen Traditionen ist nach den empirischen Ergebnissen der hier zu Grunde liegenden Untersuchung nicht zu erkennen. Vielmehr geben die interreligiös Lernenden an, der Dialog vertiefe die eigene Identität und erhöhe dadurch auch die Akzeptanz des Anderen. Vertiefung und Weitung der eigenen Religiosität gehören zum Gewinn des interreligiösen Prozesses.

Der Lernprozess kann auch als ein Heilungsprozess „blinder Flecken" in der eigenen Tradition beschrieben werden. Quellen der Erneuerung für die eigene Religion werden sowohl in der anderen als auch in der eigenen Tradition entdeckt und angewandt.

---

[74] Buddhistisch würde man hier „höhere Macht" eventuell mit „erweiterten Möglichkeiten durch rechtes Wissen (Dharma) und Realisierung, d. h. Erleuchtung" ausdrücken. Es geht nicht um hierarchische Strukturen, sondern um ein Mehr an Klarheit und Wahrheit.

Eine maßgebliche Frucht des Dialogs ist aber auch, dass der bisher beschriebene und äußerst vielfältig ablaufende Prozess ins Bewusstsein gehoben und somit gezielt gefördert werden kann.

Interreligiöse Spiritualität

Die bisher mit religionswissenschaftlichen Methoden analysierte Bewegungsdynamik interreligiöser Lernprozesse hat natürlich auch theologische Konsequenzen. Diesen wird in den folgenden Kapiteln nachgegangen. Diese Bewegungen der Religionen wahrzunehmen und sie als Teil der eigenen Spiritualität und als Religiosität unserer Gesellschaft anzuerkennen, ist interreligiöse Spiritualität.[75] Interreligiöse Spiritualität zu leben bedeutet, aktiv interreligiöse Lernprozesse zu suchen und sich der Begegnung mit dem Anderen zu öffnen. Die Phänomene der Bewegungsdynamik der Religionen hat direkte und indirekte Auswirkungen auf den Glauben und die Spiritualität der Menschen, die sich ihnen zugehörig fühlen. Das bewusste Gestalten interreligiöser Beziehungen ist inzwischen akzeptierte Agenda aller großen Religionen. Vom Einzelnen bis zur Institution: Das Faktum der religiösen Pluralität ist nicht nur angekommen, sondern hat inzwischen auch bereits zu Reaktionen unterschiedlichster Art geführt. Vom offensiven positiven Umgang, wie ihn der Autor favorisiert und mit „interreligiöser Spiritualität" benennt, bis hin zu skeptischen Stimmen, die im Dialog die Gefahr des Synkretismus und der Auflösung der Religion sehen: Die Reaktionen auf *Religion in Bewegung* und der Umgang mit ihr sind so vielfältig wie die Menschen, die damit befasst sind. Und sie selbst sind es ja, die diese Bewegung nicht nur erfahren, sondern auch in Gang halten und ihre Richtung bestimmen.

Aufgabe interreligiöser Spiritualität ist es auch, die Herausforderungen und wunden Punkte, die im Dialog erkannt werden, wahrzunehmen und den Umgang mit ihnen sensibel zu begleiten. Dieser wichtigen Aufgabe wendet sich das folgende Kapitel zu.

Wohin bewegen sich die Religionen?

Welche Formen von Spiritualität und Religion sind für die Zukunft denkbar? Wie gestalten Menschen in Zukunft ihren Glauben und ihre religiösen Überzeugungen? Welche Formen religiöser Praxis wird es in Zukunft geben? Wie werden die Institutionen der Religionen aussehen und welche Funktionen werden sie erfüllen? Abschließend soll, ausgehend

---

[75]   Ausführlicher habe ich mich mit interreligiöser Spiritualität befasst in: Rötting, Martin, Interreligiöse Spiritualität, St. Ottilien, 2008.

von den bisher festgestellten Bewegungsdynamiken, der Blick in die Zukunft gewagt werden. Selbstverständlich ist eine wirkliche Vorhersage nicht möglich, aber doch die Entwicklung möglicher Szenarien, ausgehend von den Herausforderungen, die sich durch den Dialog der Religionen zeigen. Interreligiös Lernende benennen in ihren Lernprozessen die Anfragen, Herausforderungen und Anknüpfungspunkte, die auf „wunde Punkte" in der Bewegung der Religion verweisen.

Konkret bedeutet das: Im Dialog werden auch „heiße Eisen" verhandelt. Schwierige Themen wie religiöser Extremismus und Gewalt, spirituelle Einseitigkeiten und Engstirnigkeiten, die auch psychische Folgen haben können, historisch bedingte Wunden in der religiösen Identität – all das ist auch Teil des interreligiösen Lernens. Die Tatsache, dass der Dialog diese wichtigen Themen anders anpacken und weiterbringen kann als eine bloße Binnenperspektive, liegt auf der Hand und wird durch die Interviews beeindruckend bestätigt. Diese Beschäftigung mit den „harten Brocken", die es im Blick auf die eigene Tradition und ihre Beziehung zu anderen zu verdauen gilt, ist wesentlicher Bestandteil des Dialogs. Die interreligiösen Lernprozesse sind also auch Heilungsprozesse im Blick auf die eigene religiöse Identitätsarbeit.

Im Dialog kommen die wunden Punkte und Unerledigtes an die Oberfläche und ins Bewusstsein, um dort in der Gemeinschaft mit anderen Dialogpartnern „behandelt" zu werden. Diese *Figur-Hintergrund-Dynamik*[76] ist in der Gestaltpsychologie seit Langem bekannt und lässt sich auch auf die Bewegungsdynamik der Religionen anwenden.

In der Gestalttherapie verweist die Figur-Hintergrund-Dynamik auf die Tatsache, dass der Wahrnehmungsprozess alles in Figur und Hintergrund ordnet. Dabei hebt sich die Figur dann als umgrenzter und besonders erkennbarer Bereich vom eher unstrukturierten Hintergrund ab. Zusammen mit dem von Bluma Zeigarnik[77] entdeckten Effekt, nach dem unerledigte Handlungen besser gemerkt werden können, ergibt sich das Prinzip der Gestalttherapie: Unerledigte Themen treten in der Wahrnehmung hervor und bleiben dort so lange, bis sie bearbeitet, also vollendet sind und in den Hintergrund zurücktreten können. Überträgt man dies auf die Analy-

---

[76] In der Gestalttherapie ist das Figur-Hintergrund-Prinzip zusammen mit dem Zeigarnik-Effekt und dem Gesetz der Guten Gestalt eines der drei Säulen. Vgl. zur Gestalttherapie vor allem Perls, Fritz, Grundlagen der Gestalttherapie – Einführung und Sitzungsprotokolle, Pfeiffer/Klett-Cotta, 6. Auflage 1985.

[77] Zeigarnik, Bluma, Das Behalten erledigter und unerledigter Handlungen. Psychologische Forschung 9, 1927, S. 1-85. http://interruptions.net/literature/Zeigarnik-PsychologischeForschung27.pdf, 16.07.2011

se von interreligiösen Lernprozessen, so bedeutet das, dass die Anknüpfungspunkte und Anfragen im interreligiösen Dialog Anzeiger für neuralgische Themen einer bestimmten religiösen Tradition sein können. Der Dialog selbst eröffnet den Lernenden allerdings einen neuen, anderen Blick, da die heraustretende Figur des Anknüpfungspunktes mit einer anderen Tradition in Bezug gesetzt wird. Dieses Umgehen kann einen notwendigen Wandlungsprozess in Gang setzen. Im Folgenden werden die durch die Analyse der Dialogerfahrungen gefundenen Anknüpfungspunkte als Figuren herausgearbeitet. Formuliert werden diese als Herausforderungen, als Aufgaben, die deshalb in der Wahrnehmung der interreligiös Lernenden besonders präsent sind, weil noch zu erledigen sind.

Die Herausforderungen in Deutschland sind, wie bereits mehrfach beschrieben: Integration des Islam, Versöhnung mit dem Judentum, Pilgerschaft des Christentums, Verwurzelung asiatischer Religiosität. Gespräch zwischen Religion und säkularer Welt, Balance zwischen Institutionalisierung und Privatisierung von Religion und die Balance zwischen Referenz- und Prozessreligiosität. Alle Herausforderungen wirken sich auf den Dialog mit mehreren Religionen aus. Sich ihnen zu stellen, ist Aufgabe aller religiösen Menschen und nicht nur Verpflichtung Einzelner.

Die im folgenden Kapitel näher beschriebenen und konkretisierten Herausforderungen sind die durch den Dialog explizit benannten und aufgezeigten Top-Themen und Aufgaben für die Religionen und die Gesellschaft. Der Dialog bietet den einzelnen Religionen die Möglichkeit, diese Aufgaben gemeinsam anzugehen. Interreligiöse Spiritualität benennt die Gesellschaft und die Gemeinschaft der Religionen somit auch im spirituellen Sinn als Lernort.

Interreligiöse Spiritualität

- Dialog der Religionen als heilsamen, geistlichen Prozess annehmen und gestalten.

- Interreligiöse Lernprozesse als Heilung von „Fragmenten" und „Unerledigtem" in der eigenen Religiosität.

- Anknüpfungspunkte im Dialog können den Figuren der Gestalttherapie entsprechen.

- Figur-Hintergrund-Prinzip: Unerledigtes wird zur Figur, wird bearbeitet und tritt dann wieder in den Hintergrund zurück.

- Zeigarnik-Effekt: Unerledigtes bleibt im Gedächtnis.

- Interreligiöse Spiritualität begreift Dialog als Chance, religiös vom Anderen zu lernen.

Herausforderung „Integration des Islam"

Die Herausforderung, den Islam in die deutsche Gesellschaft zu integrieren, liegt auf der Hand, denn in Deutschland leben ca. 3,5 bis 4 Millionen Muslime und sind somit einfach Teil unseres Landes. Dazu gehört es auch, dass der Islam hier zu einer kulturellen Form findet, die mit den Gegebenheiten westeuropäischer Kultur in einen fruchtbaren Dialog treten kann. Neben vielen intensiven Bemühungen um Integration und Dialog melden sich aber immer wieder auch kritische Stimmen zu Wort, denen es mittlerweile gelingt, auf eine latente Islamophobie zurückzugreifen. Nicht nur die Debatte um die Thesen von Thilo Sarrazin, sondern auch undifferenzierte Gleichsetzungen von bestimmten kulturellen und fundamentalistischen Strömungen mit einer ganzen Religion tragen dazu bei, diesen Nährboden anzureichern. Die Anschläge von Oslo verweisen und beziehen sich auf diesen Nährboden, da sich der Täter mit seinen abstrusen antimuslimischen und „Anti-Multikulti"-Vorstellungen[78] von einer Internetcommunity getragen fühlte.

---

[78] Der recht banal konstruierte Begriff „anti-multikulti" mag unseriös erscheinen, bringt aber auch viele der Stimmungen, die in der Debatte mitschwingen, mit auf den Punkt.

Was, wenn diese Islamophobie tatsächlich in konkrete antiislamische Politik und Hass auf Muslime umschlagen würde? Dies könnte geschehen, wenn den Islamgegnern, wie etwa den Mitgliedern von Politically Incorrect und Pax Europa, die federführende Interpretation dessen zugestanden würde, was am Islam gefährlich oder ideologisch sei. Vor Wahlen besteht die Gefahr, dass Parteien und einzelne Politiker kurzfristig versuchen, mit verantwortungslosen Äußerungen wie „der Islam gehört nicht zu Deutschland"[79] oder „Multikulti ist gescheitert"[80] Stimmen zu erhaschen. Dies könnte nur dann gelingen, wenn der Großteil der Bevölkerung unentschieden ist, wie man sich zu diesem Thema zu verhalten hat, um dann in konkreten Debatten vereinnahmt werden zu können. Viele Studien und auch die Untersuchung, auf die hier maßgeblich zurückgegriffen wurde, haben gezeigt, dass konkreter persönlicher Kontakt zu Muslimen etwa vorhandene Islamophobie auflöst und dass sie genau dort am verbreitetsten ist, wo der persönliche Kontakt und die Begegnung weitgehend fehlen. Wenn christliche Kirchen und Gemeinden sich nur aufs Eigene besinnen und den Kontakt mit Muslimen nicht aktiv suchen, fördern sie damit Bedingungen, die Islamophobie entstehen und erstarken lassen können. Wenn auf die verschiedenen Formen des Dialogs von institutioneller Seite eher mit Bedenken reagiert wird, werden christliche Kirchen und auch andere Religionen wie Synagogen-Gemeinden oder buddhistische Zentren mit schuld an antiislamischen Zügen in der Gesellschaft. Dies würde eine bereits bestehende Tendenz des *islamic brain drain* weiter verstärken: Gebildete Muslime verlassen Europa, um sich nicht weiter wegen ihres Glaubens kontinuierlich rechtfertigen zu müssen. Diese beiden möglichen Bewegungen – der Fortzug gebildeter Muslime und die Verkrustung der Gesellschaften gegenüber dem Islam – und die damit verbundene Verstärkung antiislamischer Tendenzen fördern den Mythos, der Islam und der Westen seien miteinander unvereinbare Gegensätze. Misstrauen und Gewalt, die ja schon vielerorts bestehen, würden sich verstärken. Ein Abschotten gegenüber dem Islam ist nicht nur ein Unrecht an sich, sondern hätte für die Gesellschaft in Deutschland und Europa sowie global verhängnisvolle Folgen.

Auch die Muslime beginnen, diese Herausforderung zu sehen und zu benennen. Ein Imam betont im Blick auf die Herausforderung der Integration:

---

[79] „Dass aber der Islam zu Deutschland gehört, ist eine Tatsache, die sich auch aus der Historie nirgends belegen lässt." Innenminister Hans Peter Friedrich bei seiner Antrittsrede, 03.03.2011.

[80] „Der Ansatz für Multikulti ist gescheitert, absolut gescheitert!", erklärte Bundeskanzlerin Angela Merkel auf dem Deutschlandtag der Jungen Union am 16.10.2010.

„Ein wichtiger Punkt ist z. B. die Trinität. Das ist für viele Mus-
lime nicht klar. Auch im Blick auf die Inhalte der anderen Reli-
gionen ist es wichtig, dass wir Muslime die anderen nicht pau-
schal als Ungläubige bezeichnen. Sondern diese als anders-
gläubig zu bezeichnen. Und dann diesen Glauben mehr lernen."
(Interview M-C, DM21, 2.2)

Ein notwendiger Lernprozess für Muslime scheint es zu sein, die eigene
muslimische Identität aktiv im Dialog zu gewinnen. Eigene Traditionen
und Denkweisen dürfen nicht zur Abschottung führen. Dies beinhaltet
auch die interreligiöse Herausforderung, sich auf die Sprache des Christentums einzulassen. Moscheen und Islamverbände können hier mitunter
bei ihren Mitgliedern Lernprozesse anregen, da sie durch organisierte
Dialogveranstaltungen wie etwa die Iftar-Essen Kontakte zu Christen fördern.

Wie kann es gelingen, die bestehenden Dialoge und Lernprozesse zwischen Muslimen und anderen Religionen in Deutschland zu stärken?

Menschen, die einen religiösen Sensus besitzen, und Gruppen, Verbände
und kirchliche Gremien können und müssen deutliche Angebote des Dialogs und der Gastfreundschaft setzen. Dies geschieht schon in vielen Einzelfällen und zu besonderen Zeiten. Damit sich wirklich die Bewegung
der Religion hier positiv auf die Gesellschaft auswirken kann, sollten allerdings die Vertreter der nachbarlichen Moscheegemeinde beim Pfarrfest
ebenso selbstverständlich Gäste sein wie die Vertreter der Gemeinde und
der anderen christlichen Konfession. Die vielfach praktizierte regelmäßige Einladung der Muslime zum Iftar-Essen sollte auf vielerlei Ebenen er-
widert werden, ob zu Weihnachten oder zum Gemeindefest. Es geht darum, Vernetzungen und Verbindungen herzustellen, auf deren Grundlage
Freundschaften zwischen Gläubigen leichter entstehen können. Die Religion kann dabei auch eine integrative Kraft ausüben, weil sie urmenschli-
che Sehnsüchte anspricht.

Wenn diese Vernetzung durch das Engagement im interreligiösen Dialog
gelingt, dann entwickeln sich einerseits vielfache Formen des Zusammenlebens und gemeinsamen Feierns, angefangen vom Kindergarten
über die Schule bis hin zum nachbarschaftlichen Miteinander. Ein solches Verstehensnetzwerk ist der notwendige Sauerteig der Gesellschaft,
um der Islamophobie den Boden zu entziehen. Dies geschieht dadurch,
dass es genügend Anknüpfungspunkte gibt, um gemeinsam Alltag und
Lebensdeutung zu bewältigen. Vielleicht wird diese Vision vom Miteinander etwa durch den Titel des Buches, das der Penzberger Imam Benja-

min Idriz geschrieben hat, ausgedrückt: „Grüß Gott Herr Imam"[81]. Idriz kreiert ein sprachliches Bild, das besonders im süddeutschen Raum funktioniert: Der Gruß „Grüß Gott" vermittelt Lokalkolorit, Heimat, Geborgenheit, aber auch einen religiösen Bezug, eben den gemeinsamen Gruß an Gott. Der Titel benennt die Selbstverständlichkeit, nach der sich die Muslime sehnen, und die so ein wichtiges Ziel ist in der Herausforderung der Integration.

Gelingt dieses Miteinander, dann kommen beide Religionen auch in den vollen Genuss der Früchte des interreligiösen Lernens: Christen werden angeregt durch die Praxis des Freitags-Gebetes, die referenzreligiösen Aspekte der eigenen Gebetspraxis, wie Morgen- und Abendgebet oder Mittagsgebet vor dem Essen, wieder neu ins Bewusstsein zu bringen. Die konkrete Vernetzung der religiösen Praxis mit der Sozialabgabe kann in ein fruchtbares Gespräch mit den Diensten der Caritas und der Diakonie kommen und vielleicht gelingen hier sogar gemeinsame Engagements. Im Religionsunterricht können neben den konfessionellen Einheiten auch interreligiöse eingebaut werden, in denen über Figuren wie Abraham die gemeinsamen Fundamente des Vertrauens auf Gottes Heilszusage eingeübt und aufgebaut werden.

Ins Stocken geratene religiöse Suchbewegungen können durch das Gespräch mit dem jeweils Anderen über die gemeinsamen religiösen Herausforderungen, wie etwa die Kindererziehung, neu gesehen werden.

Globale und politische Zusammenhänge führen nicht mehr nur zu Kommentaren über den Anderen, wie „der Islam führt zu politischen Systemen, die …" oder „der Westen hat den Glauben endgültig verloren, das sieht man doch an Verhaltensweisen wie …". Vielfältige Vernetzungen und Freundschaften führen zu einer gemeinsamen Debatte und schließlich zu einem gemeinsamen Handeln in Verantwortung für die Welt.

Der *Orthodoxe Adapter* und der *Soziale Beweger* sind in ihrer je eigenen Art bereits intensiv mit dieser Herausforderung befasst. Allerdings ist gerade auch der Dialog zwischen diesen beiden Dialog-Typen wichtig, damit es im intrareligiösen Dialog nicht zu Zerwürfnissen kommt.

---

[81]   Idriz, Benjamin, Grüß Gott Herr Imam, München, 2010.

Herausforderung „Versöhnung mit dem Judentum"

Die Erfahrungen in vielen Dialogbegegnungen mit dem Judentum und die bisherigen empirischen Untersuchungen machen überdeutlich, dass auch über 60 Jahre nach den Ereignissen des Holocausts nicht in alle Bereiche des jüdischen Lebens Normalität eingekehrt ist. Es gibt, Gott sei Dank, wieder an vielen Orten Synagogen und Gemeindezentren, es gibt jüdische Kindergärten und Schulen und auch etablierte Kulturveranstaltungen. Aber gerade in der Sichtbarkeit bzw. Unsichtbarkeit des jüdischen Lebens in Deutschland wird deutlich, dass man von einem normalen religiösen Leben weit entfernt ist. Es fällt vielen Juden schwer, sich mit Kippa zu zeigen, und im gesellschaftlichen Leben der Öffentlichkeit hört man, wenn überhaupt, nur die mahnende und in Erinnerung rufende Stimme offizieller Vertreter, selten aber die persönliche Perspektive von jüdischen Gläubigen. Gerade die Debatte um das Problem der Semiphilie, also der „Judenfreundlichkeit", die in eine Romantisierung des Judentums umschlägt, zeigt, dass christliche Versuche, jüdische Impulse interreligiös aufzugreifen, alleine nicht gelingen können. Ein sehr gutes Beispiel ist die Debatte um das „christliche Passahfest": In den späten 1980er Jahren gängige Praxis in vielen christlichen Gemeinden, wurde sie inzwischen wieder weitgehend abgeschafft, da Juden Bedenken geäußert hatten. Was wirklich fehlt, ist, über Podien und Tagungen hinaus, das Gespräch auf lokaler Ebene.

Gelingt es Juden, Christen und Muslimen in Zukunft nicht, diese Gespräche und Begegnungen aus den Wohnzimmern und akademischen Zirkeln in die Begegnungsräume der Menschen zu bringen, dann verschwindet die religiöse Erfahrung der Juden für die Gesellschaft völlig. Die unglaublich reichen Impulse, die jüdisches Leben immer wieder in Europa trotz zahlreicher antijüdischer Tendenzen und Ausschreitungen hervorgebracht hat, drohen im Privaten zu verschwinden.

In zweifacher Hinsicht kann hier vielleicht der Dialog über amerikanisches Judentum hilfreich sein, zum einen, weil hier der Einfluss auf die Gesellschaft sichtbar ist, und zum anderen, weil Phänomene wie JuBus[82], also jüdische Buddhisten, zeigen, zu welcher Dynamik das Judentum fähig ist und mit welchen Herausforderungen es auch spirituell ringt.

---

[82] Der Ausdruck „JUBU" (siehe Glossar) wurde durch das Buch von Rodger Kamenetz über den Dialog von Rabbis mit dem Dalai Lama bekannt. Rodger Kamenetz, The Jew in the Lotos, Harper, San Francisco, 1994.

Das kulturelle und spirituelle Erbe des Judentums darf nicht nur Gegenstand musealer Dokumentation und von Gedenkstätten sein, es muss sich immer wieder erneuern, um auch in der Zukunft lebendig und fruchtbar bleiben zu können.

Damit dies gelingen kann, ist das gemeinsame Engagement nötig. In Deutschland liegt hier bei Christen und Muslimen aufgrund der immer noch latenten Antisemitismen eine besondere Mitverantwortung.

Orthodoxe Adapter und *Kultur-Harmonisierer* sind die wichtigsten Dialog-Typen in dieser Herausforderung. Beide können und müssen dazu in den Dialog mit der Prozess-Seite gehen, also dem *Spirituellen Pilger* und dem *Sozialen Beweger*. So kann es gelingen, die Erfahrungen der Vergangenheit für die Gestaltung der Zukunft fruchtbar zu machen.

Herausforderung „Spirituelle und strukturelle Pilgerschaft des Christentums"

„Pilgerschaft des Christentums" benennt einen in interreligiöser Erfahrung ausgemachten Bedarf eines Transformationsprozesses des Christentums.[83] Interreligiös lernende Christen vertreten besonders häufig die Prozess-Seite der Dialogbewegung und die Dialog-Typen *Spiritueller Pilger* und *Sozialer Beweger.* Besonders die Weg-Motivation ist bei vielen interreligiös Lernenden mit einer Institutionskritik verbunden. Christen sind besonders offen für spirituelle Impulse und sogar religiöse Praktiken anderer Religionen, obwohl Konservative hier vor Verwässerung und Synkretismus warnen. Was ist der Grund dieser intensiven Suche nach spirituellen Impulsen? Die hohe Dynamik in Richtung Prozessreligiosität weist auf Verkrustungstendenzen in der eigenen Orthodoxie hin. Dabei ist nicht jede Übernahme anderer Praktiken Synkretismus. Wenn die Aneignung nach intensivem Dialog kommt, dann können der Anknüpfungspunkt, Vernetzungen, Verbindungen und Unterschiede benannt werden. Wenn dann anschließend, ausgehend vom Impuls durch den Dialog, die eigene Praxis geändert wird, kann dies auch das Ergebnis eines genuinen Lernprozesses sein.

---

[83] Eine religionswissenschaftliche These der Veränderung von Religion beschreibt den Kontext, in dem sich auch das Christentum wiederfindet: Knoblauch, Herbert, Populäre Religion, Auf dem Weg in eine spirituelle Gesellschaft, Campus, Frankfurt, 2009.

Die im Dialog gesuchte prozesshafte Seite der Religion, besonders im Dialog mit den asiatischen Religionen, zeigt einen Bedarf an spiritueller Führungskompetenz auf, die interreligiös Lernende in anderen Religionen oft eher zu entdecken meinen. Bei aller Vorläufigkeit und Verkürzung dieser Aussage kann doch festgehalten werden, dass gerade die offiziellen Amtsträger, auch die Bischöfe, in der Öffentlichkeit in der Regel nicht als spirituell kompetent oder als geistige Wegbegleiter der Gläubigen – was kraft ihres Führungsanspruchs eigentlich ihre Aufgabe wäre – erlebt werden. Innerkirchliche Amtsdebatten und Versorgungsengpässe verbrauchen viel der vorhandenen Kräfte. Gerade die Tatsache, dass in der öffentlichen Kritik die Institution mit „der Kirche" gleichgesetzt wird, verweist auf den hohen Referenz-Anteil in der Amtskirche. Angeregte Impulse des II. Vatikanums, mit Blick auf die katholische Kirche als ‚pilgerndes Volk Gottes', seien versandet, so oft die Kritik der Basis. Der Pädophilie-Skandal hat die Selbstbezogenheit der katholischen Kirche in Deutschland noch verschärft.

Soziale Beweger und *Spirituelle Pilger* sehnen sich nach Impulsen und auch nach Beheimatung ihrer Religiosität, die sie manchmal eher im Dialog mit dem Buddhismus verwirklicht finden als in der eigenen Kirche. Charismatische Einzelfiguren wie Pater Anselm Grün, Anthony DeMello oder – und das verdeutlicht die Problematik[84] – Zen-Lehrer Willigis Jäger liefern spirituelle Impulse. Für viele Menschen kann ein solcher Impuls auch außerhalb der Kirche kommen. Die Institution der katholischen Kirche steht vor der Frage, ob sie weiterhin an den bisherigen Strukturen festhält oder sich einem mehr prozessorientierten Glauben öffnet und der Erfahrung der Stille und den persönlichen Glaubenserfahrungen mehr zutraut und auch Laien enger in die Leitung einbezieht, als das bisher geschieht. Besonders die starke Betonung der zölibatären Lebensführung von Priestern in Verbindung mit der Tabuisierung von Themen wie Priesteramt der Frau, Homosexualität, die hohe Alkoholabhängigkeit und Burn-out-Fälle von Priestern oder der Umgang mit wiederverheirateten Geschiedenen steht im Gegensatz zu den Herausforderungen, die gerade auch der Pädophilie-Skandal mit sich gebracht hat. Viele Menschen erle-

---

[84] Der Benediktiner Willigis Jäger ist Zen-Lehrer und leitet den Benediktus-Hof. Nach Auseinandersetzungen mit der römischen Glaubenskongregation wird 2002 ein Schreib- und Redeverbot von dieser verhängt. Willigis Jäger lebt außerhalb des Klosters (Exklaustrierung) und gründete, nachdem er 1996 die Bestätigung zum Zen-Meister durch Kubota Roshi erhalten hatte, im Juni 2009 die Zen-Linie „Leere Wolke". Vgl. hierzu auch www.west-oestliche-weisheit.de, 27.06.2011

ben hier eine große Differenz zwischen dem Ideal, also den Referenzpunkten der Religion, und dem gelebten Glauben und der Lebenswirklichkeit der Menschen, also dem prozesshaften Aspekt der Spiritualität.

Bereits jetzt zeichnet sich hier bei vielen eine große Tendenz innerer kri-
tischer Distanz zur offiziellen Haltung der Kirche ab. Nicht nur das Me-
morandum der 250 Theologen, einer Denkschrift[85] zum Jahr 2011, die
zum Dialog über die oben bereits angesprochenen Punkte mahnte, sondern auch der massive Anstieg der Kirchenaustritte von ca. 40 %[86] mit
insgesamt bei Katholiken und Protestanten ca. 330 000, verdeutlicht die
Krise der Institution „Kirche" in Deutschland. Ob der von den katholischen Bischöfen angekündigte Dialogprozess gelingt, wird sicherlich
zum einen mit dem Umgang mit den „heißen Eisen" zu tun haben, zum
anderen aber auch mit dem spirituellen Bedürfnis der Menschen und der
Frage, inwieweit die Lernerfahrungen aus dem Dialog der Religionen
hier mit einfließen können. Diese markieren jedenfalls ein Bedürfnis
nach erfahrungsbezogenen Formen und einer neuen Sprache, die der Got-
tes- und Lebenserfahrung der Menschen gerecht wird.

Die offizielle Abkanzelung der theologischen Suchbewegung im Umgang
gerade auch mit anderen Religionen, z. B. in der pluralistischen Religionstheologie, lässt bei vielen, die für diese Gedanken offen sind, die Entfremdung zu den Referenzpunkten der Institution größer werden, und die
innere Spannung steigt. Die Gefahr für die katholische Kirche liegt in der
Idee des „heiligen Rests", einer Vision, die zu einer Gemeinschaft führt,
die sich von den anderen abschottet, wenn sie nicht den eigenen Vorstellungen entsprechen. Einer solchen Kirche wäre ein Dialog, der Lernen
und Veränderung mit sich bringt, schwer möglich.

Die Gemeinden vor Ort werden zu immer größeren Seelsorgseinheiten
zusammengefasst, was dazu führt, dass viel personeller Aufwand in die
„Versorgung" mit Gottesdiensten und in die Spende und Feier der Sakramente gesteckt werden muss. Die persönliche Begleitung und das gemeinsame Erfahren von Geborgenheit gibt es sicher noch an vielen Orten. Diese gilt es in Zukunft zu stärken. Dies bedeutet aber auch, dass die
Erfahrungen derjenigen, die aus Frustration über die spirituellen Angebote der Ortsgemeinde eigene Sonderwege gehen und z. B. im Dialog mit
dem Buddhismus neuen Formen einbringen, auch vor Ort ernst genom-

---

[85] Vgl.: http://www.memorandum-freiheit.de, 16.07.2011
[86] Die Welt, 6.4.2011.

men werden müssen. Da, wo dies bereits geschieht, ist vielfach auch spirituelle Suche und im Blick auf die Gemeinschaft ein neuer Aufbruch nötig und bereits im Blick.

Selbstredend spielen die *Spirituellen Pilger* im Blick auf diesen Dialog eine wesentliche Rolle. Ihre Aufgabe in dieser Herausforderung ist es vor allem, die Themen der anderen Dialog-Typen nicht gering zu schätzen. Besonders interessant ist hier der Dialog und das Lernen zwischen *Orthodoxem Adapter* und *Spirituellem Pilger*.

Der *Orthodoxe Adapter* leidet besonders unter der Krise und möchte traditionelle Formen erhalten. Den *Spirituellen Pilger* drängt es nach neuen Formen, um die Verkrustungen der Tradition zu lösen. Beiden Dialog-Typen ist die Spiritualität ein großes Anliegen. Hier können die Lernerfahrungen des Dialogs greifen. Gerade der intrareligiöse Dialog unter Einbeziehung der in der Begegnung gemachten Erfahrungen kann wegweisend sein.

Herausforderung „Verwurzelung asiatischer Religiosität"

Der abrahamitische Dialog wurde oben schon erwähnt. Eine zwar zaghafte, aber doch bereits bewusst gesetzte Pflanze, die die Verwandtschaft der monotheistischen Religionen betont. Wie sieht es aber mit unserem Verhältnis zu asiatischen Religionen aus? Der Dialog mit den asiatischen Religionen begann sich in den 1980ern zu intensivieren und auch theologisch an Tiefe zu gewinnen. In vielfacher Weise lässt besonders die Begegnung mit Meditationspraktiken bereits Spuren im Christentum erkennen: Fast jedes religiöse Zentrum besitzt mittlerweile Meditationsräume, die in ihrer Ästhetik oft den Geist des Zen atmen.

Um diese Begegnungserfahrungen fortführen zu können, bedarf es einer Verwurzelung asiatischer Religiosität. Damit ist nicht gemeint, dass nun allerorts asiatische Gebets- und Meditationspraktiken eingeführt werden sollten, sondern dass die Form, in der Buddhismus, Taoismus und Hinduismus – um nur die großen Traditionen zu nennen – religiöse Wahrheit zur Sprache bringen, verstanden wird.

Viele Beispiele interreligiösen Lernens zeigen, dass da, wo sich Menschen um diese Sprache bemühen, bereits ein sehr fruchtbares Miteinander möglich ist. Interessanterweise hat ja gerade der Dialog mit dem Buddhismus, einer Religion, die keinen persönlichen Gott kennt, die Auseinandersetzung mit dem christlichen Gottesbegriff inspiriert.

Die Begegnung mit dem Islam hat in kirchlichen Kreisen dazu geführt, dass bei der Vorstellung davon, was den Dialog der Religionen ausmache, besonders die abrahamitischen Religionen im Blickfeld stehen. Dies ist eine einseitige und darum gefährliche Entwicklung. Setzt sie sich fort, so droht für die Zukunft eine neue Polarisierung. Wie derzeit manche einen Graben zwischen dem Westen und der Welt des Islam konstruieren, könnte es irgendwann auch zu einer Kluft zwischen den asiatischen Religionen und dem Westen kommen. Die gegenwärtige Beliebtheit des Buddhismus und die mediale Präsenz des Dalai Lamas lassen diese Befürchtung vielleicht übertrieben, ja abwegig erscheinen. Sollte jedoch durch Zuzug oder Verschiebung der Wirtschaftskräfte in Richtung China und Indien eine neue Konkurrenz entstehen, könnte sich durchaus ein neues Feindbild aufbauen: die „gottlosen Religionen" als Gegner der Religionen, deren Anhänger an den Einen Gott glauben. Die Folgen der Vermischung von wirtschaftlicher Konkurrenz und kultureller Spannung könnte dann zu neuen Konflikten führen.

In den letzten Jahren hat unter anderem der christlich-buddhistische Dialog bereits zu konkreten Erkenntnissen geführt, auf welche Weise hier eine Verbindung möglich ist. Die gemeinsame Wertschätzung des „Gelassenseins" um der Möglichkeit selbstloser Liebe willen kennen beide Traditionen.

Die Fähigkeit, die andere religiöse Sprache zu verstehen, wird in Zukunft von immer größerer Wichtigkeit werden. Im Blick auf den Dialog mit asiatischen Religionen bedeutet dies, dass es gelingen muss, die vielfach bestehenden intensiven persönlichen Lernerfahrungen und theoretischen theologisch-philosophischen Vernetzungen in eine sprachliche Form zu heben, die allgemein verständlich ist. Damit ist gemeint, dass die Früchte des Dialogs auch für die genießbar werden müssen, die nicht unmittelbar am interreligiösen Lernprozess beteiligt waren oder sind. Dies ist eine besondere Aufgabe der Theologien in den abrahamitischen Religionen.

Der *Spirituelle Pilger* und der *Orthodoxe Adapter* spielen in dieser Herausforderung eine wichtige Rolle. Beide verstehen sich als religiöse Menschen, allerdings sind die einen mehr mit dem prozessreligiösen Aspekt und die anderen mit dem referenzreligiösen Aspekt im Individuum befasst. Der Dialog beider Dialog-Typen, innerhalb religiöser Traditionslinien und über sie hinaus, ist nötig, um die oben vorgeschlagene Richtung in der Bewegung der Religion zu ermöglichen.

Dem *Kultur-Harmonisierer* und dem *Religiös-Kulturellen Demokraten* kommen hier Vermittlungsaufgaben zu, da es besonders die Spannung zwischen dem Referenzpunkt „persönlicher Gott" und dem Prozess des „Loslassens" zu vermitteln gilt. Eine Aufgabe, die im buddhistisch-christlichen und im hinduistisch-christlichen Dialog schon vielfach geglückt ist bei denen, die in interreligiöser Praxis Formen aus beiden Traditionen üben.

Herausforderung „Gespräch zwischen Religion und säkularer Welt"

Die Bewegung in den Religionen ist von einer weiteren Herausforderung gekennzeichnet: dem Gespräch zwischen Religion und säkularer Welt. Sprach man lange Zeit vom Verdunsten der Religion (Rahner) und vom Verschwinden religiöser Symbole und der völligen Relativierung einst feststehender Wahrheiten und kultureller Traditionen, so ist inzwischen von der Wiederkehr der Religion die Rede.[87] Allerdings scheint sich die Form, in der Religion in Erscheinung tritt, geändert zu haben: Sie sei subjektiver geworden und kehre in neuen Formen in den öffentlichen Raum zurück. Hatte man noch vor Jahrzehnten das Kopftuch als selbstverständliches Kleidungsstück nicht nur der Landfrauen angesehen und in jedem Klassenzimmer, aber auch in jeder Wirtsstube ein Kreuz erwartet, so ist das eine mittlerweile zum Symbol für den Islam mutiert, das andere umstritten und auch mancherorts völlig verschwunden. Nicht nur die Form der Religion hat sich geändert, auch ihre Funktion: Sie ist nicht mehr nur als Institution Garant für Stabilität von Gesellschaftsformen, sondern auch Symbolträger in der Auseinandersetzung mit anderen Formen geworden. Besonders deutlich wird dies, wenn von einer ‚jüdisch-christlichen Leitkultur' die Rede ist – ein höchst schwieriger Begriff, der aber in seiner beabsichtigten Wirkung eben die Funktion von Religion als Symbolträger beweist.

Religionsfreiheit bedeutet, dass Religionen und spirituelle Formen auch in der Gesellschaft konfliktfrei sichtbar werden dürfen. Wird allen Religionen die Sichtbarkeit im öffentlichen Raum versagt, dann zwingt man sie, ihre Bedeutung aufs Wohnzimmer zu reduzieren. Dürfen einige Religionen mehr als andere, dann führt dies unweigerlich zum Konflikt.

---

[87]   Die pluralen Formen von Religion und Religiosität im Kontext gesellschaftlicher Strömungen in der Moderne analysiert präzise Friedrich Wilhelm Graf, Die Wiederkehr der Götter, Religion in der modernen Kultur, Beck, München, 2004.

Der *Religiös-Kulturelle Demokrat* und der *humanitär-religiöse* Dialog-Typ spielen im Blick auf diese Herausforderung eine große Rolle. Beide müssen allerdings lernen, mit dem jeweils unterschiedlichen Bedürfnis der Form religiöser Sichtbarkeit umzugehen. Der Dialog zwischen diesen Dialog-Typen wird sich daher auch mit der Funktion von Symbolen und deren Reduktion, bis zum Rückzug auf das Innerliche, befassen.

Herausforderung „Balance zwischen Institutionalisierung und Privatisierung von Religion"

Die Religionen in Deutschland stecken, was das Verhältnis von privat und öffentlich betrifft, in unterschiedlichen Dynamiken. Während das Christentum immer mehr alternative Formen zur institutionellen und bisher auch traditionellen Form des gelebten Glaubens entwickelt, versuchen Muslime, auch aufgrund der an sie gerichteten Erwartung, sich immer weiter zu organisieren und zu vernetzen. Buddhisten in Deutschland sind einerseits geringer organisiert und werden dazu auch nicht von anderen gesellschaftlichen Kräften gedrängt, besitzen andererseits aber einen Dachverband (Deutsche Buddhistische Union), der es ihnen erlauben würde, auch öffentlich als Religion in Erscheinung zu treten. Dies wird allerdings, ähnlich wie im Islam, durch die Entdeckung der inneren Ökumene bzw. der Differenzen zwischen den in Deutschland existierenden Gruppen verhindert, da diese ihre Eigenständigkeit nicht aufgeben möchten.

Das Judentum ist, wie die christlichen Kirchen, eine Körperschaft des öffentlichen Rechts und genießt als solche Privilegien. Viele Juden, die in Deutschland leben, sind der Synagoge aber nur lose oder gar nicht verbunden. Allerdings sind die liberalen Juden oft nicht von den „Einheitsgemeinden" anerkannt, die mancherorts orthodox geprägt sind.

Die Muslime, besonders muslimische Studenten, stehen in der Frage der Institutionalisierung noch vor einem weiteren Dilemma: Einerseits erwarten staatliche Organe und gesellschaftliche Organisationen wie z. B. die Universitätsleitung, konkrete Ansprechpartner. Andererseits verhindern vom Kreisverwaltungsreferat vorgenommene Befragungen ausländischer Studenten aus „Gefährderstaaten", dass diese sich in muslimischen Hochschulgruppen organisieren. Andernfalls könnten sie in den Verdacht geraten, einer verfassungsfeindlichen Vereinigung anzugehören. Diese Politik führt also gerade nicht dazu, dass gesamtgesellschaftlich vernetzte

Gruppen dialogbereiter Muslime entstehen können.[88] Dieses Phänomen
ist durch die Nennung von Moscheevereinen und Vereinen von Muslimen
im Verfassungsschutzbericht entstanden. Muslime, die nur eine vorüber-
gehende Aufenthaltserlaubnis erhalten, wie z. B. Studenten, haben Angst
davor, Probleme mit der Erneuerung ihrer Aufenthaltsgenehmigung zu
bekommen, falls sie bezichtigt werden, in einer unter Beobachtung stehenden Vereinigung aktiv zu sein. So berechtigt und notwendig die Über-
prüfung in Einzelfällen sein mag, so kontraproduktiv erscheint ein Gene-
ralverdacht. Die gegenwärtige Situation führt dazu, dass Muslime
versuchen, sich möglichst klar und transparent zu strukturieren, andererseits aber auch fürchten, die von ihnen geschaffenen Strukturen könnten
ihnen zum Verhängnis werden.

Religionen kennen aus unterschiedlichen Gründen eine Institutionsflucht,
teilweise gekoppelt mit dem „subjective turn" in der Religiosität. Andererseits gibt es aber auch die Notwendigkeit, Strukturen aufzubauen, um
Kommunikation zu ermöglichen.

Die Herausforderung in dieser Dynamik ist es, immer wieder die notwendige Balance herzustellen. Dies wird für unterschiedliche Religionen und
Konfessionen, ob christlich, jüdisch, buddhistisch oder muslimisch, unterschiedlich sein. Institutionen müssen so geschaffen sein, dass sie einerseits die Bedürfnisse der eigenen Gläubigen erfüllen und sie bei der Ausübung des Glaubens unterstützen. Andererseits ist es ihre Aufgabe, für
andere Gruppen und Religionen sowie für staatliche Organe Ansprechpartner zu sein.

Die verschiedenen Dialog-Typen haben unterschiedliche Erwartungen an
die Institution. Dem *Orthodoxen Adapter* erscheint es wichtig, dass sie
einerseits wichtige Traditionen bewahrt und für die Reinheit der Lehre
sorgt, andererseits soll sie die Weitergabe dieser Lehre an die nächste Generation in einer sich verändernden Welt bewerkstelligen. Der *Spirituelle
Pilger* erwartet möglicherweise eine konkrete Hilfestellung im spirituellen Prozess, der *Soziale Beweger* die Unterstützung wichtiger Sozialpro-
jekte. Jeder der Dialog-Typen hat seine eigenen Bedürfnisse und Anfra-

---

[88] Die umgangssprachlich als Gesinnungstest bezeichnete Befragung wird bei Studenten aus muslimischen Ländern durchgeführt. Die Länder regeln die Art der Befragung, die meist auch eine Liste von Terrorgruppen einschließt. Die Studenten werden dann gefragt, ob sie diesen Gruppen zugehören. Neben der offensichtlichen
Ineffektivität und dem hohen Verwaltungsaufwand seitens der Behörden schürt dieser Test auch Angst bei Muslimen, sich Verbänden anzuschließen. Die von allen Seiten so notwendig erachtete Transparenz und Dialogfähigkeit wird dadurch sehr erschwert.

gen an die Institution. Diese wiederum muss im rechten Verhältnis zu den einzelnen Gläubigen bzw. den Mitgliedern stehen. Regelt sie die Vorstellungen und den Alltag zu sehr, dann unterbindet sie die prozessreligiösen Anteile in der Religiosität ihrer Mitglieder. Gibt sie zu wenige Impulse oder Richtlinien, dann fehlen für die Gemeinschaft wichtige Referenzpunkte, die den Prozessen der Einzelnen helfen, sich zu orientieren.

Die Verantwortungsträger der Institutionen selbst stehen in dem oben beschriebenen Dilemma ebenso wie alle anderen Mitglieder, müssen aber zudem eine offizielle Rolle vertreten. So kann es sein, dass ein Christ in der persönlichen Ausrichtung sich eher dem *Spirituellen Pilger* oder *Sozialen Beweger* zurechnet, aber die Institution von ihm erwartet, als *Orthodoxer Adapter* oder *Kultur-Harmonisierer* zu sprechen.

Gerade im Dialog der Religionen treffen oft Ehrenamtliche und Laien der einen Religion auf professionelle Vertreter einer anderen. Gelingt es in Zukunft, gemeinsam zu lernen, dass Menschen, die unterschiedlichen Dialog-Typen angehören, miteinander sprechen können, es ja zuweilen auch müssen, dann können die Erfordernisse der Institution und der beteiligten Individuen in Balance gebracht werden.

Die Gespräche zwischen Konfessionen und Traditionen sind deshalb wichtig, weil sie die intrareligiösen Lernprozesse des Einzelnen fördern und so auch zum Verständnis der anderen Dialog-Typen beitragen.

Herausforderung „Balance zwischen Referenz- und Prozessreligiosität"

Die unterschiedlichen Funktionen, Bedingungen und Auswirkungen von Referenz- und Prozessreligiosität konnten bereits eingehend beleuchtet werden. Die Anteile mögen nicht nur bei unterschiedlichen Menschen verschieden sein, sondern können sich auch in den religiösen Traditionen im Laufe der Geschichte auf verschiedene Weise ausprägen.

Die Untersuchung so vieler verschiedener interreligiöser Lernprozesse zeigt, dass es äußere Bedingungen und innere, eher biographische Gründe gibt, warum Menschen eher referenz- oder prozessreligiös geprägt sind und eventuell im Dialog die Balance wiederherstellen wollen. Interreligiöse Lernprozesse können als Ausgleichsbewegung zwischen Prozess- und Referenzreligiosität gelesen werden.

Die Dialog-Typen beruhen ja unter anderem auf Motivation, die sich zu Prozess- und Referenzreligiosität entsprechend verhalten. Die Herausforderung und Chance des Dialogs besteht unter anderem genau in dieser Differenz: Dadurch, dass wir die Religiosität des Anderen anders sehen, kann dieser Aspekt in der eigenen Tradition Verschüttetes neu zum Tragen bringen oder bislang Unbekanntem Raum geben.

Besonders der *Religiöse Demokrat* und der *kultur-religiöse* Dialog-Typ können hier als Vermittler wirken, weil sie selbst zwischen Referenz- und Prozessreligiosität positioniert sind. Der Wunsch nach Veränderung wird verstanden und vielfach auch umgesetzt, aber eben nicht um jeden Preis. Werte und kulturelle Traditionen, die oft wichtige spirituelle Schätze transportieren, werden von ihnen auch sehr wertgeschätzt.

Interreligiöse Theologie

Der Versuch, die Religion in Bewegung als interreligiöse Dynamik zu beschreiben, umfasst auch die Frage der Theologie bzw. der Theologien. Theologie in Bewegung bezeichnet einerseits die Vernetzung der Religionen, andererseits die Tatsache, dass die Bewegung in und mit einer Religion oder religiösen Tradition andere Religionen und somit Religion an sich erfasst. Die bisher übliche Vorgehensweise, Theologie ausschließlich innerhalb einer religiösen Tradition zu betreiben, ist daher ebenfalls in Frage gestellt und gerät in Bewegung. Könnte Theologie auch interreligiös betrieben werden? Wohin führt der Dialog der Religionen die Theologie?

Exklusivismus, Inklusivismus, Pluralismus – erschöpfende Logik?

Die Theologie der Religionen teilt die unterschiedlichen Positionen, die eine Religion zu anderen einnehmen kann, in unterschiedliche Kategorien ein: Exklusivismus, Inklusivismus und Pluralismus. Die exklusivistische Position geht davon aus, dass nur die eigene Religion ein wirklicher Weg zum Heil ist. Die Wege der anderen Religionen werden eventuell als Kulturleistung des Menschen gewürdigt, aber nicht als heilsrelevant erachtet. Ja, sie können sogar das Heil verhindern, weil sie vom richtigen Weg ablenken.

Der Inklusivismus geht davon aus, dass auch in den anderen Religionen Gutes und Wahres zu finden ist und daher Menschen, die andere Wege gehen, so auch das Heil erlangen können. Den eigentlichen und letztgültigen Heilsweg und die bestmögliche Form, diesen auszudrücken, bietet aber, so der Inklusivismus, die eigene Tradition. Diese Position wird oft mit dem Begriff des „anonymen Christen" in Verbindung gebracht, mit dem der Theologe Karl Rahner unterstreichen wollte, dass auch Menschen, die das Christentum nicht kennen, aber faktisch nach den Geboten leben, von Gott wie Christen gesehen würden. Die offiziellen Positionen der Kirchen und der meisten Religionen kann als inklusivistisch beschrieben werden.[89] Die offiziellen Positionen der Religionen unterstreichen zum einen die Wichtigkeit und Unübertroffenheit der eigenen „Wegbeschreibung", um an das religiöse Ziel zu kommen, nehmen aber auch die Weisungen anderer Religionen mehr und mehr ernst.

Der Pluralismus ist die jüngste Position, die davon ausgeht, dass alle Religionen prinzipiell gleichberechtigte Heilswege sind. Berühmte Vertreter sind u. a. John Hick, Paul Knitter und Perry Schmidt-Leukel[90]. Diese Position wird von vielen offiziellen Vertretern abgelehnt, unter anderem auch von der katholischen und evangelischen Kirche. Diese Ablehnung wird damit begründet, dass durch die faktische Anerkennung anderer Heilswege der eigene Weg relativiert werde, außerdem würde sie synkretistische Tendenzen fördern.[91]

Theologisch lässt sich feststellen, dass die pluralistische Theologie der Religionen eine Lösung anbietet, die zwar in der Meta-Ebene funktioniert und in ihren Absichten äußerst nobel ist, die aber durch die jeweiligen Traditionen nicht einfach akzeptiert werden kann.

Das Problem hat sich, so die Einschätzung vieler, inzwischen derart festgefahren, dass einige versuchen, mit einer vierten Position einen Ausweg zu finden. Ein Problem der verschiedenen Positionen ist, dass das Heil zwar als allgemeines Ziel der Religion gilt, aber von den unterschiedlichen Religionen auch verschieden verstanden wird.

---

[89] Für einen Überblick zur christlichen Debatte ist hier Ulrich Dehns Handbuch Dialog der Religionen (Lembeck, Frankfurt, 2009) zu empfehlen.

[90] Schmidt-Leukel, Perry, Gott ohne Grenzen, Eine christliche und pluralistische Theologie der Religionen, Gütersloher Verlagshaus, Gütersloh, 2005.

[91] Einen wertvollen Überblick über den Stand der Diskussion bietet D'Costa, Gavin, Christianity and world religions: disputed questions in the theology of religions, Wiley-Blackwell, Oxford, 2009, S. 37 ff.

Theologie der Religionen oder komparative Theologie?

Die komparative Theologie beschreibt einen Ausweg aus dem Dilemma, indem sie den Fokus weg von der Heilsfrage und hin auf die jeweiligen Vergleichspunkte in den Religionen lenkt. Anstatt Heilswege „an sich" miteinander in Beziehung zu setzen, konzentriert sie sich auf „Tiefbohrungen" in einem bestimmten Bereich. Faktisch beziehen sich derzeit einige der christlichen Theologen auf diese Möglichkeit.

Francis Clooney[92], Jim Fredericks und von Stosch sind Wegbereiter dieser Richtung. Für Fredericks hatte sich die pluralistische Religionstheologie zu sehr auf die Frage der Erlösung von Nichtchristen fokussiert und wenig Interesse an den anderen Religionen an sich gezeigt. Von Stosch beschreibt komparative Theologie als ein „Hin- und Hergehen zwischen konkreten religiösen Problemfeldern, um Verbindendes und Trennendes zwischen den Religionen zu entdecken."[93] Dabei erläutert von Stosch das Verhältnis der Religionen zueinander mit dem Rückgriff auf wittgensteinsche Sprachspiele und Familienähnlichkeiten.

Die Vertreter der pluralistischen Theologie der Religionen merken hier aber an, dass auch die theologische Arbeit durch Vergleich letztlich an einer Aussage über ihre Bedeutung für das Verhältnis der Religionen zueinander nicht vorbeikommt.[94]

Theologie in Zurückhaltung, Achtung und Offenheit

Das Problem einer offensiven pluralistischen Haltung ist letztlich die notwendige Feststellung von Kriterien[95], die benennen, welcher Art ein Heilsweg sein muss, um als solcher anerkannt zu werden. Konkret geht es um die Frage, ob jede religiöse Strömung oder weltanschauliche Idee per se als heilsbringend angesehen werden kann. Da dies niemand bejahen wird, stellt sich die Frage nach Aus- oder Einschlusskriterien für Heilswege. Sind diese die Menschenrechte? Woher nehmen diese dann

---

[92] Clooney, Francis X., Comparative Theology. Deep Learning Across Religious Borders, Chichester 2010.

[93] Klaus von Stosch, Komparative Theologie, Ein Ausweg aus dem Grunddilemma jeder Theologie der Religionen, in: ZKTh 124, 2002, S. 294-311.

[94] Vgl. hierzu auch: Winkler, Ulrich, „… um selbst in aufrichtigem und geduldigem Dialog zu lernen, welche Reichtümer der großzügige Gott den Völkern verteilt hat" (AG 11). Was ist komparative Theologie?, in: Glasbrenner, Eva-Maria/Hackbarth-Johnson, Christian (Hg.), Einheit der Wirklichkeiten. FS Michael von Brück, München 2009, 261-300.

[95] Vgl. hierzu auch Schmidt-Leukel, Perry, Gott ohne Grenzen, Eine christliche und pluralistische Theologie der Religionen, Gütersloher Verlagshaus, Gütersloh, 2005.

ihre Autorität? Ist es von Bedeutung, dass die Menschenrechte dem westlichen Kulturkreis entstammen? Wenn ja, wie können einseitige Formulierungen und blinde Flecken verhindert werden? Wie können die Menschenrechte, welche sich klar auf das Zusammenleben in der Welt beziehen, die letztendlichen Kriterien für Religionen sein, die sich klar auch auf das beziehen, was nach dem Tod kommt?

Ein intensives Nachdenken über die Kriterien führt dazu, dass ein wesentlicher Punkt die Achtung und Sensibilität vor den Religionen ist, über die hier verhandelt wird. Kriterien, die bestimmte Dimensionen von Religion ausschließen oder nicht in Betracht ziehen, sind letztlich für viele Menschen, die dieser Tradition angehören, nicht nur nicht relevant, sondern eventuell auch verletzend.

Besonders wichtig erscheint mir die Verpflichtung zur Offenheit. Die Theologie muss – abrahamitisch gesprochen – mit dem größeren Wirken Gottes rechnen. Sie muss davon ausgehen, dass Menschen, die authentisch ihren Glauben leben und dabei hohe ethische Standards setzen, gerechtfertigt werden. Theologie muss sich stets dessen bewusst bleiben, dass ihre eigenen Erkenntnisse darüber, wie Wahrheit formulierbar ist, vorläufig sind.

Interreligiöse Theologie der Konvergenz und Partnerschaft

Wohin werden sich die theologischen Überlegungen im Blick auf die Bewegung der Religion entwickeln? Theologie ist einerseits Reflexion der Gotteserfahrung, andererseits gestaltet sie diese insofern auch mit, da sie die Formen religiöser und spiritueller Praxis mitprägt.

Nach bisherigem Verständnis wurde Theologie oft als Selbstreflexion einer Tradition verstanden. Christliche Theologie befasste sich mit der christlichen Tradition, jüdische Theologie mit der jüdischen, buddhistische Gelehrte mit Buddhismus. Wie wirkt sich das Lernen hier aus? Muss es in Zukunft nicht auch ein gemeinsames Suchen und Ringen, also eine interreligiöse Theologie, geben?

Natürlich sind auch schon bisher Theologien auf andere Weltdeutungs- und Sinnsysteme eingegangen – dies aber meist in apologetischer Absicht. Die Theologie der Religionen versuchte mit der inklusivistischen und pluralistischen Position von einer Haltung der Verteidigung eigener Positionen hin zu einem Verständnis des Anderen zu kommen. Einer Theologie der Konvergenz wird die Annäherung zum Programm, allerdings nicht (nur) mit Blick auf das Heil, sondern vor allem mit Blick auf die theologische Arbeit als solche: sie selbst kann und soll dialogisch, also mit der Absicht, einander näherzukommen, erfolgen. Interreligiöses Lernen ist also nicht Gegenstand der Theologie, theologische Arbeit selbst begreift sich als einen interreligiösen Lernprozess. Nur so kann sie – ohne von einer nicht wirklich existenten neutralen Position der Wahrheit aus zu sprechen – den Menschen in interreligösen Bezügen dienen.

Die Bewegung der Religion mitzugestalten kann also als eine Aufgabe der Theologie angesehen werden. Hier soll eine interreligiöse Theologie der Konvergenz und Partnerschaft vorgeschlagen werden. „Konvergieren" bedeutet ja sich einander nähern gerade dadurch, dass man, aus verschiedenen Richtungen kommend, einem gemeinsamen Ziel zustrebt.

Der Begriff der Partnerschaft verpflichtet die Theologien der Religionen dazu, miteinander als Partner für ein gemeinsames Gut zu arbeiten, wo immer das möglich ist. Dies beinhaltet zwei Aufgabenfelder: zum einen die Suche nach bestehenden und neuen Möglichkeiten, also die Verfolgung der Konvergenz, zum anderen das konkrete Kooperieren und Umsetzen bei den schon möglichen Feldern der Aktion. Der Einsatz für Frieden und Menschenrechte und für den Klimaschutz sind hier bereits erprobte, aber noch ausbaufähige Gebiete. Die Bewegung der Religion, das konnte die Analyse interreligiöser Lernprozesse zeigen, ist von Vernetzung und Identitätsbildung gekennzeichnet. Religionen entstehen zunächst durch Abgrenzung, zeichnen sich aber gerade dadurch aus, dass sie zur Überschreitung, zur Transzendenz fähig sind. Jede religiöse Tradition hat nun einerseits den Anspruch, einen Weg anzubieten, der die höchste Wahrheit repräsentiert bzw. zu ihr führt. Jeder Unterschied zum eigenen Weg wird daher als defizitär angesehen. Andererseits bietet jede Tradition Anknüpfungspunkte, die im Dialog auf die Wirksamkeit der eigenen Wahrheit auch in anderen Traditionen hinweisen. Dies führt zum Glauben an eine alle Differenzen überwindende Essenz der Religionen, ja der Religion überhaupt.

Die Bewegung in der Religion ist also innerhalb der Traditionen und zwischen den Religionen durch Abgrenzung und Vernetzung geprägt sowie von gegenseitigem Lernen. Wer theologisch für eine Primärstellung einer Religion gegenüber den anderen argumentiert, fördert die Abgrenzungskräfte in allen Religionen. Eine Alternative hierzu ist, wie oben beschrieben, die theologische Zurückhaltung. Diese Position geht nicht von einem gleichsam statischen Wissen über die Wahrheit, sondern vielmehr vom eigenen Nichtwissen aus, davon, dass es immer noch etwas zu lernen gibt, wenn man der Wahrheit näherkommen will. Der Schwerpunkt theologischer Reflexion ist nicht sosehr Ziel, als vielmehr das Gehen des Weges. Wahrheit ist kein statisches Besitztum, sondern ein dynamischer Prozess. Die Wahrheit der „Liebe" ist das Tun, also „lieben". Eine solche prozessorientierte Theologie arbeitet komparatistisch, indem sie vorhandene Anknüpfungspunkte in den Traditionen aufgreift und im Vergleich untersucht. Der Weg ist dabei, so der japanische Religionsphilosoph Kôsaka Masaaki, der Ort, der Heimat und Fremde verbindet.[96] Theologie der Konvergenz versteht sich als Reflexion dieses Unterwegs-Seins. Mit im Blick bleibt allerdings auch die Bedeutung des Vergleichs für die Bewegung, den religiösen Prozess des Einzelnen und die Tradition im Ganzen. Ziel einer solchen interreligiösen Theologie ist nicht die Aufhebung der Unterschiede, sondern die Gestaltung des Miteinanders in Respekt vor dem Anderssein des jeweils Anderen. Das Wort „mit-ein-ander"[97] selbst sagt uns ja ganz deutlich, worum es geht. Die Unterschiede und die Gemeinsamkeiten in den Religionen werden zunächst historisch, kulturphänomenologisch und soziologisch beschrieben. Anknüpfungspunkte erlauben theologische Lernprozesse, die der gleichen Struktur folgen wie die untersuchten individuellen Lernprozesse. Daraus folgt, dass es auch in der Theologie Motivationen und Dialog-Typen gibt. Deren Wahrnehmung und Kenntnis ist die Voraussetzung dafür, dass die Vielfalt der Religionen der eigentliche Motor ihrer Entwicklung ist. Letztlich bewirkt das komplementäre Miteinander der Abgrenzungs- und Vernetzungsbewegung den in den Religionen angestrebten Prozess. Eine interreligiöse Theologie der Konvergenz hätte also die Aufgabe, den Dialog der Religionen selbst als religiöse Praxis zu rechtfertigen und mitzugestalten.

Wie kann dieser Ansatz mit den Mitteln der konkreten Traditionen begründet werden? Hier kann nur ein Versuch aus christlicher Perspektive gewagt werden. Vor die Aufgabe gestellt, den Dialog der Religionen zu begründen, stellt sich zunächst die Frage nach der Notwendigkeit von Pluralität überhaupt. Ist die Vielfalt der Religionen theologisch als Teil des Heilsplans Gottes zu rechtfertigen? In den Offenbarungsschriften der abrahamitischen Religionen gibt es Anweisungen für den Umgang mit Anderen und Fremden und sogar die Aufforderung, diese zu lieben:

---

[96] Kôsaka, Masaaki, Die hermeneutische Struktur des „Weges", in: Ryosuke, Ohashi (Hrsg.), Die Philosophie der Kyoto-Schule, Freiburg, 1990, S. 543-564. Hier S. 555.
[97] Diesen Hinweis auf die tiefe Wortbedeutung von „mit-ein-ander" in diesem Kontext verdanke ich Dieter Kleiss.

Liebe deinen Nächsten wie dich selbst.
Lev 19,18

Wir haben euch zu Stämmen und Völkern gemacht,
damit ihr einander kennenlernt.
Sure 49,13

Was bewirkt also die Pluralität, wenn sie mit dem Liebesgebot in Verbindung gebracht wird? Die Liebe, wenn sie auf das mir Zugeordnete beschränkt werden darf, kann egoistisch werden. Das *Gebot, den Anderen zu lieben,* ist eine Aufforderung zur Selbstlosigkeit und dazu, anzuerkennen, dass wir alle zusammengehören, dass keiner ohne den Anderen bestehen kann. Die Theologie der Religionen kann von der Erfahrung interreligiöser Lernprozesse lernen: Der Dialog fördert und intensiviert die Auseinandersetzung mit der eigenen Religion und Spiritualität und das Verstehen und Akzeptieren des Anderen. Interreligiöser Dialog fördert Referenz- und Prozessanteile und gleicht etwaige kulturbedingte Schieflagen aus.

Eine interreligiöse Theologie der Konvergenz sucht die Annäherung an den Anderen und arbeitet gemeinsam an einer interreligiösen Hermeneutik, die auch intrareligiös rezipiert werden kann. Sie beschreibt zudem die Konsequenzen der möglichen Annäherung für den Einzelnen, für Gruppierungen und theologische sowie spirituelle Strömungen und für Institutionen.

Das Konvergieren als ein Sich-aufeinander-Zubewegen schließt mit ein, dass man sich unweigerlich auf halbem Weg, an der Schwelle und im Prozess begegnen muss. Nicht fertige Konzepte, sondern gemeinsames Suchen ist dann notwendig. Christlich gesprochen geschieht dies mit der Zuversicht, dass genau in dieser Ehrlichkeit des Nicht-Wissens jene Offenheit und Weite entsteht, die für Gottesbegegnung unabdingbar ist. „Meeting in the broken middle" (Begegnung an der Bruchlinie) nennt dies Michel Barnes.[98]

Die Herausforderung für bisheriges theologisches Denken besteht darin, dass nicht genau definiert werden kann, wie das Ergebnis des Konvergenz-Prozesses aussieht. In diesem Dilemma besteht auch eine Chance: Aus der Sackgasse, in der sich die Auseinandersetzung traditioneller und

---

[98] Vgl. Barnes, Michael, Theology and the Dialogue of Religions, Cambridge University Press, Cambridge, 2002.

pluralistischer Theologie befindet, könnte so ein Weg gefunden werden, ohne die Bemühungen pluralistischer Theologie für obsolet zu erklären. Ihre Aufgabe bleibt bestehen, wird aber im Ergebnis nicht – was bisher der Fall ist – mit den Prämissen traditioneller Theologie gemessen, sondern ergebnisoffen geführt.

Wirkung? Religion, Dialog und Gesellschaft

Wie stark ist der Einfluss des interreligiösen Dialogs auf die Gesamtgesellschaft? Was können Maßnahmen durch Einzelne, Gruppen und Institutionen im Dialog mit Blick auf die Gesellschaft als Ganzes bewirken? Wie wirken andere gesellschaftliche Größen wie z. B. der Einfluss der Medien, Strömungen in Politik und Wirtschaft auf die Bewegung der Religion? Was bedeuten diese Vernetzungen für religiöse Organisationen, für Gruppierungen und für den Einzelnen?

Auf den ersten Blick erscheinen die hier beschriebenen interreligiösen Lernprozesse keine große Bedeutung für die Gesamtgesellschaft zu besitzen. Zu speziell scheinen die Themen zu sein, zu komplex die notwendigen Kenntnisse über eine andere Religion. Doch der erste Eindruck täuscht. Die Vernetzung der Gesellschaft und die gegenseitigen Bezüge sind so profund, dass sich letztlich auch die Erfahrungen im persönlichen Bereich auf die Gesellschaft als Ganzes auswirken können.

Dies soll an zwei konkreten Beispielen verdeutlicht werden. In den 60er und 70er Jahren begannen Missionare wie P. Enomiya-Lassalle erste Erfahrungen mit der Zen-Meditation in Kursen in Deutschland zu vermitteln. Die konkreten interreligiösen Prozesse führten, zusammen mit anderen Ereignissen wie der Friedensbewegung um den Vietnamkrieg und der Free-Tibet-Bewegung, zu einer intensiven und positiven Rezeption des Buddhismus bis hinein in die Klöster Europas. Es ist schwer zu sagen, welchen Anteil die persönlichen Begegnungen und die daraus resultierenden Erfahrungen der nach Japan reisenden Sinnsucher in diesem Prozess hatten. Der Dialog-Typ des *Spirituellen Pilgers* trug, das kann man mit Sicherheit sagen, zu dem Wandlungsprozess der Gesellschaft bei.

Ein weiteres Beispiel sind die Iftar-Einladungen und der Tag der offenen Moschee, die seit Jahren auf lokaler Ebene angeboten werden. Beide Angebote sind echte Grasroot-Bewegungen, die ihren Ursprung bei den *Kultur-Harmonisierern*, den *Religiös-Kulturellen Demokraten* und den *Sozialen Bewegern* unter den Muslimen haben. Ihnen allen ist die Integration des Islam über individuelle interreligiöse Lernprozesse ein Anliegen geworden. Diese Angebote konnten vielerorts Verbindungen zu Lo-

kalpolitikern knüpfen, was wiederum den vielfachen Bemühungen, die
Moscheen aus den Hinterhöfen herauszubringen, geholfen hat. Viele kleine Moscheevereine haben inzwischen eine gute Vernetzung mit den lokalen Behörden, den Kirchen und Politikern. Diejenigen, die zusammen mit
den Muslimen an den Lernprozessen auf ihre Weise beteiligt waren, kennen zum größten Teil keine allgemeine Islamophobie mehr. Auch die interreligiös vernetzten Muslime sind ein Gewinn für ihre Religion. Ihre
Moscheegemeinden sind durch die neue Offenheit und den inneren Pluralismus resistenter gegen fundamentalistische Einflüsse.

Ein weiterer wichtiger Faktor für die Wirkung interreligiöser Lernprozesse auf die Gesamtgesellschaft ist die Rezeption in den Medien. Deren Reaktion auf interkulturelle und interreligiöse Prozesse ist von deren Wirkung und möglicher Rezeption der Öffentlichkeit abhängig. Dabei
können oft Einzelporträts und Geschichten die wichtigen Inhalte von
Dialogprozessen gut transportieren.

Tragfähige Dialogprojekte zeichnen sich dadurch aus, dass sie einerseits
die unterschiedlichen Dialog-Typen respektieren und ihnen den notwendigen Raum schenken. Andererseits geht es auch darum, die Lernprozesse und vor allem die im Dialog gesammelten Erfahrungen für die Teilnehmer und wenn möglich auch für Außenstehende transparent werden
zu lassen.

Politik und Wirtschaft allein können die Herausforderungen der Zukunft
nicht schultern. Die Religionen können Visionen und Hoffnungen schenken, aus denen eine positiv gestaltende Kraft erwächst. Damit dies gelingen kann, muss die Bewegung der Religion getragen sein von Kooperation, Austausch und gegenseitigem Lernen in einem lebendigen und
fruchtbaren Miteinander.

Fazit: Religion aus Bewegung

Religion als dynamische Größe aus vernetzten, sich gegenseitig Impulse gebenden *Religionen* ist Religion *in* Bewegung. Diese Bewegung verläuft nicht ungerichtet, sondern wird auch durch die in interreligiöser Begegnung Lernenden gestaltet: Religion *aus* Bewegung meint das aktive Aufgreifen der Impulse, um sie spirituell fruchtbar werden zu lassen. Religion aus Bewegung entsteht in interreligiöser Spiritualität.

Ob die Bewegung der Religion zum „Clash" oder zum „Tanz" wird, ist dabei von vielen Faktoren abhängig. Einige von ihnen haben wir in der Hand. Der Blick auf die ganz konkreten Begegnungen und Lernprozesse zwischen Menschen unterschiedlicher Religionen zeigt, dass sich dem Lernenden verschiedene Anknüpfungspunkte für den Dialog anbieten.

Die Motivationen, mit denen Menschen in den Dialog gehen, wurzeln in der Geschichte, den konkreten Ereignissen der Umwelt und den Inhalten der Religionen. Besonders die eigene Verwurzelung spielt für den Dialog eine wichtige Rolle, sodass man feststellen kann, dass die frühkindliche Prägung, die Kinder- und Jugendzeit für eine interreligiöse Pädagogik nicht nur offen sind, sondern dass es wichtig ist, hier bereits anzusetzen.

So wie das Lernen einer anderen Sprache heute zu den Selbstverständlichkeiten einer vernetzten und globalen Welt gehört, müssen wir auch eine interreligiöse Kompetenz mitbringen. Diese Kompetenz ist mit Blick auf die Bewegung der Religion in Zukunft kein Luxusgut, sie muss Allgemeingut werden. Dies kann nur gelingen, wenn auch interreligiöse Begegnung zur Selbstverständlichkeit wird. Einige etablierte Formen wie das interreligiöse Friedensgebet, das Iftar-Essen zum Ramadan, Einladungen zum Vesak und anderen Feiertagen sind bereits vielfach praktizierte Möglichkeiten der Begegnung. Das Sprechen über andere Religionen ist im Religionsunterricht bereits Standard, jetzt wird es Zeit, aktiv damit zu beginnen, miteinander zu sprechen. Bisher geschieht das meist in Ausnahmesituationen, in denen dann z. B. eine muslimische Schülerin Gast im Religionsunterricht ist und dort vom Islam erzählt und Fragen beantwortet. In Zukunft könnte nicht nur der konfessionelle Bekenntnisunterricht von Christen, Juden und Muslimen die Regel werden, sondern auch gemeinsam und kooperativ gestaltete längere Unterrichtseinheiten zu interreligiösen, ethischen und gesellschaftlichen Themen.

Interreligiöse Kompetenz als eine selbstverständliche Fertigkeit der Lebensbewältigung zu betrachten schließt ein, dass Menschen nicht nur ein Grundwissen über die Weltreligionen besitzen, sondern sich zumindest mit den Religionen in ihrer Nachbarschaft intensiver befassen.

Jeder kennt die Faktoren des Sprachenlernens: Man lernt Vokabeln, Grammatik, benötigt Hör- und Leseverständnis und praktische Übungen. Mit interreligiösem Lernen verbinden die meisten dagegen keine konkreten Vorstellungen. Doch je klarer die Erfahrungen des Lernens, die damit verbundenen Motivationen und die betroffenen Dialog-Typen im Blick sind, desto leichter fällt es auch, konkrete Schritte der Umsetzung des eigenen Lernprozesses zu gehen. Ein erstes Ziel muss es also sein, Prozesse des interreligiösen Lernens bei sich (!) und anderen ins Bewusstsein zu heben.

Kennen Menschen auch in Zukunft die Bedingungen interreligiösen Lernens nicht, dann beherrschen auch weiterhin falsche Erwartungen und überhöhte Vorstellungen die dann als etwas Außergewöhnliches empfundenen Begegnungen: Der Andere wird vorschnell als Botschafter einer ganzen Religion gesehen. Je öfter und selbstverständlicher interreligiöse Begegnungen werden, desto reflektierter kann man auch damit umgehen.

Gerade die Reflexion der Begegnung ist ein notwendiger Auftrag an Bildungseinrichtungen und religiöse Gemeinschaften. Der ganz zu Beginn gezeigte Lernkreis (ob nun genauso oder in ähnlichen Beschreibungen), die unterschiedlichen Motivationen und ein Bewusstsein davon, dass es verschiedene Lern-Typen gibt, sind interreligiöses Grundwissen. Dieses Wissen bildet sozusagen die Grammatik des Dialogs, ein Wissen um dem Lernen inhärente Strukturen, die den Dialog mit prägen.

Die Bewegung der Religion ist natürlich. Religionen haben sich immer schon verändert und darum auch in unterschiedlichen Beziehungen zueinander gelebt. Die Bewegung zu bejahen bedeutet letztlich schlicht, bereit zu sein, sie mitzugestalten. Je deutlicher sich mehr Menschen aktiv auf diesen Prozess einlassen, desto fruchtbarer wird er erlebt. Die Herausforderung des Pluralismus ist auch eine Chance, sie bietet die Möglichkeit, von anderen zu lernen.

Eine Aufgabe der Theologien der Zukunft wird es sein, dieses Lernen zu begleiten und zu fördern – und – selbst interreligiös mitzulernen. Den Kulturwissenschaften, besonders der Religionswissenschaft fällt die Aufgabe zu, die interreligiösen Lernprozesse zu dokumentieren, zu beschreiben und soweit möglich und sinnvoll auch zu analysieren. Die Theologie wird sie als – christlich gesprochen – „göttliche Bewegung" verstehen lernen und von dieser gewollten Dynamik her ihre eigenen Referenz- und Prozesszuschreibungen reflektieren.

Interreligiöse Spiritualität ist dann nicht nur eine Haltung gegenüber den anderen Religionen, sondern auch eine Frucht des Dialogs und vielleicht der Sinn der Bewegung in der Religion.

Die bisherige Erfahrung zeigt: Menschen bauen im Dialog Ängste ab und lernen die religiöse Sprache des Anderen verstehen. Auf diese Weise erweitern und vertiefen sie ihre eigene Identität, indem Unerledigtes im Dialog angefragt, bearbeitet und transformiert wird. Der Mensch wächst spirituell durch den Dialog. Dialog *ist* Spiritualität.

Glossar

Abraham ist eine Schlüsselfigur der abrahamitischen Religionen Judentum, Christentum und Islam. Für Juden ist er der Stammvater, für Christen der Vater im Glauben und für Muslime der wichtigste Prophet nach Mohammed.

Abrahamitische Religionen ist die Bezeichnung für die Religionen, die sich auf Abraham beziehen: Judentum, Christentum und Islam.

Andere Der Andere ist ein für den Dialog ambivalentes Konzept. Zum einen markiert das Anders-Sein den Grund des Dialogs, zum anderen aber findet dadurch auch eine mögliche Stigmatisierung statt, indem die Merkmale des Anders-Seins benannt werden. Philosophisch hat sich vor allem auch Emmanuel Levinas mit „dem Anderen" auseinandergesetzt.

Anknüpfungspunkt bezeichnet in der interreligiösen Lerntheorie den Vergleichspunkt für das Lernen im Dialog. Dieser kann als inspirierend, theologisch analog oder herausfordernd empfunden werden. Der Lernprozess kann über die unterschiedlichen Vernetzungen dieses Punktes und die daraus ermöglichte Transformation benannt werden.

Apostolische Sukzession bezeichnet die in der christlichen Tradition lückenlose Übertragung der kirchlichen Befehlsgewalt von den Aposteln über die Bischöfe bis heute. In diesem strengen Sinne stehen die orthodoxe, die katholische und die Altkatholische Kirche heute noch in dieser Linie.

Bahai Die Religion der Bahai wurde von dem aus Pakistan stammenden Baha'ulla (1817-1892) gegründet. Der Bahaismus sieht sich als Fortführung der abrahamitischen Religionen in universalistischer Prägung. Eine handlungsorientierte Ethik und die Einheit der Menschheit stehen im Zentrum der Lehre. Die Bahai engagieren sich intensiv im Dialog der Religionen.

Bewusstwerden ist die zweite Phase des interreligiösen Lernens. Sie benennt die beginnende aktive Reflexion über die Unterschiede zwischen eigener und anderer Religion.

Buddha ist der Erleuchtungstitel aller erleuchteten Wesen. Er bezeichnet daher auch den historischen Siddhartha Gautama Buddha, der diesen Titel seit seiner Erleuchtung trägt. Dieser wird als der Gründer des Buddhismus bezeichnet.

Buddhanatur Nach der vor allem im Mahayana-Buddhismus verbreiteten Überzeugung die in allen Wesen angelegte Möglichkeit, Buddha zu werden. Vor allem im Lotos-Sutra und im Nirvana-Sutra spielt sie eine große Rolle und wird im letzteren als das wahre Wesen des Buddha bezeichnet.

Christentum ist die Religion, die sich auf Jesus von Nazareth als den Messias und Sohn Gottes bezieht und Gott trinitarisch begreift.

Christus ist ein Ehrentitel für Jesus von Nazareth und bedeutet „Gesalbter". Damit wird auf die Rolle als Nachfolger des biblischen Königs David angespielt. Könige werden in biblischer Tradition gesalbt. Durch den Ehrentitel wird auch die Gottessohnschaft sowie Leiden, Tod und Auferstehung bezeugt.

Exklusivistische Position bezeichnet in der Theologie der Religionen den Standpunkt, dass die eigene Tradition die vollendete Wahrheit und den absoluten Heilsweg beinhaltet und andere Religionen, da sie dies nicht tun, nicht zum Heil und zur Erlösung führen können.

Fremder ist für den Dialog eine wichtige Größe, bezeichnet das logische Gegenüber zu „Freund". Dies ist allerdings schon ein Schritt in Richtung Dialog, da der „Fremde" zunächst der „Feind" ist. In allen bekannten Kulturen gibt es Konzepte der Gastfreundschaft, die so Dialog und eventuelle spätere Partnerschaft oder Freundschaft ermöglichen.

Fünf Säulen des Islam (arabisch.: arkān) sind die Grundpflichten, die jeder Muslim zu erfüllen hat: 1. Schahada (das islamische Glaubensbekenntnis): „Ich bezeuge, dass es keine Gottheit außer Gott gibt und dass Mohammed der Gesandte Gottes ist." 2. Salat (fünfmaliges Gebet) 3. Zakat (Almosensteuer) 4. Saum (Fasten im Ramadan) und 5. Hadsch (Pilgerfahrt nach Mekka).

Gast bezeichnet jemanden, der auf Einladung einen begrenzten Zeitraum im Wohn- oder Lebensbereich des anderen verbringt. Der Gast kann zunächst auch Fremder sein. Auch Freunde können Gäste sein. Dem Gast wird das Gastrecht zuteil, es regelt die Rechte und Pflichten, die der Gast hat. Diese sind in den unterschiedlichen Kulturen erstaunlich ähnlich, weshalb das Gastsein und Gastgebersein zu den Grundelementen interreligiöser Begegnung gehört.

Gebet bezeichnet unterschiedliche Formen der Hinwendung zur Gottheit, zum Absoluten oder zu Vermittlern. Es gibt Bitt- und Dankgebete, Anrufungen, Lobpreis, Klage, aber auch das rituelle Gebet zur Verrichtung von Zeremonien und in der Liturgie. Eine weitere Form des Gebetes ist die Kontemplation, das Verweilen in der Gegenwart des Absoluten und des Göttlichen.

Gesellschaft bezeichnet eine größere Gruppe zusammenlebender Menschen. Die Gesellschaften der Gegenwart sind größere plurale Gruppen, wie die Gesellschaft einer Stadt oder eines Landes.

Glaube steht im Bereich der Religion für die Gesamtheit der Überzeugungen der eigenen Weltanschauung. Einige Religionen, vor allem auch das Christentum, definieren sich über bestimmte Glaubenssätze, die auch Dogmen genannt werden. Sie legen fest, was die Gemeinschaft einer religiösen Tradition glaubt. Wichtig ist für den religiösen Vollzug allerdings der Aspekt der persönlichen Überzeugung. Glaube ist auch das, was einen persönlich angeht und wofür der Einzelne mit seiner Person einsteht. Die monotheistischen Religionen stimmen in vielen wesentlichen Punkten in ihrem Glauben überein: ein Gott, der die Welt und den Menschen erschaffen hat und der am Ende der Zeit für Gerechtigkeit Sorge trägt. Doch es gibt auch Unterschiede: So definieren sich Muslime und Christen über die Zustimmung zu Glaubenssätzen, während das Judentum ethnisch definiert ist und nur unter großen Hürden Konvertiten zulässt.

Gutmensch ist ein Schmähwort, das gebraucht wird, um sich kritisch und distanzierend zu moralischen und argumentativen Positionen zu verhalten. Die Gesellschaft für deutsche Sprache gibt an, dass im *Sprachdienst*-Beitrag „Wörter des Jahres 1997" *Gutmensch* als „Schlagwort zur Stigmatisierung des Protests, zur Diffamierung des moralischen Arguments" charakterisiert wird (Heft 2/1998, S. 53 f.).

Hermeneutik ist die Lehre vom Verstehen, meist in Bezug auf Texte gedacht, aber auch auf gesprochene Sprache, auf Bild und Ton sowie Symbolik anwendbar. Im Dialog spricht man auch von interreligiöser Hermeneutik, die sich mit dem Verstehen von Inhalten unterschiedlicher Religionen befasst.

Historisch-kritische Methode ist eine in der Bibelwissenschaft entwickelte Text-Analyse, die vor allem nach der historischen Grundlage des Beschriebenen fragt. Ein wichtiger Initiator war Rudolf Bultmann mit seinem programmatischen Aufsatz: Neues Testament und Mythologie.

Das Problem der Entmythologisierung der neutestamentlichen Verkündigung (1941), in: H.-W. Bartsch (Hg.): Kerygma und Mythos, Band 1. 1948. 4. Aufl., Reich, Hamburg, 1960, 15-48.

Hodscha (aus dem neupersischen *ḫwāǧa*) ist die türkische Bezeichnung für einen Religionslehrer.

Iftar-Essen bezeichnet das Fastenbrechen der Muslime während des Fastenmonats Ramadan. Nach Sonnenuntergang wird, oft mit einer Dattel und einem sich anschließenden Mahl, das Fasten des Tages gebrochen und mit Sonnenaufgang wieder aufgenommen. Für den Dialog der Religionen ist das Iftar-Essen deshalb bedeutend, weil muslimische Vereine und Moscheen Freunde, Bekannte und Dialogpartner einladen. Auch Vertreter aus Politik und Gesellschaften sowie Vertreter der Kirchen werden häufig zu einem bestimmten Iftar eingeladen.

Imam ist der Vorbeter und religiöse Leiter einer muslimischen Gemeinde. Da in Deutschland die meisten Moscheen eine Vereinsstruktur für ihre Mitglieder aufgebaut haben und manche Imame wegen Einreisebestimmungen nur für einen beschränkten Zeitraum wirken können, ist oft der Vorsitzende des Vereins die zentralere Figur für den Dialog. Derzeit können viele Imame noch nicht ausreichend Deutsch und kennen auch die deutsche Kultur oft nicht gut. Dies dürfte sich mit den nun beginnenden Imam-Studiengängen an den Universitäten ändern.

Inklusivistische Position bezeichnet religionstheologisch den Standpunkt, der in der eigenen Religion den letztgültigen und vollkommenen Weg zum Heil sieht, dieses aber auch teilweise in anderen Religionen anerkennt. Das Heil ist also für Andersgläubige möglich, sofern es sich mit dem eigenen Heilsverständnis in Beziehung setzen lässt.

Interreligiöse Spiritualität benennt eine geistige Haltung, in der der interreligiöse Dialog und das Lernen vom Anderen Teil des eigenen Glaubensweges ist. Die Möglichkeit, dass sich die Wahrheit auch in anderen Religionen offenbart, wird als positive Pflicht zum Dialog verstanden.

Islam Von Mohammed durch seine Weitergabe des ihm offenbarten Koran gegründete Religion, die sich als Urreligion des Menschen und als Weiterführung des Glaubens Abrahams versteht. Die Anhänger des Islam werden Muslime genannt. Der Wortbedeutung nach meint Islam die Hingabe an Gott.

Islamophobie bezeichnet eine allgemeine Angst vor dem Islam. Das Phänomen ist vor allem durch die Anschläge des 11. September 2001 bekannt und verbreitet worden, da sich die Terroristen des Attentates auf das World Trade Center und das Pentagon zum Islam bekannten.

JUBU bezeichnet im Amerikanischen umgangssprachlich jüdische Buddhisten. Der Ausdruck wurde einer größeren Öffentlichkeit durch den Bestseller „The Jew in the Lotos" von Rodger Kamenetz bekannt. Manchmal praktizieren JUBUS beide Religionen, andere beziehen die buddhistische Seite auf die Praxis von Meditation und ein weiterer Teil bezieht das JU nicht auf eine religiöse Überzeugung, sondern vielmehr auf die ethnische Zugehörigkeit.

Kirche ist die Gemeinschaft der Glaubenden und Getauften im Christentum. Auch die Gebäude, in denen Christen sich zum Gebet versammeln, werden Kirche genannt. Als verfasste Organisation gibt es mehrere Kirchen, die sich teilweise gegenseitig anerkennen. In Deutschland sind die größten die römisch-katholische und die evangelische Kirche. Das erste Dokument, in dem die katholische Kirche offiziell zum Dialog der Religionen ermutigt, ist Nostra Aetate (2. Vatikanisches Konzil).

Kontemplation ist eine christliche Meditationsform. Eine verbreitete Form christlicher Kontemplation ist das Herzensgebet und Kontemplation im Stil von Zen. Letztere Form hat sich durch die Einführung des Zen in katholische Glaubenspraxis durch P. Enomiya-Lassalle entwickelt.

Kultur wird im interreligiösen Kontext oft als Gegenstück zu Religion verstanden. So wird oft gefragt, ob eine bestimmte Vorschrift religiös oder kulturell bedingt sei (z. B. die Stellung der Frau oder Speisevorschriften). Im Kontext des Dialogs der Religionen kann man feststellen, dass immer häufiger interkulturelle Initiativen den Aspekt des Interreligiösen wahrnehmen. Kulturwissenschaftlich wird Religion als Teil der Kultur verstanden.

Meditation bezeichnet heute Entspannungstechniken und religiös-kontemplative Gebetsformen. Ursprünglich bezeichnete der Ausdruck die geistliche Beschäftigung z. B. mit einem Text (Schriftmeditation) oder mit einem Bild (Bildmeditation). Heute wird Meditation als Überbegriff verstanden, um dann zu definieren: Kontemplation, Zen, Schriftmeditation etc.

Moschee ist ein Versammlungs- und Gebetsort der Muslime. Traditionell besitzen Moscheen Türme (Minarette), der Innenraum ist leer, man betet auf dem Boden sitzend. Es gibt eine Kanzel (minbar) und eine Gebetsnische (mihrab), welche die Gebetsrichtung nach Mekka anzeigt. Viele Muslimgemeinden in Deutschland praktizieren ihre Gebete in Hinterhofmoscheen und streben einen repräsentativen Neubau an, was manchmal zu Konflikten, aber auch zu Dialogen führt.

Motivation benennt in der hier vorgestellten interreligiösen Lerntheorie die Triebkraft und das Ziel des Lernprozesses. Sie ergibt sich oft durch die Anfrage und bestimmt die Dialogformen und Themen sowie Anknüpfungspunkte des Lernens mit.

Muslime ist die Bezeichnung für die Anhänger des Islam.

Pessach ist ein jüdisches Fest, das an den Auszug des Volkes Israel aus Ägypten erinnert. Zeitlich und inhaltlich gibt es Bezüge zum christlichen Osterfest, da das letzte Abendmahl etwa zur Zeit des Paschafests gefeiert worden sein soll. Christliche Paschafeiern sorgen in den 1990er Jahren für Irritationen im Judentum.

Pluralistische Position bezeichnet eine religionstheologische Haltung, die sich gegen einen Absolutheitsanspruch stellt und festhält, dass alle Religionen gleichberechtigte Heilswege sein können. Ein Diskussionspunkt sind die Kriterien, die eine Religion als Heilsweg auszeichnen. Die Großkirchen lehnen diese Position offiziell als synkretistisch und relativistisch ab.

Prophet bezeichnet einen Boten Gottes, im Islam gilt Mohammed als letzter Prophet einer Reihe. Im Judentum und Christentum treten sie oft als Mahner für religiöse, politische (Jesaja) oder auch sozialpolitische (Amos) Themen ein. Im herkömmlichen Sprachgebrauch wird mit dem Begriff oft nur der Aspekt des Mahnens oder die Gabe, in die Zukunft zu sehen, ausgedrückt.

Prozessreligiosität bezeichnet den Aspekt der Religiosität, der die Veränderung fördert und religiöse Praxis als einen Weg begreift, der Wandlung mit einschließt. Durch den *subjective turn* gewann sie in Deutschland an Wichtigkeit. Viele spirituelle Formen begreifen das religiöse Leben als Weg und fördern daher den prozessreligiösen Anteil.

Referenzreligiosität benennt Fixpunkte der Religion, an denen und auf die man sich ausrichten kann. Die Referenzpunkte (Gottesbild, ethische Vorschriften, Feiertage) bieten Halt und Orientierung und tragen so auch zum Fortschreiten des Heilsweges bei. In der Geschichte zeigt sich aber auch oft ein Erstarren an diesen Referenzpunkten, was ein Verkrusten der Organisation mit sich trägt.

Religion ist schwer zu definieren. Hier kann sie als Weltanschauungssystem verstanden werden, das einen auf den Einzelnen und die Gemeinschaft bezogenen Erlösungsweg anbietet. Wovon und zu was die Religionen erlösen und ob diese Wege identisch sind, ist Gegenstand interreligiöser Lernprozesse.

Spiritualität bezeichnet die geistige Haltung, die einen Menschen zu einem aktiven religiösen Menschen macht, der den religiösen Weg einer Tradition geht.

Synagoge ist nach der Zerstörung des Tempels in Jerusalem um 70 n. Chr. der Gebetsraum des Judentums.

Tempel ist ein Ritual- und Gebetsort. Die Bezeichnung Tempel wird im Buddhismus und im Hinduismus sowie in anderen asiatischen Religionen verwendet. Bei den monotheistischen Religionen bezeichnet der Begriff den Tempel für den Jahwekult in Israel, der um 70. n. Chr. zerstört wurde.

Transformation bezeichnet hier die Veränderung des Lernenden im interreligiösen Dialog. Sie kann sich z. B. auf Sichtweisen, Gebetspraxis, soziale Aktivität und Haltung gegenüber Anderen beziehen.

Zen-Meditation Das japanische Wort „Zen" kommt über das chinesische Wort „chan" aus dem Sanskrit „dhyana" und bedeutet „Meditation". Zen-Meditation meint die stille, meist gegenstandslose Sitzmeditation des Zen-Buddhismus.

Abbildungsverzeichnis

Tabellenverzeichnis

Literatur

Abe, Masao, *Kenotic God and Dynamic Shunyata*, in: Cobb, John B.; Christopher, Ives (Eds.), The Emptying God. A Buddhist-Jewish-Christian Conversation, Orbis Books, Maryknoll, 1990, S. 3-65.

Baatz, Ursula, *Hugo M. Enomiya-Lassalle, Ein Leben zwischen den Welten. Biographie*, Benziger, Zürich u. a., 1998.

Barnes, Michael, *Theology and the Dialogue of Religions*, Cambridge University Press, Cambridge, 2002.

Bochinger, Christoph; Engelbrecht, Martin; Gebhardt, Winfried, *Die unsichtbare Religion in der sichtbaren Religion. Formen spiritueller Orientierung in der religiösen Gegenwartskultur*, Kohlhammer, Frankfurt, 2009.

Braunwarth, Esther, *Der christlich-jüdische Dialog in Deutschland am Beispiel der Geschichte der Gesellschaft für christlich-jüdische Zusammenarbeit*, Coburg, 2009.

Brück, Michael von; Lai, Wahlen, *Buddhismus und Christentum. Geschichte, Konfrontation, Dialog*, Verlag C.H. Beck, München, 1997.

Bultmann, Rudolf, *Neues Testament und Mythologie. Das Problem der Entmythologisierung der neutestamentlichen Verkündigung* (1941), in: H.-W. Bartsch (Hg.): Kerygma und Mythos, Band 1. 1948. 4. Aufl., Reich, Hamburg, 1960, 15-48.

Clooney, Francis X., Comparative Theology. Deep Learning Across Religious Borders, Chichester 2010.

D'Archy May, John, *Converging Ways, Conversion and Belonging in Buddhism and Christianity*, EOS-Verlag, St. Ottilien 2006.

D'Costa, Gavin, *Christianity and world religions: disputed questions in the theology of religions*, Wiley-Blackwell, Oxford, 2009.

Dehn, Ulrich, *Handbuch Dialog der Religionen: Christliche Quellen zur Religionstheologie und zum interreligiösen Dialog*, Lembeck, Frankfurt, 2009.

Drew, Rose, *Buddhist and Christian? An Exploration of Dual Belonging*, Routledge, London, 2011.

Eder, Manfred, *Die „Deggendorfer Gnad", Entstehung und Entwicklung einer Hostienwallfahrt im Kontext von Theologie und Geschichte*, Regensburg, 1991.

Enomiya-Lassalle, Hugo M., *Zen-Weg zur Erleuchtung*, Wien/Freiburg, 1960.

Foroutan, Naika (Hrsg.), *Sarrazins Thesen auf dem Prüfstand*, Humboldt-Universität, Berlin, 2010.

Graf, Wilhelm, *Die Wiederkehr der Götter, Religion in der modernen Kultur*, C.H. Beck, München, 2004.

Harding, Douglas E., *Die Weltreligionen. Ein kleines Handbuch für Aufgeschlossene*, Lüchow, Freiburg, 1997.

Heelas, P.; Woodhead, L.; Seel, B.; Szerszynski, B. & Tusting, K., *The Spiritual Revolution: Why religion is giving way to spirituality*, Blackwell Publishing, Oxford, 2005.

Homolka, Walter (Hrsg.), *Muslime zwischen Tradition und Moderne: Die Gülen-Bewegung als Brücke zwischen den Kulturen*, Herder, München, 2010.

Hsia, Ronnie Po-chia, *Trient 1475, Geschichte eines Ritualmordprozesses*, Fischer, Frankfurt, 1997.

Huntington, Samuel P., *The Clash of Civilizations and the Remaking of World Order*, Simon & Schuster, New York 1996. Auf Deutsch erschienen als: Kampf der Kulturen. Die Neugestaltung der Weltpolitik im 21. Jahrhundert. Goldmann, München 1998.

Idriz, Benjamin, *Grüß Gott Herr Imam*, München, 2010.

Jäger, Willigis; Zöllis, Doris; Poraj, Alexander, *Zen im 21. Jahrhundert*, Kamphausen, 2009.

Kamenetz, Rodger, *The Jew in the Lotos*, Harper, San Francisco, 1994.

Kett, Franz; Schneider, Martin, *Religionspädagogische Praxis als Weg ganzheitlicher Erziehung: Ein Darstellungs- und Interpretationsversuch*. RPA Verlag, Landshut, 1996.

Klinkhammer, Gritt; Frese, Hans-Ludwig; Satilmis Ayla; Seibert, Tina, *Interreligiöse und interkulturelle Dialoge mit MuslimInnen in Deutschland. Eine quantitative und qualitative Studie*, Bremen, Universität Bremen, 2011.

Knoblauch, Herbert, *Populäre Religion. Auf dem Weg in eine spirituelle Gesellschaft*, Campus, Frankfurt, 2009.

Kolb, David A., *Experiential Learning. Experience as the Source of Learning and Development*, Case Western Reserve University, Prentice-Hall, Englewood Cliffs, New Jersey, 1984.

Körner, Felix, *Alter Text – Neuer Kontext. Koranhermeneutik in der Türkei heute. Ausgewählte Texte*, Georges Anawati Stiftung. Religion und Gesellschaft. Modernes Denken in der islamischen Welt, Band 1, Herder, Freiburg, 2006.

Kuhlmann, Jürgen, *Innen statt droben. Für ein geistlicheres Gottesverständnis*, Patmos, 1986.

Lessing, Gotthold Ephraim, *Nathan der Weise. Ein dramatisches Gedicht in fünf Aufzügen*, Reclam, Stuttgart, 2000.

Liedhegener, Antonius; Werkner, Ines-Jacqueline (Hrsg.), *Religion, Menschenrechte und Menschenrechtspolitik*, VS Verlag, Wiesbaden, 2010.

Llull, Ramon, *Das Buch vom Heiden und den drei Weisen*, hrsg. von Theodor Pindl, Reclam, Stuttgart, 1998.

Mayer, Marianne; Merkl, Johannes; Rötting, Martin, *Treffpunkt Weltreligion*, Don Bosco, München, 2010.

Perls, Fritz, *Grundlagen der Gestalttherapie – Einführung und Sitzungsprotokolle*, Pfeiffer/Klett-Cotta, 1985.

Rötting, Martin, *Berge sind Berge, Flüsse sind Flüsse. Begegnung mit dem koreanischen Zen-Buddhismus*, Eos-Verlag, St. Ottilien, 2001

Rötting, Martin, *Interreligiöse Spiritualität*, Verantwortungsvoller Umgang der Religionen, Eos-Verlag, St. Ottilien, 2008.

Rötting, Martin, *Interreligiöses Lernen im buddhistisch-christlichen Dialog. Lerntheoretische Untersuchung und qualitativ-empirische Feldstudie in Deutschland und Südkorea*, Univ. München, 2006, Eos-Verlag, St. Ottilien 2007.

Rötting, Martin, *Interreligious Learning: The Shaping of Interreligious Identity in Pluralistic Europe,* in: Cheetham, David; Winkler, Ulrich; Leirvik, Oddbjørn and Gruber, Judith (Eds.), Interreligious Hermeneutics in Pluralistic Europe. Between Texts and People, Amsterdam/New York, NY, 2011, X, 317-333.

Ryosuke, Ohashi (Hrsg.), *Die Philosophie der Kyoto-Schule*, Herder, Freiburg, 1990.

Sarrazin, Thilo, *Deutschland schafft sich ab. Wie wir unser Land aufs Spiel setzen*. DVA, München, 2010.

Schiffer, Sabine: *Die Darstellung des Islams in der Presse. Sprache, Bilder, Suggestionen. Eine Auswahl von Techniken und Beispielen*, Bibliotheca Academica, Reihe Orientalistik, Bd. 10, Würzburg, http://www.medienverantwortung.de/publikationen/, 18.6.2011.

Schiffer, Sabine, *Grenzenloser Hass im Internet. Wie „islamkritische" Aktivisten in Weblogs argumentieren.* In: Thorsten Gerald Schneiders (Hrsg.): Islamfeindlichkeit. Wenn die Grenzen der

Kritik verschwimmen. VS Verlag für Sozialwissenschaften, Wiesbaden 2009, S. 341-362.

Schimmel, Annemarie, *Morgenland und Abendland. Mein west-östliches Leben*, Autobiografie, München 2002.

Schmidhuber, Martina, *Das Fremde als Bereicherung im Prozess personaler Identitätsbildung*, in: Gmainer-Pranzl, Franz / Schmidhuber, Martina (Hrsg.), Der Anspruch des Fremden als Ressource des Humanen, Frankfurt/Main 2011.

Schmidt-Leukel, Perry, *Gott ohne Grenzen. Eine christliche und pluralistische Theologie der Religionen*, Gütersloher Verlagshaus, Gütersloh, 2005.

Seitlinger, Michael; Höcht-Stöhr, Jutta (Hrsg.), *Wie Zen mein Christentum verändert. Erfahrungen von Zen-Lehrern. Michael von Brück, Willigis Jäger, Nikolaus Brantschen u. a.*, Freiburg 2006.

Sheridan, Lorraine P., *Islamophobie Pre- and Post-September 11th, 2001*, in: Journal of Interpersonal Violence 21, S. 317-336, 2006.

Stosch, Klaus von, *Komparative Theologie. Ein Ausweg aus dem Grunddilemma jeder Theologie der Religionen*, in: ZKTh 124, 2002, S. 294-311.

Ucar, Bülent, *„Die Gelehrten sind die Erben der Propheten": Auf dem Weg zu einer Imamausbildung an der Universität Osnabrück,* in: Muslimische Gemeinschaften zwischen Recht und Politik, Heinrich-Böll-Stiftung, Berlin, Dezember 2010, S. 62-68, www.migration-boell.de, 13.7.2011.

Winkler, Ulrich, *„ ... um selbst in aufrichtigem und geduldigem Dialog zu lernen, welche Reichtümer der großzügige Gott den Völkern verteilt hat" (AG 11). Was ist komparative Theologie?*, in: Glasbrenner, Eva-Maria/Hackbarth-Johnson, Christian (Hg.), Einheit der Wirklichkeiten. FS Michael von Brück, München 2009, 261-300.

Williams, Paul, *The Unexpected Way. On converting from Buddhism to Catholicism*, Edinburgh, New York 2002.

World Council of Churches, *Guidelines with People of Living Faiths and Ideologies*, Genf, 1997. Deutsch: Leitlinien zum Dialog mit Menschen verschiedener Religionen und Ideologien, EZW-Arbeitstext Nr. 19, VI/79, Stuttgart 1979.

Zeigarnik, Bluma, *Das Behalten erledigter und unerledigter Handlungen*. Psychologische Forschung 9, 1927, S. 1-85.

Zulehner, Paul M., *Verbuntung. Kirchen im weltanschaulichen Pluralismus. Religion im Leben der ÖsterreicherInnen 1970 bis 2010*, Schwabenverlag Ostfildern, 2011.